D1726890

# 更新中国

# *Updating China.*

*Curated by*
*Li Xiangning*

*Edited by*
*Li Xiangning and*
*Christian Dubrau*

# 更新中国
# *Updating China.*

## 为了一个可持续的未来
## *Nachhaltiges Planen und Bauen in China.*
## *Projects for a Sustainable Future.*

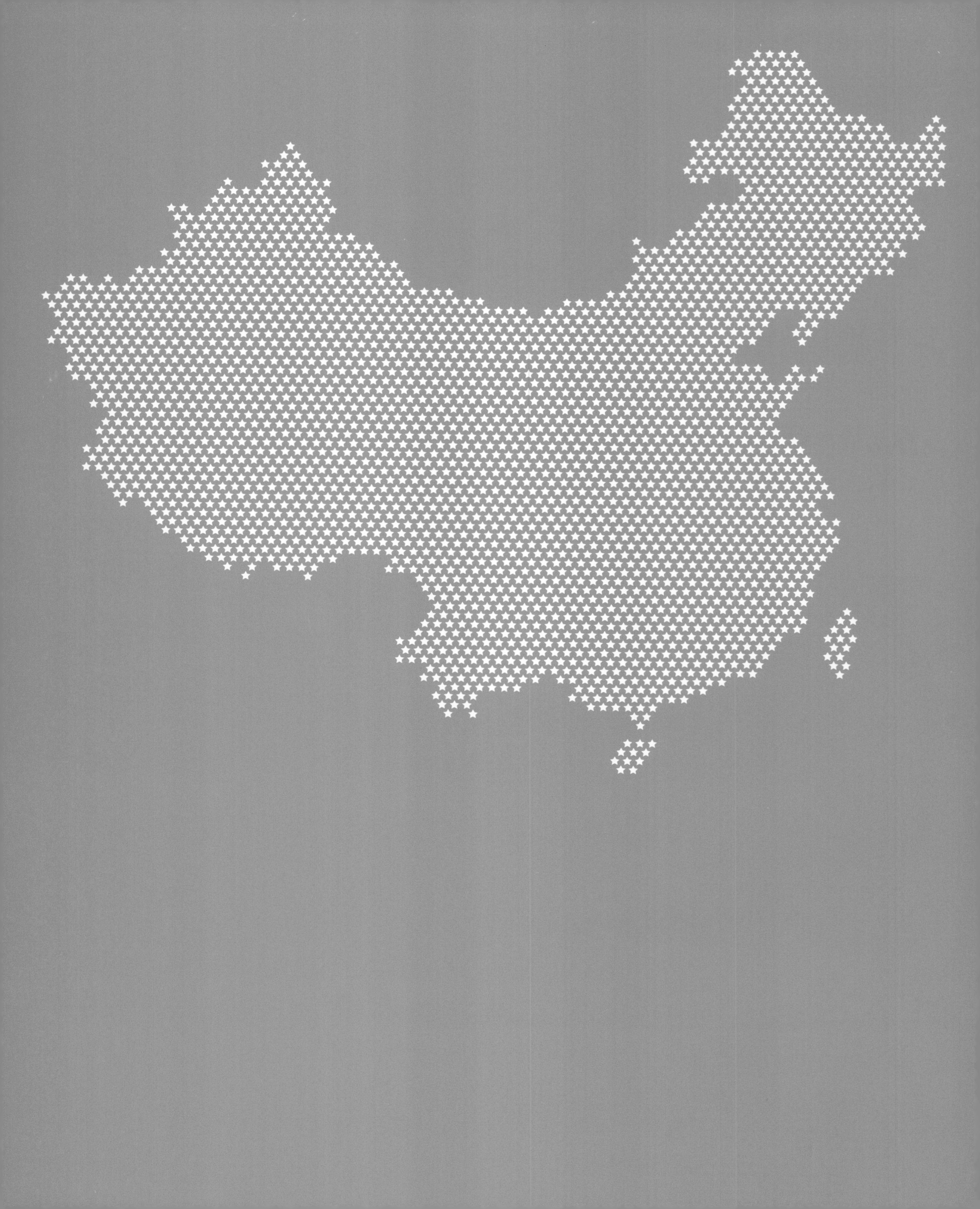

*Ökologische Bauten/Green Buildings/*绿色节能建筑



*Die Ökologische Stadt/Sustainable Urban Planning/*可持续城市规划



*Geschichte mit der Zukunft verbinden/Bridging History with Future/*历史联结未来

*Bauten mit geringen Kosten/Social Responsibility and Low Budget Construction/*社会责任与低造价建造



*Kunst und Kultur im öffentlichen Raum/Arts, Culture and Public Space/*艺术和公共文化中的可持续



*Ausstellungsprojekte/Proposals for Exhibition/*可持续艺术项目

景华南街
JINGHUA South St

# Peter Ramsauer

Kaum irgendwo auf der Welt verläuft die Entwicklung in den Städten rasanter und stellen sich die damit verbundenen Fragen akuter als in China. Zugleich registrieren wir als Europäer mit einer Mischung aus Erstaunen und Bewunderung, wie diese Herausforderungen angenommen und vor allem angegangen werden. Wenn sich Städte wie Shanghai oder Hongkong auch permanent auf der Überholspur zu befinden scheinen, so verläuft dieser Prozess dort zumindest dem Anschein nach ohne größere gesellschaftliche Brüche. Gerade auch im ökologischen Bereich hält die Stadtentwicklung in den genannten »boom-towns« einige überwiegend als positiv empfundene Überraschungen bereit.

Insofern war es nur konsequent, dass sich die Expo 2010 in Shanghai dem Thema Nachhaltige Stadtentwicklung widmet. Denn auch im weltweiten Maßstab sind beim rasanten Wachstum zahlreicher Megastädte auf allen Kontinenten viele offene Fragen zu lösen. Mehr als die Hälfte der Weltbevölkerung lebt bereits in Städten und dieser Trend wird sich fortsetzen. Der deutsche Pavillon auf der Expo 2010 in Shanghai hat gezeigt, dass das Modell der kompakten und gemischten europäischen Stadt aktueller ist denn je. Deutsche Städte, Stadtplaner und Architekten haben auf dem Gebiet der nachhaltigen Stadtentwicklung viel zu bieten: Die Stadt der kurzen Wege, die Stadt der Zukunft, die »Stadt in Harmonie«. Hier wird eine Vielzahl von guten Beispielen aus deutschen Städten gezeigt, etwa zum sparsamen Umgang mit Ressourcen wie Boden und Trinkwasser, zur Bewältigung der Folgen des Klimawandels, zur Energieeffizienz oder zum Mobilitätsmanagement.

Entsprechend hat auch das Programm »Deutschland und China – Gemeinsam in Bewegung« moderne, zukunftsorientierte Konzeptionen und Techniken zur Bewältigung der Herausforderungen in den Städten in den Mittelpunkt gestellt. Die »Urban Academy«, das deutsch-chinesische Forum über nachhaltige Stadtentwicklung, ist hierbei ein zentraler Baustein. Diese vom Bundesministerium für Verkehr, Bau und Stadtentwicklung geförderte Veranstaltungsreihe bietet chinesischen und deutschen Fachleuten eine willkommene und ebenso fruchtbare Plattform für den Austausch aktueller stadtgesellschaftlicher und städtebaulicher Trends.

Das vorliegende Buch dokumentiert anhand von 40 Beispielen in eindrucksvoller Weise ökologische Innovationen im China von heute. Und es zeigt: Wir können voneinander lernen. Es ist das erklärte Ziel unserer nationalen Stadtentwicklungspolitik, über Fach- und Ländergrenzen hinweg einen lebendigen Austausch zu urbanen Themen zu unterstützen und zu befördern. Ein noch intensiverer Kontakt zwischen deutschen und chinesischen Fachleuten kann für beide Seiten höchst fruchtbar sein. Ich wünsche Ihnen auch in diesem Sinne eine ebenso angenehme wie anregende Lektüre.

# *Peter Ramsauer*

*There is no other place in the world where cities are growing so fast than in China and consequently where so many urgent problems are encountered in the course of this growth.*
*Being European, we not only feel amazed at, but also admire the ways in which the Chinese accept and tackle challenges. For example, in cities like Shanghai or Hong Kong which are unceasingly striving for predominance, at least major social disruption seems to have been avoided in the course of their growth. In the field of ecology, the so-called emerging cities are ready to surprise the world in a positive way through their development.*
*Therefore, the commitment of the Expo 2010 Shanghai to the theme of sustainable urban development can be regarded as in compliance with that. In every continent around the world, there are numerous metropolises encountering many problems, which need to be solved in this fast growth period. Over half of the world's population are living in cities. And this trend is continuing.*
*At the Expo 2010 Shanghai, a model of tightly mixed European cities that is unprecedentedly practical is exhibited in the German Pavilion. Regarding sustainable urban development, German cities, city planners and architects have a lot to show: short-way city, future city, and "harmonious city". A number of cases in German cities are displayed here, such as saving resources like land and drinking water, overcoming the impacts of climate change, using energy efficiently, and managing migration.*
*Corresponding to this, "Germany and China, Moving ahead together" is centred on modern and future-oriented development plans, and implementing methods for cities to cope with challenges. "Urban Academy", the Sino-German forum on sustainable urban development is the core of the event. The series is sponsored by the German Federal Ministry of Transport, Building and Urban Development (BMVBS). It builds an amicable, open and fruitful communication platform for German and Chinese specialists revolving around the trends of social development and urban construction development in cities today.*
*Examining forty cases, this book records vividly the ecological innovations in contemporary China. It also points out that we can learn from each other. To support and promote active, interdisciplinary and transnational exchanges under the urban theme is a policy announced in our country on urban development. Profound relations between German and Chinese specialists will certainly bring about enlightened results to both sides. I wish this book is wonderful and full of inspiration to you.*

# 彼德 拉姆齐

世界上几乎找不到一个地方像中国的城市这样发展得如此迅速，并且在发展过程中遇到了如此紧迫的问题。对于中国如何接受与应对所面临的挑战，作为欧洲人，我们感到既惊讶又敬佩。像上海或者香港这些不断争取力拔头筹的城市，它们的发展过程至少看上去免去了较大的社会断层。在生态领域内，这一些所谓“新兴城市”的发展也准备好了给世界比较积极正面的惊喜。

因此，2010上海世博会致力于可持续的城市发展主题，可谓秉承了其一贯性。全球范围内，各大洲为数众多的大都市在飞速发展的进程中也遇到了很多尚需解决的问题。已有超过一半的世界人口生活在城市中，并且这个趋势还在继续发展。

2010上海世博会上的德国馆向我们说明了紧密混合的欧洲城市模型，拥有了从未有过的现实性。德国城市、城市规划者与建筑师在可持续的城市发展领域内可以提供很多：短途城市、未来城市、“和谐城市”。这里展示了很多德国城市的范例，诸如如何节约土地与饮用水等资源、如何克服气候变化带来的影响、如何高效利用能源、或者是如何管理人口流动。

与此相应，“德中同行”活动将现代的、面向未来的发展方案以及就城市如何应对挑战的规划方案和实现技术置于中心。“都市论坛”，即可持续的城市发展德中论坛，是其核心组成部分。这一系列活动由德国联邦交通、建筑及都市事务部（BMVBS）赞助，为德中专家提供了一个就现今城市的社会发展以及城市建设发展趋势进行交流的友好开放、颇有成果的平台。

本书借助四十个案例，生动记录了当代中国的生态革新，同时这本书也表明：我们可以相互学习。支持与推动都市主题下跨专业、跨国界的活跃交流，这是我们国家已声明的城市发展政策。德中专家间更为深入的联系定会为双方带来更多成果。在此，我希望这是一本对您来说生动精彩、富有启迪性的好书。

# *Li Xiangning*

*Zurzeit steht China vor noch nie dagewesenen Umbrüchen in der Wirtschaft, Gesellschaft und Kultur. Diese Entwicklung chinesischer Prägung eine nachhaltige Entwicklung werden zu lassen, ist die große Herausforderung für das gegenwärtige China. Zum Zeitpunkt, da China mit der Umsetzung des 12. Fünfjahresplans beginnt, ist von der Weltgemeinschaft allgemein für wichtig und unerlässlich erachtet worden, die Klimaprobleme zu lösen und für nachhaltige Entwicklung einzutreten. Aber welche Inhalte stehen unter dem großen Schirm der »Nachhaltigkeit«? Wie drücken sich die Ideen der nachhaltigen Entwicklung in China aus? Wie sind unterschiedliche, ja sogar widersprüchliche Werturteile im Rahmen der Nachhaltigkeit aufzunehmen? Diese Fragen sind Gedankengänge, die noch zu klären sind, wenn man im gegenwärtigen China vom Begriff der Nachhaltigkeit spricht.*

*»Updating China« ist ein Versuch, um genau den oben genannten Herausforderungen und Fragen entgegenzutreten. Einfach ausgedrückt, ist es eine Architektur- und Kunstausstellung mit dem Zentralthema »Nachhaltige Entwicklung«. Das Thema der Ausstellung stammt ursprünglich von »Updating Gemany«, einer Ausstellung im deutschen Pavillon zur Internationalen Architekturausstellung der Biennale Venedig. Allerdings hat es von der ersten Festlegung des Projektes »Updating China« bis zu seiner allmählichen Formgebung mehr als ein Jahr gedauert und während dieser Zeit sind einige Unterschiede im Inhalt und Umfang zur deutschen Ausstellung entstanden. Der Grund liegt darin, dass wir dieser Präsentation eine Interpretation der nationalen Gegebenheiten und wesentlichen Umstände von China zugrunde legen müssen. Aufgrund der Andersartigkeit Chinas hinsichtlich Politik, Wirtschaft und Gesellschaft bildet sich zwangsläufig auch ein unterschiedliches Verständnis für die Nachhaltigkeit heraus.*

*Gleichzeitig müssen wir auch erkennen, dass manchen Umständen, die die westliche klare Denklogik nicht akzeptieren kann, in China durch die spezielle Komplexität der chinesischen Probleme und die vage und schlichte Dialektik in der traditionellen östlichen Philosophie eine besondere Lebenskraft verliehen wird und damit auch ein Gedankengang für die nachhaltige Lösung der urbanen Probleme gegeben wird. Z. B. werden Hochhäuser im Westen oft als ein Symbol für Umweltunfreundlichkeit und maßlose Entwicklung betrachtet. Aber in den bevölkerungsdichten Städten wie Shanghai muss eine Stadt so viele Einwohner aufnehmen, die der Gesamtbevölkerung eines Landes, oder sogar mehrerer Länder in Europa entspricht. Und die normale chinesische Bevölkerung ist gewohnt, in der Stadtmitte zu leben und in den Genuß öffentlicher Einrichtungen zu kommen. Unter diesen schwierigen Umständen ist das »dicht« bebaute Modell von gemütlichen und naturnahen Flachbauten (mit welchen aber auch nur ein Zehntel des Bebauungskoeffizienten von Hochhäusern erreicht wird) womöglich damit konfrontiert, sich ethischen Fragestellungen zu stellen. Wenn mehr Leute das Recht in Anspruch nehmen können, in der Stadtmitte zu wohnen, ist das Hochhaus als Wohngebäude vielleicht gar keine schlechte Alternative. Andererseits wird die Forderung nach mehr Wohnfläche vom Werurteil zum Schutz der historischen Bezirke und Bauten herausgefordert.*

*Das Schlüsselwort »Updating« im Thema hat eigentlich zweierlei Inhalt: Zum einen meint es die Selbstaktualisierung von China, einschließlich der ständigen Selbstanpassung der Stadt, der Umwelt, des Existenzzustandes und der Lebensweise von Menschen sowie der künstlerischen und kulturellen Symptome. China ist ähnlich wie ein großer farbiger Schwamm, der pausenlos westliche Nährstoffe aufnimmt. Aber wenn man diesen aufnahmefähigen Körper einmal zu drücken versucht, dann kommt eine völlig andere Flüssigkeit als die aufgenommenen Rohstoffe heraus, egal ob man die Farbe oder die Zusammensetzung betrachtet. China schafft nämlich eigene Modelle, die der Westen nie erlebt hat. Selbstverständlich führt diese Selbstaktualisierung zwangsläufig zu Kritik und einer kuturellen Selbstbetrachtung. Damit können wir unsere Modelle, Instrumente sowie Wege der Entwicklung erneut untersuchen und sogar auch unsere Existenzumgebung und Zukunft neu positionieren.*

*Zum anderen bedeutet es die Aktualisierung einer Auffassung, sodass die Welt die chinesische Variante der Entwicklung und des Aufbaus neu erkennt und bewertet. Kann die Welt die chinesischen Städte, die Gesellschaft, Politik, Wirtschaft, Kultur, Kunst und die alltägliche Verhaltensweise im eigenen, sich ständig aktualisierenden Kontext von China verstehen und beurteilen, wenn sich China schon in der ständigen Selbstaktualisierung befindet? Die Ausstellung und das vorliegende Buch versuchen nichts anderes als dieses Blickfeld darzustellen, damit wir vor unterschiedlichen Hintergründen voller Verschiedenheit und Vielfältigkeit über das Thema der Nachhaltigkeit diskutieren. Vielleicht ist es auch ein wichtiger Aspekt der Nachhaltigkeit, Verschiedenheit zu tolerieren und Pluralität existieren zu lassen.*

*Während das deutsche »Updating«, wie der deutsche Kurator Matthias Bottger gesagt hat, eher eine kontinuierliche, stets aufwärts steigende Aktualisierung wie beim Updaten von Software-Versionen ist, gibt es bei der Aktualisierung der chinesischen Städte vielleicht noch sprunghafte oder sogar gebrochene Umwandlungen sowie komplexe Prozesse, die von der unmittelbar kopierten Verstädterung über eine schrittweise Optimierung bis hin zur Entstehung des eigenen Charakters geht. Auf Grund des Verständnisses für die Verschiedenheit, Komplexität und Widersprüchlichkeit der nachhaltigen Entwicklung in China wird der Begriff der Nachhaltigkeit in fünf wichtige Aspekte unterteilt, welche gleichzeitig auch die fünf Kategorien für die Auswahl der repräsentativen Fallbeispiele darstellen: 1. Nachhaltige Stadtplanung; 2. Grünes und energiesparendes Bauen; 3. Geschichte im Anschluss an die Zukunft; 4. Soziale Verantwortung und Bauen mit wenigen Kosten; 5. Nachhaltigkeit in der Kultur und Kunst. Für jeden Aspekt werden repräsentative*

*Fallbeispiele aus dem entsprechenden Gebiet im gegenwärtigen China ausgewählt. Wir hoffen, dass die Fälle wie eine puzzle-ähnliche Präsentation die aktuellen Ideen und Praxis hinsichtlich der nachhaltigen Entwicklung in China abbilden können. Möglicherweise sind diese Beispiele nach den westlichen Kriterien nicht unbedingt die besten für eine nachhaltige Entwicklung.*

*Aber sie sind eine Darstellung von Symptomen der gegenwärtigen chinesischen Gesellschaft und Wirtschaft. Außerdem werden damit die Versuche von gegenwärtigen chinesischen Planern, Architekten und Künstlern aus mehreren Blickwinkeln gezeigt. Wir müssen gestehen, dass wir während der gesamten Phase des Auswahlprozesses schwer mit quantitativen Kriterien die große Anzahl an Projekten nachhaltiger Planungen und energiesparenden Bauten beurteilen konnten. Die Auswahl wurde dadurch bedingt, dass wir die Projekte meistens nur anhand des gesellschaftlichen Einflusses oder von erworbenen Auszeichnungen auswählten. Deshalb hoffen wir, dass die ausgewählten Fallbeispiele den Fortschritt im Bereich der Nachhaltigkeit im gegenwärtigen China doch einigermaßen repäsentieren können. Einerseits gibt es eine große Menge an Fällen, andererseits sind deren falsche Positionierung und falsche Auslegung nicht zu vermeiden. Viele Versuche befinden sich noch in einem Prozess der ständigen Fehlerbeseitigung und Selbstkorrektur von Abweichungen. Dennoch könnten sie das passende Abbild für die Lage des gegenwärtigen Chinas sein, einem Land, das sich sehr vorsichtig vorwärts tastet. Gleichzeitig haben wir eine Reihe von in der chinesischen Gegenwart einflussreichen Architekten und Künstlern dazu eingeladen, Werke unter dem Thema »Updating China« zu schaffen. Die Kunstformen umfassen u. a. Modelle, Installationen, Foto- und Filmaufnahmen sowie Performances. Die nachhaltige Entwicklung soll sich nicht nur auf technische Gebiete wie Planung, Architektur und Bauingenieurwesen beschränken.*

*Wir wollen auch das Bewusstsein der nachhaltigen Entwicklung in der Kultur und Kunst schärfen. Künstler und Designer werden zusammen über eine Definition der nachhaltigen Entwicklung diskutieren und zu Durchbrüchen und Erweiterungen hinsichtlich des Begriffs gelangen.*

*Sie werden auch künstlerische und persönliche Konzepte für eine Reaktion auf die Herausforderungen der nachhaltigen Entwicklung erarbeiten, mit denen wir heute konfrontiert sind. Darunter gibt es sowohl kritische Darstellungen der gegenwärtigen gesellschaftlichen Wirklichkeit, optimistisch und rasant vorwärts zu kommen, als auch utopische Konzepte für die künftige Entwicklung der Stadt. Für die Kunst und das Denken sind eine kritische Einstellung und Kreativität schließlich zwei wichtige Standbeine, die sich nur äußerst schwierig vorwärts bewegen. Die 40 Projekte sind Präsentationen der Wirklichkeit, während die künstlerischen Vorschläge vor Ort noch eine vorsichtige Entfernung von der Wirklichkeit aufrechterhalten.*

# *Li Xiangning*

*China is now experiencing unprecedented changes in economy, society and culture. How to make the development with Chinese characteristics sustainable is a great challenge that contemporary China is confronting. In the Moment China is stepping into the Twelfth Five-Year Plan period, concerns and considerations from the international community on issues of environment and sustainable development have become consensus of the whole society. However, what are exactly contained in the broad concept of "sustainability", how is the concept of sustainable development in China manifested, and how can different, and even contradicting definitions of value be allowed under the framework of sustainability? Referring to the concept of sustainability in contemporary China, all these are waiting to be clarified.*

*"Updating China" is just an attempt to tackle the above challenges and issues. Put simply, it is an architect and art exhibition centering on the issue of sustainable development. If the title of the exhibition can be seen to have originated from "Updating Germany" shown at the German Pavilion on Venice Architecture Biennial, then during the time for more than one year from the initial identification to the gradual formation, the project "Updating China" differentiated itself from the German counterpart in both connotation and denotation. This is because we must present and interpret sustainability based on national situations and basic conditions in China. Due to the discrepancy in political, economic and social contexts between China and Germany, there is certainly discrepancy in the understanding of the concept.*

*In the mean time, we must be aware that the particular complexity of China's problems and the vague and simple dialectics contained in oriental traditional philosophy make some states, which are unacceptable under the specific logics of the West, especially vital in China. They also offer ideas for sustainability in solving urban problems. For instance, the West tends to regard highrise buildings as an emblem of pollution and uncontrolled development, but in a populated city like Shanghai, the city has to accommodate a population comparable to that of one or more European countries. The ordinary Chinese people are used to the life in city centers so as to benefit from the convenience of public facilities. Under such a difficult circumstance, to live in comfort and close-to-nature low-rise buildings with "high" density (one tenth of the plot rate of that of high-rise buildings to the most extent) will probably be challenged ethically. To entitle more people to live in city centers, probably the high-rise building is not a bad option. Likewise, the request for more living space is under challenge when the value of protecting historic districts and buildings is judged.*

*"Updating", a keyword in this title, actually includes following two aspects: One is China's self-update, which includes continuous self-adaptation of cities,*

*environment, people's living status and lifestyle, artistic and cultural symptoms. Like a huge colored sponge, China is unceasingly absorbing the nourishments from the West. But if you try to squeeze the matrix which is good at incorporating things, what you get is a liquid totally different from the materials absorbed, in color and in ingredient. China is creating its own patterns, which the West has never experienced. Of course this self-update is bound to involve a force of criticism and cultural self-reflection, from the review of our development pattern and means to the repositioning of our living environment and future.*

*The other is a conceptual update of the world through new understanding and reevaluation of the development and construction patterns in China. Since China has been in continuous self-updating process, can the world understand and judge Chinese cities, society, politics, culture, art and daily behavior in the continuously updating context of China? That is just the vision this exhibition and this book attempt to present, allowing us to discuss the topic of sustainability in highly different and diverse contexts. Tolerating differences and diversity could be also an important aspect of sustainability.*

*If the "update" of Germany is more like the update of computer software which is consecutive and progressive as the German curator Matthias Bottger described, then the update of Chinese cities probably also involves jump, even inconsecutive changes, as well as a complex process of urbanization from complete imitation to gradual optimization and character formation. The concept of sustainability can be divided into five key elements based on our understanding of the differences, complexity and contradiction of the sustainable development in China. They also represent the five categories of the typical cases we select. 1) Sustainable Urban Planning; 2) Green, Energy Efficient Architecture; 3) History Linking Future; 4) Social Responsibility and Low-Cost Construction; 5) Sustainability in Culture and Art. For each element, we select typical cases in modern China, expecting to portray the latest ideas and practices in sustainable development in China with those cases. Maybe they are not necessarily the best cases of sustainable development according to the Western criteria, but they may embody the social and economic symptoms in contemporary China, and show the attempts of Chinese planners, architects and artists from multiple angles. It needs to be mentioned that in selecting the cases, the difficulty we encountered all the time was the quantitative evaluation on the performance of many sustainable plans and energy efficient buildings. Because of limitation in conditions, the evaluation had to be made with reference to their social influences and the prizes awarded to them. Therefore, we expect the selected cases can represent recent China's developments in the area of sustainability, Where there are ever emerging cases as well as unavoidable misalignment and misinterpretation. Although a lot of trials are still in continuous adjustment and self-correction, this may be a real portraiture of learning by trial and error in China today.*

*At the same time, we invited a number of influential architects and artists in contemporary China to interpret the theme of Updating China with their creations in forms of model, installation, image and behavior. Sustainable development should go beyond such technical fields as planning, architecture, civil engineering, etc. The consciousness of sustainable development should also be enhanced in culture and art. Artists and architects will jointly discuss the definition of sustainable development, based on which they will seek breakthroughs and extensions. They will further propose artistic and personalized solutions to address the challenges imposed upon us today in sustainable development. Among them, there are critical presentations of the reality of aggressive progress at present as well as Utopian conception of urban growth in the future. After all, criticism and creation are two supports for art and ideas to develop. These and 40 existing projects complement each other: the 40 projects are exhibits of the reality while there is a prudent distance kept between the artistic proposals on site and the reality. What we see between the ideal and the reality are the reflections, practices and arguments regarding sustainable development in contemporary China.*

# 李翔宁

当下中国正面临着前所未有的经济、社会和文化变革，如何使这种中国特色的发展成为可持续的发展，是当代中国面临的巨大挑战。在中国迈入第十二个五年计划门槛的时刻，国际社会对于环境与可持续发展问题的关注和思考已经成为全社会的共识，然而在"可持续"这柄大伞之下究竟包含哪些内容，在中国可持续发展的理念又有着怎样的表现形式，在可持续的框架下如何容纳不同的、甚至是相互冲突的价值判断？这些都是当代中国谈到可持续概念时有待梳理的脉络。《更新中国》正是试图应对上述挑战和问题的一个尝试。简单地说，它是一个以可持续发展为中心议题的建筑、艺术展。如果说这个展览的题目最初来源于德国参加威尼斯双年展的德国馆展览《更新德国》，那么从《更新中国》项目初步确定并逐步成型的这一年多期间，其内涵和外延则和德国的展览产生了一些差异。这是由于我们必须基于对中国国情和基本状况的呈现与诠释，而由于其和德国政治经济和社会语境的不同，必然呈现对于可持续的不同理解。与此同时 我们必须认识到，中国问题所具有的特殊复杂性和东方传统哲学中蕴含的模糊和朴素的辨证，使得一些在西方清晰的思维逻辑下无法认同的状态，在中国却具有特别的生命力，也是可持续解决城市问题的一种思路。比如高层建筑在西方往往被认为是不环保和无度开发的象征，可是在上海这样人口拥挤的城市中，一个城市必须消化欧洲一个国家甚至多个国家人口总和，而中国普通百姓习惯居住市中心而享受公共设施的便利，在这样的困境下，或许居住舒适和亲近自然的低层"高"（也只能达到高层容积率的十分之一）密度模式则面临着伦理学的挑战，要让更多的人享有居住在市中心的权利，高层住宅或许是一个不坏的选择。

同样，修建更多的居住面积的要求同样受到保护历史街区和历史建筑的价值判断的挑战。而"更新"这个标题关键词事实上包含了两个方面的内容：一是中国的自我更新，包括城市、环境、人的生存状态、生活方式、艺术和文化症候的不断自我调适。中国像一块巨大的有颜色的海绵，无休止地把西方的养料收入囊中，然而如果你试图挤一下这块善于吸纳的母体，那么你得到的是和吸收进去的原料所完全不同的液体，从色彩到成分。中国创造着自己的模式，那些西方所未曾经历的模式。当然这种自我更新势必包括一种批判性的、文化自省的力量，从我们对自身发展模式和手段途径的重新审视，到对于我们生存环境和未来的重新定位。

二是让世界重新认识和评价中国的发展与建设模式的一种观念的更新。中国已经在不断更新自我，那么世界是否可以以中国自身的、不断更新中的语境来理解和评判中国的城市、社会、政治、文化、艺术和日常行为方式？这个展览和这本书所试图呈现的正是这样的一种视野，让我们从富有差异性和多样性的不同背景来讨论可持续的议题，或许容忍差异和多元共存也是可持续的一个重要方面。如果说德国的“更新”更像德国策展人Matthias Bottger 所说的像电脑软件版本更新一样的连续的、不断递进的更新，那么中国城市的更新，或许还包括了跳跃式甚至断裂化的变革，以及从直接移植的山寨版城市化，到逐步优化和产生自身性格的复杂过程。基于对中国可持续发展问题差异性、复杂性和矛盾性的理解，我们将可持续的概念分解成五个重要的方面，这也是我们选择代表性案例的五个类别：1.可持续城市规划、2、绿色节能建筑、3、历史联结未来、4、社会责任与低造价建造、5、文化与艺术中的可持续。每个方面我们甄选出当代中国在该领域的代表性案例，希望这些案例作为一个拼图式的呈现，能够图绘在可持续发展方面中国最新的理念和实践，这些或许按照西方的标准未必是最好的可持续发展的案例，但或许这些是当代中国社会、经济症候的一种体现，也从多种视角展现了当代中国的规划师、建筑师、艺术家们的尝试。值得说明的是，在案例甄选的过程中，我们始终面临的困境是，许多可持续规划和节能建筑的表现是很难定量地评判的，由于条件所限，我们只能根据其社会影响力和获得的奖项来加以参考性地评判。所以，希望我们选择的案例还是能够代表当下中国在可持续领域的进展，既有大量的案例不断涌现，但同时也不可避免错位和误读。许多尝试还处于一个不断调试和自我纠偏的过程中，但这或许也正是当代中国摸着石头过河的一种恰当写照。

与此同时我们还邀请了当代中国具有影响力的一批建筑师和艺术家以《更新中国》为主题进行创作，呈现的方式包括模型、装置、影像和行为等。可持续发展不应仅局限于规划、建筑和民用工程等技术领域，我们同样应该加强文化和艺术的可持续发展意识。艺术家和设计师将共同讨论可持续发展的定义，并做出突破和延伸。他们也将就今天我们所面临的可持续发展的挑战提出艺术性和个性化的应对方案。其中既有对当下高歌猛进的社会现实的批判性呈现，也有对于未来城市发展的乌托邦式的构想。

毕竟批判性和创造性是艺术和思想躯干得以艰难前行的双脚。这些和40个已有的项目形成一种互文的阅读：40个项目是对现实的呈现，而现场艺术提案或者和现实保持审慎的距离。在理想和现实之间，我们看到的是中国当代对于可持续发展的思考、实践和争论。

# *Wilfried Eckstein*

*Seitdem Kapital und Arbeit aus dem Niedriglohnland China die Industrieschmiede der Welt gemacht haben, ist China auch beim Klimawandel als Verursacher dabei. Der chinesische Verbrauch fossiler Brennstoffe ist zwar nicht die Summe individuellen Verbraucherverhaltens sondern industrieller Produktion für den Weltmarkt, aber deshalb nicht weniger schwierig einzudämmen.*

*Um hausgemachten ökologischen Problemen und dem globalen Klimawandel entgegenzuwirken, hat China 2010 ehrgeizige Klimaziele proklamiert. Bei der Suche nach Wegen der Umsetzung liegt es nahe, die Ökobilanz der Gebäude zu verbessern, weil Gebäude 40 % der Energie verbrauchen.*

*Den Trend zur ökologischen Stadt verstärken, war eines der Ziele des deutsch-chinesischen Forums mit dem Titel »Urban Academy«, das das Goethe-Institut Shanghai als Beitrag zu »Deutschland und China – Gemeinsam in Bewegung« (2007–2010) durchgeführt hat. Ein Resultat dieses vielschichtigen, von Institutionen beider Länder getragenen Dialogs auf Augenhöhe ist »Updating China«.*

*Was uns an China fasziniert, ist die Dynamik und die Effizienz, mit der das Neue angepackt wird. Ob es um die Abräumung alter Industriegebiete geht oder die maulwurfschnelle Untertunnelung der Städte für U-Bahnen oder die Öffnung des Flussufers und Herrichtung breiter Uferpromenaden für Flaneure oder die Anlage von neuen Parks – die Moderne hält Einzug. Architekten, Planer und Investoren können in China noch aus dem Vollen schöpfen, Welten bauen, den Menschen eine neue Heimat geben. Nicht alles gelingt, das Wenigste ist Ökologisch. Aber es ist fesselnd, dass hier, wo die Individualklage kaum Aussicht auf Erfolg hat, ein hohes Maß an Bereitschaft besteht, sich einen allgemeinen Willen zu beugen und die Chancen zu ergreifen, die eigenen Lebensbedingungen zu verbessern.*

*Buch und Ausstellung sollen helfen, die qualitätsvolle und nachhaltige Stadtentwicklung in ihren ökologischen, sozialen und kulturellen Dimensionen im öffentlichen Bewusstsein zu festigen. Zwar haben die Behörden in den letzten Jahren technische Anforderungen an den Bau erhöht, aber keine Öko-Standards verbindlich gemacht. Was zählt, sind Zeit und Geld.*

*Das Ergebnis ist ein Bauboom, der mehr Quantität als Qualität gebracht hat. Internationale Großunternehmen (darunter deutsche Partnerfirmen) fragen energie-effizientes Bauen nach. Denn billig kommt in der Nutzung teurer als ein von Anfang an auf Ökoeffizienz angelegter Fabrik- oder Gebäudeneubau. Die Öko-Zertifizierung ist für diese Unternehmen ein »nice to have«, das gut in die CSR-Bilanz passt. Wäre zu wünschen, dass es hilft, Zertifizierungen als Anreiz für ökoeffizientes Bauen zu etablieren. Dann müssten sich nur noch die*

*Zertifikate für eine energetische Bewertung der Gebäude wirklich eignen, und man wäre auf dem richtigen Weg. Unsere Beispiele ökoeffizienter Gebäude sind in chinesischer Trägerschaft, erfüllen gängige Zertifizierungen, verstehen sich selbst als Pilotprojekte auf der Suche nach besseren. Insofern Bauherr und Nutzer identisch sind, gelingt die Smbiose von Ökonomie und Ökologie.*
*Nachhaltigkeit meint auch soziale Fairness. Unverschuldetes Unglück oder soziale Misere lösen praktisches Engagement aus. Davon berichten die Projekte in den Erdbebengebieten, in Tibet und anderen armen Gebieten, wo China Entwicklungsland ist. Klug und von bestechender Schönheit sind die Gebäude von Xie Yingjun, Wang Hui und Li Xiaodong (Bridge, Apple Elementary School, und Chuan-Dou-Style Holzhaus). Nachdenklich macht mich der Urban TuLou: eine der Geschichte kollektiven Zusammenlebens entliehene Architektur, die als Billigwohnort für Migranten und Geringverdiener geplant ist und in den Kleeblättern zwischen Autobahnkreuzen (wo der Boden billig ist) platziert werden könnte.*
*Für meinen Geschmack mehr Ghetto als sozialer Wohnungsbau. Letztlich aber ein gut gemeintes Pilotprojekt in privater Trägerschaft, das finanziell Schwache zu marktwirtschaftlichen Bedingungen ein Dach über dem Kopf bietet und den ursprünglich kollektiven Raum für unterschiedliche nachbarschaftliche Nutzungen parzelliert. Privatinitiative entfaltet sich nur im Netzwerk als Treibkraft. Das zeigen unsere Projekte, wo neues Leben in absterbende Altstadtviertel kommt (Tian Zi Fang, Jiao Jiang, Xixi Wetland Park), oder eine Industriebrache (Beijing 798), die die klassische Karriere zum Kreativviertel macht, oder wenn sich ein moderner Baukörper als zentraler Ort des kulturellen Gedächtnisses einer Stadt in Szene setzt (Ningbo). Was wir zur Nachahmung empfehlen, funktioniert aber nicht im Franchise-Verfahren. Es bedarf des Lokalen als Engagement und Netzwerk. Die Erneuerung der Baukörper mit neuen Funktionen geht aus dem Zusammenspiel von Architekten, Kreativen, Unternehmern, Administratoren und Nachbarn hervor.*
*Wie sich Künstler und Kulturschaffende mit Umwelt und Gesellschaft beschäftigen, gibt über kulturelle Unterschiede Aufschluss. Ist es nicht immer, als würden wir Äpfel mit Birnen vergleichen? Andererseits erschließt sich uns die Kunst von Ni Weihua, Wang Nanmin, Qu Yan. Mühelos kommunizieren sie über kulturelle Grenzen hinweg. Der künstlerische Ausdruck, der sich hier Bahn bricht, rührt von einer Subjektivität, die hinter die Dinge tritt. Was man andernorts belächeln mag, nämlich die Rede vom Objektiven in den Gegenständen, von der Seele der Umwelt, bestimmt ihren Schaffensprozess. Die Arbeit »Taihu Lake« lässt das am besten*

*erahnen. Damit verglichen mutet die die Kunstschau im Flughafen dekorativ und kommerziell an. Aber sie hilft, Künstlern Einkommen zu schaffen. Es geht hier um das Leben der Kunst. Deshalb ergreift sie Besitz von Räumen wie diesem, geht zum Publikum und verführt es, bis sich Kunst als unverzichtbar fürs Leben etabliert.*

*»Updating China« ist die Antwort auf »Updating Germany«, den deutschen Beitrag zur Architekturbiennale 2008.*

*Sie ist aus der »Urban Academy«, unseren deutsch-chinesischen Forum hervorgegangen, an dem sich chinesische und deutsche Fachleute aus Architektur und Stadtplanung beteiligt haben. Ihnen möchte ich für die Mitwirkung herzlich danken. Sie haben daran mitgewirkt, ein aktuelles in dieser Breite einzigartiges Bild zum aktuellen Stand der Entwicklung zukunftsweisenden Bauens in China.*

*Der Boom in Shanghai ist im 13 Jahr, die Entwicklungen sind rasant, ökologische Gesichtspunkte haben durch die Expo 2010 an öffentlicher Aufmerksamkeit gewonnen. Deshalb ist »Updating China« eine Momentaufnahme, die bald durch neue und noch bessere Bauten überholt wird. Buch und Ausstellung mögen ihren Beitrag zur öffentlichen Wahrnehmung der ausgesuchten besten Beispiele leisten – und damit all jenen Mut machen –, die sich für eine bessere Öko-Bilanz bei Architektur, Bau und natürlich Bauunterhalt einsetzen.*

# *Wilfried Eckstein*

*Since Capital and Labor have turned China from a low-wage country to a global hub, the country shares responsibilities in climate change. Although the consumption of fossil fuels in China is the outcome rather of industrial production for the world market than of individual consumption – to reduce the carbon footprint is nonetheless an enormous challenge.*

*For countering ecological problems at home and globally on global climate change, China proclaimed ambitious climate targets in 2010. With 40 % of the energy consumption caused within buildings, it is obvious to start improving the eco-balance for buildings.*

*To strengthen sustainable development in China has been the motivation of the "Urban Academy", a culture programm of the Sino-German event "Germany and China – Moving Ahead Together" (2007–2010). Experts, institutions and the public on both sides took part in this exchange and dialogue at eye level. One of the results is "Updating China." What fascinates me with China, is its dynamics and enormous efficiency when it comes to seize the new. Whether it is the disposal of industrial waste land, the tunneling as fast as a mole for metro lines, the opening of waterfronts with beautiful promenades, or the creation of new parks – modernity is moving in. Architects, urban planners and investors are happy to draw on abundant resources in China, build new homes. Not everything succeeds, very little is ecological. But it is spell-binding that here, where individual complaints against urban plans have only a vague chance of success, there exists a high degree to readily join a kind of general will and seize chances to improve living conditions.*

*This book and the exhibition want to raise public awareness of high quality and sustainable urban development with their ecological, social and cultural significances.*

*Even though Chinese authorities set higher technical requirements for buildings, ecological standards still need to be firmly established. Time is money – that´s top priority. The construction- output has more quantity than quality. However, big international companies (including German companies of "Germany and China – Moving Ahead Together") prefer energy-efficient buildings. The reason is, low-cost construction ends up more expensive for users, than a new building with encompassing eco-efficient features. Thus, eco-efficiency becomes an economic advantage and may even add up nicely on the company´s CSR agenda. We should hope that eco-certification would work as incentive for energy-efficient buildings in the future. The next step into the right direction would be an up-date of such certificates, so they would more accurately indicate energy efficiency of a building. The energy-efficient buildings in this book are built by Chinese companies and conform to accepted certification standards. Above that, the companies involved consider their buildings to be pilot projects, exploring even better standards for the future. Owners and users of the buildings are often the same, allowing economy and ecology to perfectly integrate.*

*Sustainability implies also social fairness. Natural disasters, calamities with no fault of one's own and social problems lead to practical dedication of individuals. This selection illustrates some projects in earthquake-hit areas, in Tibet and some poverty-stricken areas where China still is a developing country. The works of Xie Yingjun, Wang Hui and Li Xiaodong (post-earthquake reconstruction projects, Apple Primary School in Ali, Tibet and Tulou in Pinghe, Fujian) are full of wisdom and aesthetics. The Urban Tulou stirred some discussion. It is an architecture derived from the history of collective living, planned as affordable housing for migrants and low-income citizens, placed preferably on low-cost-land such as the clover leaf interchanges of expressways. I am afraid it might become a symbol of poverty and a slum rather than welfare housing. Nonetheless, this privately funded project follows a good intention, to provide accommodation for poor people under the conditions of market economy. Privately initiated projects develop their full potential within social networks. This applies to our examples: the rebirth of old communities (Tian Zi Fang, ancient village conservation in Jiaojiang, and Xixi National Wetland Park), the transformation of old industrial areas into creative parks (Beijing 789 Art Zone), or a modern building functioning as a central place for the preservation of cultural memory of a city (Ningbo Museum). We recommend these projects, at the same time we advise caution to use them as blueprint or franchise model. They are locally developed through private initiative and social networks. The renewal of a building and its newly defined functions develops from joint efforts of architects, creative thinkers, entrepreneurs, authorities and residents.*

*How artists express their attitude to nature or society is culturally significant and teach us something about cultural differences. A field where we often compare apples and oranges. Here, we can understand the art of Ni Weihua, Wang Nanmin and Qu Yan. They communicate with us and easily surpass cultural boundaries. Their artistic expressions originate from an attitude of hiding personal feelings behind things. "Things are objective in nature", some people say, "and mountains and rivers have souls" – thoughts, about which people elsewhere would only smile mildly. But for these artists, it determines their creative process. This is most obvious at the works "Taihu Water" and "Rubbing of Drought". In comparison with them the display of artworks in Pudong Airport appears rather decorative and commercial. Yet, it is this kind of marketing that helps artists to have an income. It is how art can live. This is why art want to take over unconquered spaces like the airport, get closer to and induce the public till art becomes indispensable for everybody´s life.*

*"Updating China" responds to "Updating Germany", Germany´s contribution to the XI. Venice Architecture Biennale (2008). It is also a fruit of our dialogue in the "Urban Academy", a German-Chinese forum on sustainable urban development at which many experts from both countries exchanged their views in lively discussions. For their contribution I would like to express my sincere thanks. They have helped to create an up-to-date and unique picture of the current level of trendsetting building in China. It is the 13th year of the building boom in Shanghai. Ecological factors have raised public awareness during the Expo 2010. Thus "Updating China" is also a snapshot which might soon be replaced by new and even better buildings. The book and the exhibition want to contribute to public awareness of the chosen best practice examples and encourage all those who are speaking up for an improved eco-balance of architecture, construction and the use of buildings.*

# 石思平

资本和劳动力使低工资国度中国成了世界工厂，中国从此就要对气候变化承担责任。尽管中国的化石燃料消耗并非由于中国民众的消费，而是由于中国为世界市场进行工业生产，但降低能耗依然是个棘手的难题。

为了解决自家的生态问题、应对全球气候变化，中国于2010年宣布了雄伟的气候目标。要落实这些目标，必须改善房屋的生态状况，因为房屋要消耗40%的能源。

而建设生态城市正是德国驻上海总领事馆文化教育处在“德中同行”系列活动（2007–2010）范围内举办的德中“都市论坛”的目标之一。“更新中国”正是这种平等对话的一项成果。

中国的勇于进取和生机高效让我们着迷。清除老工业区，迅速建成城市地铁，上海在河畔修建美丽的休闲大道，建造新公园，处处都在奔向西式现代化。中国是建筑师、规划者和投资人的乐土，他们可以大显身手，打造世界，为人们创造新家园。不过美中也有不足，项目很少符合生态标准。在这个个人诉讼几无胜算的国度，国民心甘情愿地服从公众意志，抓住机遇提高生活水平，这一点让人印象深刻。

本书和展览的目的在于帮助公众树立对于城市高质量、可持续发展及其生态、社会和文化意义的意识。尽管近年来中国有关部门提高了对建筑的技术要求，但尚未制定有约束力的生态标准。时间和金钱第一的结果是建筑业热火朝天，但重量轻质。而大型国际企业（包括与中国合作的德国公司）追求节能型建筑。因为造价低廉的房屋使用起来比建造时就重视能效的房屋昂贵。生态认证对于此类企业来说是个“亮点”，因为它符合企业社会责任的理念。我们希望这些企业的做法能够促使生态认证制度化，鼓励建筑节能。此外，证书应能更加切实地反映建筑能效。我们展出的节能型建筑由中国单位建造、符合现行认证标准。它们将自己视为示范项目，希望以此探索更好的标准。因为建筑业主同时也是使用者，经济和生态得到了理想的结合。
可持续性的另一大意义在于实现社会公平，自然灾害和社会问题催生切实有效的活动。地震灾区、西藏和体现中国仍为发展中国家的贫困地区的一些项目展示了这一点：谢英俊、王晖和李晓东的作品（震后重建项目、西藏阿里苹果小学和福建平和土楼）充满智慧和美感。
而土楼公舍引起了我的思考：借用传统群居房的建筑风格，在高速公路口正中地块等低价土地上为流动人口和低收入者建造廉住房，我个人将之视为贫民区，而非福利房。话说回来，把原先的公共空间划分成小块供私人居住，这个民营项目的出发点是善意的，是为了在市场经济条件下给经济困难的人群提供栖身之所。
私人倡导的项目只有置身于社会的网络才能成为推动力量。我们展出的老区起死回生（田子坊、椒江古村落保护、西溪国家湿地公园）、老工业区变身创意园（北京798艺术区）和现代建筑成为城市文化记忆中心（宁波博物馆）等等项目都体现了这一点。依样画葫芦地照搬我们推荐的项目无济于事，要紧的是当地方方面面的参与：建筑及其功能的更新是建筑师、创意人、企业、管理部门和居民共同努力的结果。
艺术家和文化人如何对待环境和社会，能显示出我们两国之间的文化差异。不同文化进行对话不总是有点像拿苹果来比梨子吗？但是我们却能理解倪卫华、王南溟和渠岩的艺术。他们能够灵巧地跨越文化界限，进行沟通。他们全新的艺术表达源自一种将主观感受隐藏在事物背后的态度。关于事物本身具有客观性、山水有灵的说法，放在别处人们可能付之一笑，但正是这些决定了这些艺术家的创作过程。《太湖水，拓印干旱》一作尤其给人这样的感觉。与之相比，植入浦东机场的艺术品显得富有装饰性和商业气。但这种做法有助于艺术家创收。而这一点关乎艺术的生命，因此它要占据像展厅这种空间、走向公众、引诱公众，直到公众离不开艺术为止。作为对于2008年威尼斯建筑双年展德国馆“更新德国”展的回应，“更新中国”的前身是探讨建筑与城市发展的“都市论坛”。德中两国专家共同勾画了一幅无比宽广的宏图，描绘了中国面向未来的建筑。我为各位专家的贡献深表谢意。上海的建筑事业已持续兴旺十三年，各方面的发展速度惊人，2010年世博会引起了公众对于生态问题的关注。因此，“更新中国”就像摄影中的“抓拍”，很快就会被新的、更好的建筑取代。本书和展览希望加强公众对选出的最佳范例的认识，鼓励所有在设计、建造和维护领域力求环保的人。

# *Shen Qibin*

*China befindet sich aktuell in einer Phase sehr schnellen Wachstums. Als weltweit zweitgrößte Volkswirtschaft und als eines der führenden Schwellenländer wird das »Phänomen China« von aller Welt mit großem Interesse betrachtet. Die erfolgreiche Durchführung der Olympischen Spiele in Peking und die momentan laufende Weltausstellung Expo 2010 in Shanghai haben dazu geführt, dass das internationale Interesse an China ein nie gekanntes Ausmaß erreicht hat. Heutzutage können Chinas politische und wirtschaftliche Entscheidungen einen globalen Einfluss haben. Bei Betrachtung dieser erfreulichen Entwicklung Chinas dürfen wir aber nicht vergessen, auch die Kehrseite zu sehen, die durchaus besorgniserregend ist. Denn es ist offenkundig, dass die Geschwindigkeit der Wirtschaftsentwicklung in großem Umfang übermäßigem Ressourcenverbrauch und der Zerstörung der Umwelt gezollt ist.*

*Makroökonomisch betrachtet handelt es sich dabei um eine kurzsichtig geplante, phasenmäßige und kaum nachhaltige Wirtschaftsentwicklung, für deren Förderung momentan Opfer gebracht werden müssen. Deshalb verwenden wir den Titel »Update China«, um auf die Frage abzuzielen, wie das Problem einer nachhaltigen Entwicklung gelöst werden kann. Wir benötigen unbedingt neue Methoden und Sichtweisen, um ganz von neuem diese realen Probleme genau zu untersuchen: Lauern nicht Gefahren im Hintergrund der rasanten Entwicklung Chinas? Ist ein solches Entwicklungsmodell in einem gewissen Ausmaß nicht unheilvoll, nicht nachhaltig? Um diese wichtigen Fragen zu klären, müssen wir einen Blick auf den chinesischen kulturellen Kontext werfen. In Wirklichkeit ist dieses bedingungslose Streben nach einer immer größeren Steigerung des Bruttoinlandsprodukts, das aufgrund seines ausbeuterischen Charakters natürlich die Ressourcen begrenzt und in die Umwelt eingreift, ein auf Wettbewerb beruhendes Entwicklungsmodell, das unserer ursprünglichen traditionellen Wertvorstellung zuwiderläuft. Unsere Vorfahren verteidigten die Gesetze der Natur, sie verfolgten das Prinzip des Regierens durch »Nicht-Handeln«. Sie waren dagegen, den Menschen auf die Position eines Herrschers der Welt zu heben, der nach eigenem Gutdünken handelt. Was die Existenz des Menschen angeht, strebte man nach einem Leben im Einklang mit der Natur und lehnte es ab, wider den Willen des Himmels zu handeln. Wer gegen die Prinzipien der Natur und des Himmels handelte, konnte von der Natur bestraft werden. Nur wenn der Mensch mit dem Himmel im Einklang handelte, wurde Harmonie zwischen dem Himmel und den Menschen hergestellt. Das ist ein Kernpunkt unserer Kultur und Tradition. Eine Erörterung des Begriffs »Update China« vor diesem Hintergrund bedeutet weder, dass die Tradition umgestürzt werden muss, noch dass überkommene*

*Dinge revolutioniert werden sollen. Seine wahre Bedeutung liegt darin, dass wir uns auf das Kernproblem der nachhaltigen Entwicklung unserer Gesellschaft konzentrieren müssen, dass wir von der Vorstellung einer Idee ausgehend unaufhörlich neue Konzepte hervorbringen müssen, um dann aus dem überholten Entwicklungsmodell auszusteigen, um einen neuen Weg unserer Lebensentwicklung zu beschreiten.*

*Warum aber veranstalten wir die Ausstellung »Updating China«? Wir haben diese Ausstellung organisiert, um die folgenden Gedanken zu diskutieren und praktisch zu erfahren: »Erneuerung ist ein Wachstum, dessen innere Logik Nachhaltigkeit ist. Erneuerung ist eine positive nachhaltige Veränderung, es ist kein Umsturz und keine zerstörerische Methode.« In dieser Ausstellung beschäftigen sich 19 chinesische und deutsche Künstler mit dem Thema »Updating China« und zeigen ihre unterschiedlichen Reflexionen und Werke. Außerdem gibt es eine Ausstellung zu einer Serie von fünf Themen: »Nachhaltige Stadtplanung, grünes und energiesparendes Bauen, Geschichte verknüpft mit der Zukunft, gesellschaftliche Verantwortung und kostengünstiges Bauen sowie kulturelle und künstlerische Nachhaltigkeit«. Bei diesen dokumentierten Beiträgen handelt es sich um 40 verschiedene, von der »Urban Academy« ausgewählte Best-Practice-Beispiele. Dadurch ist die gesamte Ausstellung in ihrem Inhalt sehr vielseitig und tiefgründig. Für uns ist diese Ausstellung auch ein komplett neuer Versuch der Zusammenarbeit. Die Kooperation mit in- und ausländischen Künstlern, Architekten, Kunstgalerien und dem Konsulat reflektiert in vollem Maße den gegenseitigen multikulturellen Einfluss unserer Zeit und die Tatsache einer intensiven Mischung, besonders mit Blick darauf, dass wir in der Lage sind, die ausgedehnte Erweiterung der Modernen Kunst sowie die Vielfältigkeit der Resultate in aller Deutlichkeit zeigen zu können.*

*Aus diesem Grund möchte ich nun als Vertreter des Himalayas Art Museum gegenüber dem deutschen Generalkonsulat Shanghai, dem Goethe-Institut sowie gegenüber den Organisatoren der Veranstaltungsreihe »Deutschland und China – Gemeinsam in Bewegung« meinen aufrichtigen Dank für die tatkräftige Unterstützung und die gemeinsame Zusammenarbeit aussprechen. Zugleich bedanke ich mich sehr herzlich bei den teilnehmenden Künstlern und Architekten für ihre Beiträge, die voller Originalität sind. Wir haben allen Grund zu glauben, dass wir durch diese an Inhalten so reiche Ausstellung bei der Betrachtung unserer eigenen Lebenswelt einen noch besseren und flexibleren Blickwinkel bekommen werden – und auf diese Weise werden sich uns beim Beschreiten ganz neuer Wege unaufhörlich neue Gedankenräume und neue Sichtweisen eröffnen.*

# *Shen Qibin*

*As the world's second largest economy and a leading role among developing countries, China is currently enjoying rapid development and the "Chinese phenomenon" has become a focus of media attention worldwide. With the successful hosting of the Olympics and World Expo, China has reached such attention to such a degree almost unprecedented in recent history.*

*In the light of the influence and power presently enjoyed by China, any political or economic moves it takes may possibly cause a stir in a broader scenario. However, despite all the exciting and encouraging aspects we witness, we have to be aware that there's something upsetting behind the surface. Evidently, such dramatic development is achieved, to a large extent, at the expense of excessive consumption of resources and destructive damage to the ecological environment.*

*From a long-term perspective, the prosperity attained in this way is short-sighted, temporary and unsustainable, sacrificing the benefits of future generations.*

*In this regard, the notion of "Updating China" aims to explore possible solutions to achieve sustainable development. Different approaches and standpoints need to be adopted when reviewing the following questions: Is there any hidden perils looming behind the impressively rapid development of China? Is the current development mode, to some extent, devastating and unsustainable in the long run? To figure out all these grand questions, we need to go back to the context of local culture. As a matter of fact, the GDP growth that we are desperately after is by nature conflicting with sustainable development and utilization of resources, and therefore conflicting with our traditional cultural values. One of the most distinctive characteristics of traditional Chinese culture is the great worship to the nature. It is strongly against the idea to regard human beings as the dominator who can do whatever they want to the nature. In other words, whoever violates the law of the nature would be punished by it in the end. A harmonious relationship between man and nature plays a central role in the philosophy of Chinese traditional culture. Hence, by presenting the notion of "Updating China" we don't mean to subvert the tradition or initiate a new revolution. What we look forward to is an update in the ideological level, leading us to leave the previous development mode behind and find a new and sustainable way forward.*

*Why Updating China? Through the exhibition, we want to further investigate and put in practice the notion that "update, rather than a subversive or destructive force, is the sustainable development of internal logic and a positive shift". Nineteen artists, architects and designers from both China and Germany will present their reflection upon the theme "Updating China". The exhibition will feature 5 sub-themes, namely Sustainable Urban Planning, Eco-Friendly Green Architecture, From Past to Future, Social Responsibility and Low-Cost Construction, and Sustainability in Art and Culture. Moreover, with the 40 best practice cases selected by the forum of Urban Academy, the document hereby formed further enriches and diversifies the exhibition.*

*From the museum's point of view, the exhibition can be seen as a brand new attempt.*

*Thanks to the participation of artists, architects and designers both at home and from abroad and the collaboration with art museum and Goethe Institute, the mutual influence and interaction among different cultures are further highlighted, reflecting the wide spectrum and diversity of contemporary art. On behalf of the Himalayas Art Museum, I would like to extend my sincere gratitude to the German Consulate General Shanghai, the Goethe-Institut and "Germany and China – Moving Ahead Together" culture project for their great support and collaboration.*

*I would also like to thank all the participating artists, architects and designers for their brilliant contribution. We firmly believe that through the exhibition we would be able to review the reality from more diversified perspectives and gain more insights into the process of updating.*

# 沈其斌

中国正处在一个飞速发展的阶段。作为世界第二大经济体和第三世界发展中国家的带头人，“中国现象”为全世界所瞩目。
北京奥运、上海世博会的成功举办，更使得中国的国际关注度和影响力达到了前所未有的高度。
目前中国在政治、经济上的一举一动，都有可能牵动全球神经。但是，在看到这样一个令人振奋的局面的同时，我们又不能不理性地看到现象背后的一些令人感到忧虑的东西。因为显而易见，这种飞速的发展，在很大的程度上是以过度消耗资源、破坏生态环境为代价的。从宏观上看，它是短视的、阶段性的和不可持续的，是为了今天的繁荣而牺牲未来。我们提出“更新中国”的概念，实际上所针对的就是如何解决可持续发展的问题。
我们非常需要以不同的方式和角度来重新审视这样的一些现实问题：中国的快速发展的背后，是不是存在着巨大的隐患？这样一种发展模式，从某种程度上来说会不会是灾难性的，不可持续性的？要说清这样的大问题，我们就需要回到本土的文化语境里。
事实上，我们所拼命追求的GDP高速增长，其掠夺性本质使得它注定会受到资源、环境的制约，而这样的一种竞争发展的模式，与我们原有的传统文化价值观是相违背的。
我们的先辈们崇尚道法自然、无为而治，反对把人放在世界主宰的位置上为所欲为，面对人的生存，追求的是顺其自然，反对逆天而行。谁违背自然、逆天而行，谁就会受到自然的惩罚。
只有顺天应人，才能实现天人合一。这是我们传统文化中的核心境界。因此，在这样的背景下探讨“更新中国”的概念，其根本目的并不是要颠覆什么传统，也不是要革什么旧事物的命，其真正意义在于我们必须围绕人类社会的可持续发展这一核心问题，从思想观念上进行不断的更新，进而从旧的发展模式中跳脱出来，走上新的生存发展之路。我们为什么要做"更新中国"？因为我们希望通过这样的一个展览，来探讨和实践"更新是一种可持续的内在逻辑的生长，一种积极的可持续性的变化，而不是颠覆性和破坏性的方式"的理念。它将由19位中、德艺术家围绕"更新中国"的主题，来展开各自不同形式的反思与创作；还将展示围绕"可持续城市规划、绿色节能建筑、历史联结未来、社会责任与低造价建造以及文化与艺术中的可持续性"等五个系列主题，根据《都市论坛》所讨论筛选出的40个最佳实践案例所形成的文献，从而使整个展览具有更为丰富的层次和内涵。

对于我们来说，这个展览的合作方式也是一种全新的尝试。由国内外艺术家、建筑师、美术馆、领事馆达成的共同合作，充分反映了这个时代多元文化彼此影响、深入交融的现实，尤其是能够鲜明地折射出当代艺术外延的广阔性与结构的多元性。所以在这里，我代表喜玛拉雅美术馆对德国驻上海总领事馆、歌德学院以及"德中同行"文化项目组织方对此次展览所给予的有力支持和通力配合表示衷心的感谢，同时也要对参展艺术家、建筑师所做出的富有创意的贡献表示诚挚的谢意。

我们有理由相信，通过这样一个内容丰富的展览，可以使我们在重新审视自己身处的现实世界的过程中获得更多、更灵活的角度和方式，从而在更新的进程中不断开启新的思想空间和视界。

# *Ökologische Bauten*
# *Green Buildings*
# 绿色节能建筑

Im heutigen China gehören Versuche und Verbreitung des Wissens um grünes Bauen längst zur Tagesordnung. Heute werden der amerikanische LEED-Standard sowie der europäische Energiesparstandard als Referenz herangezogen, sodass momentan immer mehr Standards und Ratingindikatoren sämtlicher Kategorien des energiesparenden Bauens erlassen werden. In der Regel ist es heute so, dass in China sämtliche neue Gebäude erst anhand bestimmter Kriterien hinsichtlich ihrer Energiespareffizienz evaluiert werden müssen. Zumindest aber muss in der Konstruktionsbeschreibung ein wichtiger Abschnitt darüber vorhanden sein, inwiefern es sich um ein grünes Bauprojekt handelt. Man kann sagen, dass unsere Fallbeispiele hinsichtlich energieeffizienten Bauens in China alle repräsentativen Charakter haben. Das große Hauptgebäude des Instituts für Bauforschung in Shenzhen sowie das neue Gebäude des Shanghaier Wissenschaftlichen Forschungsinstituts im Stadtteil Xinzhuang sind zwei exemplarische Bauprojekte in China, bei denen unterschiedliche Energiespartechniken zur Anwendung kommen. Bei ersterem wurde abgesehen von der Ökotechnik das Bedürfnis nach gegenseitigem kommunikativen Austausch, aber auch die Organisationskultur des Gebäudenutzers mit in Betracht gezogen, während bei letzterem mehr Wert auf die Energieeffizienz gelegt wurde, die durch eine in der Gebäudearchitektur integrierte »Softtechnik« erreicht wird und gleichzeitig die Kosten reduziert. Pujiang Intelligence Valley gehört zu Chinas ersten ökologischen Business-Parks, der mittels Überlegungen über die Art der Energiebeanspruchung durch das Management und die Mitarbeiter anhand einer Energiespartechnik eine noch bessere Energieeffizienz erzielen kann. Das von der Universität Nottingham konzipierte Ningbo Energiespar-Center sowie das Energiespar-Gebäude der Qinghua Universität sind zwei Vorzeigeprojekte, die mit Hilfe britischer und italienischer Energiespartechnik realisiert wurden. Dies fördert die Lokalisierung und Anpassung der europäischen Energiespartechnik und Energiestandards gemäß den chinesischen Gegebenheiten. Das Vanke Center in Shenzhen sowie das Moma in Peking sind zwei weitere Vorzeigeprojekte ökologischen Energiesparens, die sicherlich großen Einfluss auf die Förderung energiesparenden ökologischen Bauens, insbesondere auf Wohngebäude im zukünftigen China haben werden. Das Coca-Cola-Gebäude wiederum ist ein Versuch, in kleinem Maßstab das Problem des Wärmeschutzes zu lösen, indem recyclebare Coca-Cola-Dosen als Außenwandmaterial verwendet werden. Gleichzeitig müssen wir aber dafür sorgen, dass grünes, energiesparendes Bauen weiter gefördert wird und in das Bewusstsein der Menschen eindringt. Um dieses Ziel zu erreichen, werden wir einen langen Weg gehen müssen.

Eine wichtige Frage ist, wie sich eine Erhöhung der einmaligen Investition in das Energiesparen mittels dadurch gewonnener langfristiger Ersparnis bezahlt machen kann. Normalerweise wird für neue Energiespartechniken ein hoher Preis bezahlt, obwohl diese nicht für alle grünen Bauprojekte angemessen sind. Deshalb streben sie tendenziell nach einer möglichst großen und schnellen Kompensation ihrer Investitionen. Wenn es keine wirtschaftlichen Subventionen durch den Staat gibt, einschließlich der Schaffung eines Belohnungssystems wie einer günstigeren Geschossflächenzahl, und man gezwungen ist, sich auf die Weisungen der Verwaltung zu verlassen, dann wird sich *Grünes Bauen* langfristig nicht durchsetzen. Eine weitere Problematik bezieht sich auf die Weiterentwicklung der Energiespartechnik und deren Kostenverringerung, aber auch darauf, wie sich diese mit den vorhandenen Bau- und Konstruktionsnormen vereinbaren lassen.

*Li Xiangning*

The promotion of pilot projects on contemporary green buildings has been put on the agenda in China. By referring to the U.S. LEED standard and energy efficiency standards in Europe, China continues to introduce a wider range of building energy efficiency standards and rating indicators in all categories. As a matter of course, all new buildings in China today basically have to pass some sort of energy efficiency review, or at least illustrate their energy efficiency performance in one of the major chapters of their design description before obtaining an approval for construction from a local bureau in charge of housing and urban-rural development.

It is fair to say that these few cases illustrated here are representative projects in this regard in China. Both the headquarters building of the Shenzhen Institute of Building Research and the Xinzhuang new building of the Shanghai Research Institute of Building Sciences are China's demonstration projects which have applied various energy saving technologies in a comprehensive fashion, with the former factoring in the users' needs for corporate culture and exchange activities in addition to ecotechnologies, the latter focusing more on integrating soft technologies regarding architectural design itself to achieve energy efficiency and lower building costs. Pujiang Intelligence Valley is one of China's first ecological office parks, enabling magnified energy saving effects through management and energy saving technologies, based on the considerations of employee energy use modes. The Center for Sustainable Energy Technologies (CSET) of The University of Nottingham, Ningbo and the Sino-Italian Tsinghua Ecological and Energy Efficient Building are demonstration projects representing the UK and Italy's energy efficient technologies in China, respectively. Both projects are helpful in promoting the local adaptations of European energy-saving technologies and standards in China. On the other hand, Vanke Center Shenzhen and Beijing Moma Apartments represent the demonstration projects for ecological and energy efficient buildings promoted by residential developers, which delivers a powerful impetus to the promotion of energy conservation and ecological technologies in residential buildings. This project is the largest type of construction in China, in terms of floor space. The Cola building represents a small-scale attempt in utilizing recyclable cola cans as an exterior wall material to address the thermal insulation issue of buildings. But at the same time, we must also be aware that there is still a long way to go when the promotion and popularity of green energy-saving buildings are concerned.

First, how to address the correlation between the increase in one-time investment for energy conservation and the long-term returns brought about by the energy saving efforts. Usually, construction costs based on the use of new energy-efficient technologies are very high (although the scenario is not applicable to all green energy-saving buildings), and the nature of land ownership in China determines that the developers tend to pursue the maximum and quickest returns in stead of looking at the long term benefits that might be appreciated decades later.

Therefore, without relevant subsidy policies or reward incentives, including favorable floor area ratios, the enforcement of administrative orders alone may not be enough to support the long-term development of green energy buildings. Second, the maturity of energy-saving technologies and reduction in cost price, as well as the match with existing building codes. Of course, this may be promoted through the active efforts by industry professionals. Thirdly, exploration of China's low-tech energy-saving concepts and traditional wisdom. For instance, the cave dwellings are a natural passive energy-saving housing.

*Li Xiangning*

当代中国绿色建筑的试验和推广已经被提上了议事日程。今天参考美国的Leed标准和欧洲的节能标准，中国的各个范畴的节能建筑标准和评级指标正在不断地推出。事实上，基本上今天中国新建的所有建筑在得到规划局批准之前都必须通过某种形式的节能评估，或至少在设计说明中都会有一个重要的章节来说明在节能方面的表现。我们这里的几个案例都可以说是国内在这方面具有代表性的项目。深圳建筑科学研究院的总部大楼和上海建筑科学研究院的莘庄新大楼是综合运用多项节能技术的国内示范性项目，前者更在生态技术之外考虑了使用者的社团文化和彼此交流的需要，而后者则更多地结合建筑设计本身的软技术来达到节能的效果同时也减少了造价。浦江智谷是国内最早的生态商务办公园区之一，其通过管理和员工能源使用模式的考虑使得通过节能技术获得的节能效能被放大了。诺丁汉大学宁波节能中心建筑和清华大学节能楼分别是英国和意大利节能技术在中国的示范项目，有助于促进欧洲节能技术和标准在中国的本地化调适。而深圳万科中心和北京MOMA则是住宅开发商所主导的生态节能示范项目，对于在未来中国建造量最大的建筑类型——住宅中推广节能生态技术具有强大的推动作用。可乐宅则是一个小尺度上尝试运用可回收的可乐罐作为建筑外墙材料解决保温问题的尝试。然而与此同时，我们也必须看到绿色节能建筑的推广和真正深入人心，还有一段很长的路要走。一是如何解决节能一次性投资的增加与节能所获得的长期回报之间的关系。通常运用新的节能技术的造价高昂（虽然并不适用所有的绿色节能建筑），而中国的土地所有制性质决定了开发商不确信几十年后才能吃到的饼，而倾向于追求最大、最迅速的回报。所以如果没有相关的经济补贴政策和包括容积率优惠在内的奖励机制，光靠行政命令的强制或许是难以长期维系的。二是节能技术的成熟化和成本价格的降低，以及和现有建筑规范的匹配。当然这或许是专业人士能够通过自身的努力推动的。三是探索中国的低技术节能理念和传统智慧，比如窑洞就是一种天然的被动式节能屋。

李翔宁

*Prof. Dr. Ing. habil. Michael Trieb*
*Städtebau Institut Universität Stuttgart/ISA Internationales Stadtbauatelier*

### Vom Dialog zur Plattform

Die Tagungsfolge »Nachhaltige Stadtenwicklungsplanung« innerhalb der Veranstaltungsreihe »Deutschland und China – Gemeinsam in Bewegung« in Shanghai wurde mit der o. g.Veranstaltung »Green Buildings« eröffnet. Erklärtes Ziel war es , ein chinesisch-deutsches Forum für Fragen der nachhaltigen Stadtentwicklung zu schaffen. Dieses Ziel wurde in den Augen des Berichters nicht nur erreicht, sondern übertroffen. Nicht nur ein chinesisch-deutscher Dialog zu vielen Fragen der »grünen« Stadtentwicklung entstand, sondern eine intensive innerchinesischer Meinungsaustausch, der sich bis zum Schluß hin so steigerte, dass der Berichter sich bewußt in der Plenumsdiskussion zurückhielt, um der chinesischen Seite mehr Raum zu geben.

### Hochkarätige Pilotprojekte

Es wurden Pilotprojekte für Grünes Bauen vorgestellt, die Institute, Universitäten und Developer vorstellten, die heute führend in der chinesischen Bauwirtschaft sind. Auch wenn sie sehr verschiedene Aspekte des »Grünen Bauens« repräsentierten, vom grünen Design über energiesparende Mustergebäude bis zur Integration alter, natürlicher Klimatisierungstechniken in moderne Gebäude mit Mischnutzungen, so ergaben sie ein Gesamtbild des Standes chinesischen Know-How's auf dem Gebiet des ökologischen, energiesparenden Bauens, das globalen Standards entspricht.

### Exemplarische Forschungsprojekte

Das Shenzhen Institute der Chinesischen Akademie der Bauforschung (Teil des Think Tanks der chinesischen Regierung) zeigte einen Bürobau als Beispiel langlebiger, ökologischer und energieffizienter Bauweise, die Tsinghua Universität in Peking (Chinas MIT) ein Forschungsinstitut mit weiteren Qualitäten wie natürlicher Belüftung, Beleuchtung etc., das Shanghai Institut of Architectural Design & Research ein Officegebäude, das geschoßweise differenziert ist und Niedrigenergie Eigenschaften besitzt

### Grüne Technologien und Design

Die Universität Nottingham in Ningbo stellte einen realisierten, funktionierenden Musterbau für die Synthese unterschiedlichster nachhaltiger Energietechnologien vor. Ein Beispiel für »Grünes Design« zeigte die Planungsgruppe »Morphosis«mit dem im Bau befindlichen »Giant Campus«, dessen Qualität insbesondere in der Einbettung in und der Entwicklung aus der Landschaft heraus lag, der sonst allerdings wenig ökologische und energieffiziente Eigenschaften hatte.

### Grünes Bauen aus privatwirtschaftlicher Sicht

Die Unternehmergruppe Shanghai Pengchen United Industry Co. zeigte ein privatwirtschaftlich finanziertes Bürogebäudekomplex, die eine Niedrigenergie Gebäudegruppe aus wirtschaftlichen Gründen bauten und an Hand der Rechenbeispiele (80 % Energieeinsparung) die Wirtschaftlichkeit nachwiesen. Die Vanke Gruppe (eine der größten und besten chinesischen Developer) zeigte ihr Hauptquartier, das sowohl von der Philosophie, der Nutzung wie von der ökologisch-energetischen Seite her eine Pionierleistung im Bereich des ganzheitlichen »Green Building« darstellte und ebenfalls die wirtschaftliche Machbarkeit grünen Bauens demonstrierte.(Langfristige Wirtschaftsinteressen des Bauherrn)

### Zusammenfassung

Es war eine hochinteressante und erfolgreiche Auftaktveranstaltung der Urban Academy in Shanghai. Sie war geprägt von sehr vielfältigen Informationen, die gesammelt und zusammen gesehen, einen guten Überblick über den heutigen Stand des Grünen Bauens in China geben. Sie war erfolgreich als guter Ansatz deutsch-chinesischen Wissensaustausches in diesem Gebiet und darüber hinaus insbesondere als neutrale Plattform innerchinesischen Meinungsaustausches. Und sie zeigte dem aufmerksamen Teilnehmer einige der Schlüsselfragen, die für eine nachhaltige Stadtentwicklung beantwortet werden müssen, Dazu gehört beispielsweise staatliche Förderungsmoglichkeiten, die Schaffung gesetzlicher Rahmenbedingungen, die Grüntechnologien erzwingen, Gesetze, die nachhhaltige Bauqualität vorschreiben, aber auch die Notwendigkeit der Erforschung traditioneller, natürlicher , dh ökologischer Bauweisen, die auch heute anwendbar sind. Sie zeigte aber auch, welche Zukunftsaufgaben nicht nur in der Weiterentwicklung ökoenergetischer Technologien , sondern insbesondere in ihrer kumulativen Synthese im Gebäude und der Stadt für ein deutsch-chinesische Zusammenarbeit denkbar sind. Konzeption, Organisation und Durchführung dieser Veranstaltung verdienen deshalb großes Lob – die darüber hinaus erwiesene Gastfreundschaft des Generalkonsulates, vertreten durch Herrn Konsul Eckstein und Frau Qinwen Dong,B.Sc., echten Dank.

*Prof. Dr. Ing. habil. Michael Trieb*
*Städtebau Institut Universität Stuttgart/ISA Internationales Stadtbauatelier*

### From dialogue to platform

The course of conferences "sustainable urban development planning" contributes to "Germany and China – moving ahead together" in Shanghai and started with the event "Green Buildings". It was the aim to create a German-Chinese forum on sustainable urban development. From my point of view, this aim was not only reached but also outreached. Not only a German-Chinese dialogue on many questions of "green" urban development took place, but also an intensive discussion among the Chinese colleagues. The intensity of this discussion had increased until the end up to a point that I consciously hold my self back during the panel, so the Chinese part would have more space.

### High profile pilot projects

Content wise this forum was very interesting. Pilot projects of green buildings were introduced and the institutes, universities and developers that today are the leeding Chinese building companies were introduced as well. Even though a wide variety of aspects of "green building" were represented – between green design, energy saving pilot buildings and the integration of old, natural cooling techniques for modern buildings with mixed use, the level of Chinese know-how in the field of ecological, energy saving buildings is conceptually meeting global standards.

### Exemplary research projects

The Shenzhen Institut of the Chinese academy on building research (a part of the think tank by the Chinese government) presented an office building as an example for sustainable, ecological and energy efficient construction. The Beijing Tsinghua University (China's MIT) talked about their research institute, which is looking into qualities such as natural ventilation, lighting etc. and the Shanghai Institute of Architectural Design & Research introduced an low-energy office building that is differentiated by floor.

### Green technologies and design

The University of Nottingham, Ningbo, presented an already built and working pilot building that combines a variety of different sustainable energy technologies. As an example for "green design" the group of planners called "Morphosis" showed their "Giant Campus" that is being built at the moment. The campus was inspired by, imbedded and developed by the landscape of its surroundings – apart from that, the project has not many ecological or energy efficient qualities. The reason were the short-sighted economic interests of the builder.

### Green Building from a private sector point of view

The Shanghai Pengchen United Industry Co. Group showed a privately a low-energy office complex that a private company had funded out off economic reasons. With several calculations they could proof its profitability (80 % energy savings). The Vanke Group (one of China's biggest and best developers) presented their headquarters that is pioneers work in the field of green building regarding the philosophy of its use as well as from an eco-energy point of view. It also demonstrates the economic feasibility of green building. The constructor obeys long-sighted economic interests.

### Summary

It was a highly interesting and successful opening event of the Urban Academy in Shanghai. The day was shaped by versatile information that overall gave a very good overview of green building in today's China. In this area and beyond the Urban Academy is a very good approach to German-Chinese knowledge exchange, especially as a neutral platform for an inner Chinese exchange of opinions. The mindful participant could hear some of the key questions concerning sustainable urban development, such as funding by the government, the creation of a legal framework, enforcing green technologies, laws for the use of sustainable building material, but also the necessity of putting further research into traditional, natural (meaning ecological) building methods that could be used straight away.

Additionally, the discussions pointed at future tasks for the development of eco-energy technologies and, especially, for their cumulative synthesis within buildings and the city – key tasks for future German-Chinese cooperation. I would like to give thanks to the people who came up with the concept, organization and execution of this event. I am especially thankful for the hospitality of the consulate general, namely Mr Wilfried Eckstein and Ms Qinwen Dong. Thank you very much.

工学博士，教授米夏埃尔•特里普，斯图加特大学城规学院 / 德国ISA意厦国际设计集团

从对话到平台
“德中同行”之可持续城市发展系列活动随着主题为“绿色建筑”的论坛拉开了帷幕。这一系列论坛的目的正是为中德可持续城市发展问题创造一个交流的平台。从作者角度看来，论坛不仅达成了这一目标，而且有所超越。这一次的中德对话不仅包含了有关“绿色”城市发展的诸多问题，同时也是中方内部的一次意见交流，其激烈程度让作者在对话的结尾有意识的有所保留，以使中方的专家有更多的讨论空间。

含金量高的实验性项目
论坛的内容对于笔者来说还是很有吸引力的。各种机构，大学，开发商等等在当今中国建筑产业发挥着引导作用的组织或者个人，在论坛中得以了解这些围绕着绿色建筑展开的实验性项目。尽管他们各自观点不同，无论是在能源节省型示范建筑的设计方面，还是将老式空气调节技术引入新式建筑等等，但这次论坛也给了我们一个在环保型、节约能源型建筑方面，符合国际标准的中方专业人员的全貌。

具有示范性的研究项目
中国建筑科学院深圳分院（中国政府的智囊团之一）展示了一栋寿命长、环保且能源利用效率高的建筑作为这种建筑方式的范例，北京清华大学（相当于中国的麻省理工大学）展示了一个使用自然方式照明以及通风换气的研究中心，上海建筑设计研究院展示的是一个低能耗，楼层间特性不同的办公楼。

绿色技术及设计
宁波诺丁汉大学介绍了一栋可以在现实中运作的示范建筑，其中综合了各种差异巨大的可持续能源利用技术。Morphosis的设计师展示了巨人集团医药园的建筑，它很好的嵌入并利用了周围的环境，除此之外并无其他特殊的降低能耗的环保手段，并就此做出解释（建筑所有者短期的经济效益）。

民营企业的绿色建筑视角
上海鹏晨联合实业有限公司展示了一个民营企业投资建造的综合办公楼，出于经济考虑，办公楼被设计成一座低能耗建筑，核算例子表明，大楼节省了80%的能源，证明了其经济效益。万科（中国最大、最好的开发商之一）展示了他们的办公大楼，不管是理念、使用，还是能源利用，这座建筑都是整个“绿色建筑”领域的创举，同时也显示出绿色建筑在经济领域的可操作性。（建筑所有者长期的经济效益）

总结
这一次活动对于在上海举办的都市论坛来说是一个十分成功又颇具吸引力的开端。论坛收集并集中展示了多样的信息，展示了中国绿色建筑现状的大致情况。它同样也是中德在这一领域学术交流的成功尝试，对于中国国内来说，这也是一个极好的中立的交流平台。

论坛向全神贯注的参与者展示了一些重要问题，一些为了城市持续发展必须要解决的问题。这些问题举例来说包括像讨论国家资助的可能性，完善框架条件，强制使用绿色技术，出台有关持久建筑质量的法律，研究现在仍然可以使用的、传统、自然、生态的建筑方式这些问题。

都市论坛也展现了，不仅仅在生态能量技术方面，同时在为了中德共同合作而积累的建筑和城市的组合方面可能在未来有哪些任务。因此此次活动的计划，组织和实施方面都赢得了极大地赞赏。此外，对石思平领事和董勤文小姐的热情好客也致以诚挚的谢意。

*Reiner Nagel*
*Senatsverwaltung für Stadtentwicklung Berlin*

Ökologisches Planen und Bauen hat sich in Deutschland innerhalb zweier Jahrzehnte vom Ausnahmefall weniger Modellvorhaben zum bautechnischen Standard entwickelt. In Berlin haben experimentelle Neubauten der Internationalen Bauausstellung 1987 aber auch die neuen Regierungsgebäude der Bundesregierung ab Mitte der Neunzigerjahre, ein großes Experimentierfeld für umweltgerechte Bauweisen aufgemacht. Im Ergebnis konnten durch sich ständig verbessernde gesetzliche Umweltanforderungen, deren Implementierung auch durch Förderpolitik unterstützt wurde, Passivhaus-, Nullemmissions-Haus und inzwischen Energie-Plus-Haus-Standards erreicht werden.

Infolge steigender Energiekosten sind heute nach dem amerikanischen Leed-, oder dem neuen deutschen DGNB-Label (Deutsche Gesellschaft für nachhaltiges Bauen) umweltzertifizierte Immobilien zunehmend ein Qualitätsprodukt, dass sich neben allgemeinen Marketing-Vorteilen auch betriebswirtschaftlich rechnet. Einfach nutzbare Checklisten sichern und garantieren dabei den technologischen einzuhaltenden Rahmen und prüfen über Wärmeverbrauchskoeffizienten hinaus auch umweltgerechte Material-Stoffkreisläufe. Insofern sind Umweltzertifikate, wie wir sie auch im Falle des Hamburger Entwicklungsvorhabens HafenCity speziell entwickelt haben, sinnvoll. Sie müssen immer der regionalen (klimatischen) Besonderheit des Raumes gerecht werden und sollten soweit wie möglich ganzheitliche und integrierte Handlungsweisen fördern.

Über die technologische Rahmengebung durch Zertifikate und Gesetze hinaus, stellt ökologisches Bauen aber auch zunehmend eine kulturelle Leistung und eine auf Nachhaltigkeit ausgerichtete gesellschaftliche Identität dar. Beispielsweise schaffen in Berlin eine große Anzahl selbstnutzender Baugemeinschaften dauerhafte Qualitäten und Stabilität für ihr Umfeld. Als eigentumsbildende Bauherren erfüllen sie nicht nur selbstverständlich ökologisch Anforderungen, sondern bieten gemeinschaftliche oder kulturelle Angebote für ihren Sozialraum, beleben ihr Quartier: Dachgärten, Kinderbetreuungseinrichtungen, Gemeinschaftshöfe und (öffentliche) Freiräume. Über das Einzelgebäude hinaus wird der Quartierszusammenhang zunehmend bedeutsam. Hier entscheiden sich die Fragen des bevorstehenden gesellschaftlichen Wandels und der Klimaveränderungen. Eine länger lebende Bevölkerung mit steigendem Durchschnittsalter benötigt dezentrale, quartiersbezogene, gemischte Nutzungsangebote. Und eine durch steigende Temperaturen im Sommer hitzegestresste Stadtbevölkerung ist auf die Luftventilation und Abkühlung durch wohnungsnahe Grünanlagen angewiesen. In Berlin sind daher inzwischen regelmäßig stadtklimatische Untersuchungen Grundlage für Neubauquartiere und Stadtumbauvorhaben.

»Leed« ist die Abkürzung für »Leadership in Energy and Enviromental Design for Neighbourhood Development«. Es geht also darum innerhalb eines Systems komplexer, ökologischer Anforderungen, ein möglichst hohes Maß lebensraumbezogener Nachhaltigkeit zu erreichen.

Die in der Urban Academy gezeigten chinesischen Architektur-Beispiele entsprechen in ihren umwelttechnologischen Standards hohen internationalen Maßstäben. Jetzt kommt es nach meiner Auffassung darauf an, im Sinne integrierter, interdisziplinärer und vorausschauender Sichtweisen, die gesamte Stadt, auch die bereits fertig gebaute, zu betrachten und umweltgerechte, lebenswerte Quartiere, Gebäude und Freiräume, zu entwickeln. Der Weg geht von »green buildings« zu »sustainable districts«.

*Reiner Nagel*
*Berlin Senate Departement for Urban Development*

Within two decades, ecological planning and building has evolved from the exception of only a few model propositions into a technical construction standard in Germany. In Berlin, the experimental new buildings of the International Building Exhibition 1987 as well as the governance buildings of the federal government that were built in the mid-90ties have paved the way for experiments regarding environment-friendly construction techniques. Since the implementation of the compulsory, ever improving environmental regulations was supported by supportive politics, today passive-housing, zero-emission-housing and even plus-energy-housing-standards could be reached as a result.

Due to rising energy costs today buildings with a eco-certificate of American Leed, or German DGNB-standard are increasingly considered a high quality product with a positive marketing as well as economic balance. Simple checklists secure and guarantee the framework that is technologically to be upheld, while checking the coefficient of heat consumption and environment-friendly cycle of materials. In this respect, eco-certificates as the one especially designed for the development of the HafenCity in Hamburg do make a lot of sense. They have to adapt the regional (climatic) characteristics and should as much as possible support integrated courses of action.

Beyond the technological framework of certificates and laws, ecological building has increasingly to be received as a cultural effort and a social identity that aims at sustainability. In Berlin, for instance, a great number of building communities that both build and use their houses are creating lasting quality and stability for their surroundings.

As builders and owners in one body they do not only fulfill the eco-requirements as a matter of course, but they are also offering communal and cultural events of their social space – they vitalize their quarter: rooftop gardens, kindergartens, communal courtyards and (public) open spaces. Beyond the individual building the strong company of the quarter has an increasing importance. It is where the questions of upcoming social and climate change are decided.

A population that lives longer and is constantly growing older needs decentralized, quarter-based, mixed attractions for use. And a population that is totally stressed out by the summer heat (caused by on average rising temperature) depends on air ventilation and cooling. Green spaces need to be close to their apartments. That is why, in Berlin, we would use regular urban climate checkups as our basis for new building quarters and urban restructuring projects.

"Leed" is short for "Leadership in Energy and Enviromental Design for Neighbourhood Development". It is all about reaching an as high level as possible of sustainability regarding the living space within a system of complex, ecological requirements.

The examples of Chinese architecture that were presented at the Urban Academy met the high international eco-standards. Now, from my integrated, interdisciplinary and farsighted point of view, it is time to look at the whole city, even the parts that have already been built, and develop environment-friendly, liveable quarters, buildings and open spaces. The way into the future leads us from "green buildings" to "sustainable districts".

莱纳·纳格尔
柏林城市发展部

在二十载的时间里，德国的生态规划和建造由无矩可依的特例变身为建造技术的标准。在柏林，1987年建筑展上的实验性的新建筑，以及九十年代中期的新政府大楼为环境友好型的建筑方式开辟了广阔的实验场。通过不断完善的环境条例法规（其实行受到政策支持），被动节能屋、零排放建筑和"能源加房屋"标准得以实现。

由于当今不断攀升的能源消耗，按照美国LEED认证以及新出台的德国DGNB（德国可持续建筑委员会）认证，得到环境认证的不动产日益成为优质商品，不仅在市场营销中占有优势，而且也有企业经济的效益。

通过简单有效的检验清单，保证了在需要遵循的技术框架下，热耗散系数及环保物料的循环得到检验。例如，我们为汉堡的发展规划（HafenCity）制定了专门的认证。就这方面而言，环境认证很有意义。认证必须始终考虑到地区（气候）的特点，同时也要尽可能地促进操作方式的整合。

通过认证和法规，除了技术的框架制定，生态建筑也逐渐成为文化成就和立足于可持续性的社会身份。

譬如，在柏林，很大一部分的自助建房者为周边环境创造了持久的高质量与稳定。作为拥有产权的业主，他们毫不疑问地满足了生态的要求，同时也满足了社会空间的集体需求或者文化需求，让他们的住处焕发生机：空中花园、儿童娱乐设施、公共庭院及（公共）空间。除了单一建筑外，住宅间的联系也越发变得重要。在这里即将来临的社会变迁和气候变化的问题至关重要。不断增长的平均寿命亟需分散的、针对住宅的混合型供给。在夏日，受到由气候变暖所引发的高温折磨的城市居民需要有良好的空气流通和住处附近的城市绿化的降温。因此，在柏林，当下常规的城市气候研究成为了新建住宅和城市改建计划的基础。

"LEED"是"领先能源与环境设计"的英文缩写，目的在于，在广泛的生态要求体系中，达到一个尽可能高的，针对生活空间的可持续性标准。

在都市论坛中展示的中国建筑案例，他们的环保技术标准已经达到了很高的国际水准。现在的关键在于，依照我的见解，从整合的、跨学科的和展望的观点出发，要全面考察整个城市，包括已经建成的区域，还要发展环保的、有价值的住宅、楼房和公共空间。这条道路由"绿色建筑"通往"可持续城区。"

**Wohnkomplex Peking Moma.** *Der 160.000 $m^2$ große Wohnkomplex Linked Hybrid, im Nordosten Pekings, entlang der alten Stadtmauern, soll den Intentionen des US amerikanischen Architekten Steven Holl zufolge den derzeitigen städtebaulichen Entwicklungen des chinesischen Wohnungsbaus, den urbanen Raum mehr und mehr zu privatisieren, entgegenwirken. Er wollte einen völlig neuartigen innerstädtisches Areal schaffen, das lebendig, einladend und für die Bevölkerung von allen Seiten zugänglich ist – anders als die hermetisch abgeriegelten Gated Communities der neuen chinesischen Mittelschicht. Der 2008 fertiggestellte »Stadt-in-der-Stadt«-Komplex aus 644 Wohnungen, öffentlichen Grünflächen, Geschäften, Restaurants, einem Kino, Kindergärten und einer Montessori-Schule orientiert sich besonders an ökologischen Grundsätzen. Das Projekt, auch Peking Moma genannt, umfasst eines der weltweit größten Erdwärmepumpensysteme mit 660 Wärmetauschern und einer Gesamtleistung von 5.000 Kilowatt, was 70 % des jährlichen Kühl- und Heizenergiebedarfs des Gebäudes entspricht. Auf lärmintensive und umweltschädliche Klimaanlagen auf dem Dach kann ganz verzichtet werden, stattdessen entstanden hier großzügige Grünflächen. Hochisolierte, opake Fassadenelemente sind mit doppelt verglasten Fenstern kombiniert. Eine zentrale Wiederaufbereitungsanlage reinigt täglich etwa 220.000 Liter Grauwasser für Toilettenspülung und zur Bewässerung der Grünanlagen. Damit verringert sich die Nutzung des Trinkwassers um 41 %. Ein hocheffizientes Quell-Lüftungs-System ergänzt das Klimakonzept. Holl kreierte einen dreidimensionalen, öffentlichen Raum, in dem die Bauten ebenerdig sowie über und unter der Erde miteinander verbunden sind. Die acht turmartigen Gebäude sind ringförmig zusammengefasst und durch sogenannte Skybridges, gläserne Verbindungsgänge, miteinander verknüpft. Diese Bereiche sind öffentlich zugänglich; es befinden sich dort ein Schwimmbad, Fitnesscenter, Gesundheitseinrichtungen, Ausstellungsräume und Clubs.* **Beijing Moma Apartments Complex.** *With a floor area of 160,000 $m^2$, the Beijing Moma Apartments Complex is designed to provide an inclusive urban space of the 21st century for China's privatization of urban development, with entrances set up in various directions and open to the public. It is a combination of public and private spaces, allowing residents and visitors to walk through while encouraging resource sharing. The project also integrates the most cutting-edge sustainable technologies. It is estimated that 220,000 liters of water could be recycled and reused here on a daily basis, saving usage of drinking water by 41 %. A ground source heat pump system accounts for 70 % of the Complex's annual cooling and heating load, delivering significantly lower carbon dioxide emissions compared with traditional heating/cooling approaches. The project also uses louvers and Low-E coating hollow glass that supports solar energy collection and heat control for its external windows, as well as a high-performance heating and cooling system based on polymer building sheets. In addition, the Beijing Moma Apartments Complex applies so-called displacement ventilation technology, which releases air with a slightly lower than expected temperature from the floor. Warmer indoor air will be displaced by cooler air, creating a cool space and a clean air environment. The Beijing Moma Apartments Complex has emerged as an oasis in an urban area, offering a peaceful and quiet green space in the metropolis of Beijing, which has seen an explosive population growth.* **北京当代MOMA。** 22万平方米的北京当代MOMA—联接复合体，旨在面对现今中国的私有化城市发展创造一个2 1 世纪的渗透型城市空间，自各方向引入并向公众开放，它是一个公共与私人空间的结合，居民和来访者可徒步穿行其间，鼓励资源共享。它同时也将最尖端的可持续性技术组合到一起。据估算，每天可以有22万公升中水被回收及再利用，使得饮用水的使用减少了41 %。地源热泵系统承担了这座复合建筑每年制冷与采暖负载的70 %，显著减少了由传统采暖/制冷方式产生的二氧化碳排放。该项目的外部窗户还采用太阳能采集和热量控制的遮光栅格与中空镀膜Low-e 涂层玻璃，以及高性能的建筑聚合板采暖与制冷系统。另外，当代MOMA使用一项称作置换通风的技术，将比预期略低温度的空气从地板中释放出来。较凉空气将较暖空气从房间中置换出去，创造了凉爽空间和空气清新的环境。当代MOMA成为一方城市中的绿洲，在北京这样一个人口爆炸的大都市中提供了一个平和恬静的绿色空间。

***Center for Sustainable Energy Technologies (CSET).*** *Umweltverschmutzung ist inzwischen ein Problem mit nationalen Ausmaßen. Laut einer Statistik der Vereinten Nationen ist China gemessen an der Menge der Kohlendioxid-Erzeugung bereits Umweltsünder Nummer eins. Der Einsatz energiesparender Technologien ist für China notwendig, um wirtschaftlich im gleichen Tempo weiter wachsen zu können. Hier nimmt das Center for Sustainable Energy Technologies (CSET) eine Vorreiterstellung ein. Das Institut für Raumplanung der University of Nottingham, Ningbo bietet hier eine Plattform für ökologische und nachhaltige Energietechniken. Auf sechs Etagen und 1.300 m² werden Ausstellungsflächen sowie Büro-, Arbeits-, Lehr- und Laborräume für fachbezogene Masterstudenten geboten. Außerdem ist das Gebäude selbst ein gutes Beispiel für nachhaltiges und ökologisches Bauen. Mario Cucinella Architects entwarfen einen 22 m hohen frei in der Landschaft stehenden Turm, der die neuesten Umwelttechnologien in sich vereinigt. Wo es möglich war, wurden lokale Baumaterialien verwendet, um den Primärenergiegehalt möglichst gering zu halten. Die gefaltete, wie eine Papierlaterne wirkende Fassade mit hohen Dämmwerten ist nach Norden komplett geschlossen. Nach Süden, Westen und Osten gibt es zweischalige Glasflächen, die ausreichend Tageslicht und eine weitgehend natürliche Belüftung der Innenräume gewährleisten. Im Winter wird der Glaszwischenraum dazu genutzt, die Zuluft vorzuwärmen. Zusätzliche Wärme bringt eine Erdwärmepumpe über eine Betonkernaktivierung. Im Sommer wird das gleiche Verfahren zur Kühlung eingesetzt. Eine große Dachöffnung bringt natürliches Licht weit in alle Etagen des Gebäudes und nutzt gleichzeitig den Kamin-Effekt, um die natürliche Belüftung im Sommer zu verstärken. Als besondere Technologie wird außerdem eine Absorptionskältemaschine mit Vakuumröhrenkollektoren verwendet (Solarthermie). Eine Fotovoltaikanlage liefert den Strom für die künstliche Beleuchtung sowie für Büroausstattung. Im Jahr 2008 wurde das Projekt fertig gestellt.* ***Center for Sustainable Energy Technologies (CSET).*** *The Center for Sustainable Energy Technologies (CSET) of The University of Nottingham, Ningbo, is an exemplary building showcasing the latest ecological energy saving and building technologies. This building is designed to minimize its environmental impact by promoting energy efficiency, generating its own energy from renewable sources and utilizing local building materials. It is called the zero-emissions building mainly because the building meets internal energy needs including power and water supply through its internal systems by using renewable resources, without producing carbon dioxide. The building has five upper floors, ground floor and a basement. There are two different sized wind turbines of on the rooftop. In addition, solar panels are installed over the entire rooftop, metallic decoration materials besides windows, and metal fences on the lawn in front of the building. Furthermore, there is equipment for rainwater collection and wastewater recycling, as well as advanced refrigeration and heating equipment, which could help reduce energy consumption. The building uses renewable resources to meet daily energy needs, rather than utilizing conventional heating and cooling supply systems. Compared with local buildings of a similar type, these technologies will help save energy by up to more than 50 %.* **宁波诺丁汉大学可持续能源技术研究中心。**宁波诺丁汉大学可持续能源技术研究中心是一座展示最新生态节能和建筑技术的示范样板楼。整个建筑的设计，旨在尽量减少对周围环境的影响，并且采用先进的可再生能源技术，利用当地的建筑材料。其之所以号称碳零排放大楼，主要是因为通过自己的内部系统，利用可再生资源解决建筑内部用电、用水等问题，且不产生二氧化碳。这幢大楼地上五层，地下一层，楼顶上有一大一小两座发电风车。除了楼顶上的风车外，大楼整个楼顶和窗户边的金属装饰材料、楼前草坪上的金属篱笆都布置了太阳能发电板。此外建筑设有雨水收集和废水利用设备，及先进的制冷采暖设备，可以减少能源的消耗。该建筑没有采用传统的冷热供应系统，而利用可再生资源以满足日常能源的需求。与同类型建筑相比，这些技术将可大幅度节能达50 %以上。

***Pujiang Intelligence Valley.*** *Zur Vorbereitung der Expo in Shanghai 2010, die unter dem Motto »Better City, Better Life« stand, wurde im Jahr 2004 eine Kooperationsinitiative zwischen Hamburg und Shanghai gegründet, um energiesparendes und ökologisches Bauen zu fördern. Die Ecobuild 2006 stellte neun Bauprojekte in der näheren Umgebung Shanghais vor, die den Energieverbrauch gegenüber herkömmlichen Gebäuden um 75 % verringern. Dabei wurden die Projekte von Experten aus Deutschland, der Schweiz und den USA unterstützt. Eines dieser Projekte ist das von der Pengchen Group entwickelte Pujiang Intelligence Valley. In einem 1,5 km² großen Parkgelände wurden rund um einen künstlichen See mehrere Büro- und Forschungsgebäude errichtet. Die Gebäude mit maximal 6 Geschossen sollen durch den Einsatz mehrerer Ökosysteme die höchsten Umweltstandards erfüllen. In der Regel sind sie mit effektiver Außendämmung, Isolierglasfenstern mit Außenjalousien, Lüftungssystemen mit Wärmerückgewinnung, Erdwärmepumpen und Regenwassernutzungssystemen ausgestattet. Die Dächer sind begrünt und haben Sonnenkollektoren oder Fotovoltaikanlagen. Das erste errichtete Bürogebäude wurde von den Architekten Dittert und Reumschüssel aus Hamburg in Zusammenarbeit mit Munich Urban Design International (Asia) Ltd. entworfen und im November 2006 fertig gestellt. Zwei sechsgeschossige Gebäudeteile mit insgesamt 12.000 m² stehen einander zugewandt. Sie scheinen miteinander zu kommunizieren und verkörpern so wohl die Kooperationsinitiative. Der eiförmige Gebäudegrundriss ergibt ein äußerst günstiges Fläche-Volumen-Verhältnis und sorgt durch seine geringere Außenwandfläche schon für eine zehnprozentige Verbesserung gegenüber einer rechteckigen Grundrissform. Eine wärmegedämmte Fassade, Isolierverglasung und ein kontrolliertes Lüftungssystem senken den Energieverbrauch zusätzlich. Nach seiner Fertigstellung erhielt das Bürogebäude Nr. 1 des Valleys den ersten deutschen Energieausweis, der außerhalb Deutschlands vergeben wurde.* ***Pujiang Intelligence Valley.*** *With a total planed area of 1,100 mu, Pujiang Intelligence Valley is located within the planned premises of Caohejing Pujiang High-Tech Park in Shanghai. The Business Park of Pujiang Intelligence Valley is taking the brand new concept of "ecological feedback" as its benchmark for environmental construction. The park's ecological corridor finds the main elements of the ecological environment. The corridor takes full advantage of the two natural river paths in the north and south of the original terrain to link the man-made lake in the north-south direction. The water body is 1,000 m long from north to south, with its width varying from 50 to 140 m. In an effort to further optimize the quality of the building complex environment, the waterfront woodland landscape features are carefully arranged with trees, shrubs, and grasses landscaping the closely structured woodland. Some wetland vegetation with a forest like appearance has become unique forest landscape features in the park's ecological corridor. All the buildings inside the Pujiang Intelligence Valley adopt ideas centering on energy conservation, health and comfort as their benchmarks for the building designs. Pujiang Intelligence Valley's other useful experience is its ideal combination of soft building energy management and hard energy-saving technologies. Compared with traditional buildings, its overall energy consumption can make a saving of around 70 %. Pujiang Intelligence Valley has been awarded the first overseas certificate for building energy conservation issued by the German Federal Government.* **"浦江智谷"。**"浦江智谷"位于上海漕河泾浦江高科技园规划范围内，总规划面积1100亩。浦江智谷"商务园以"生态反哺"的崭新理念被视为环境建设标准。园区的生态走廊是生态环境的主体所在，生态走廊充分利用原地形中南北两条自然河道，贯通南北走向的人工湖。水体南北长1000米，东西宽50至140米不等。为使建筑群空间环境质量得到进一步优化，安排建立滨水林地景观，由乔、灌、草组成结构紧密的林地。局部为湿地植被，具有林相的外貌，成为园区生态走廊中独特的风景林。"浦江智谷"内所有的建筑均以节能、健康、舒适的理念作为建筑设计标准，"浦江智谷"的另一个有益的经验是将软性的节能管理和硬性的建筑节能技术很好地配合起来，与传统建筑相比，其综合能耗可节省70 %左右。"浦江智谷"荣获了德国政府海外颁发的第一个建筑节能证书。

***SBIBS Green Star Building.*** *Im Wissenschafts- und Technologiepark in Xinzhuang, Shanghai, entsteht für das Forschungsinstituts für Bauwissenschaft ein neues Forschungszentrum, welches neue ökologische Bautechniken erforschen soll. Das SBIBS Green Star Building wurde im Mai 2010 fertiggestellt und nimmt gebäudetechnisch eine Vorreiterrolle ein. Die Stahlbetonrahmkonstruktion wurde von den Architeken vom Shanghai Institue of Architectural Design & Research so angelegt, dass in jeder Etage eine andere Fassadenkonstruktion am praktischen Beispiel nach ökologischen Kriterien untersucht werden kann. Allein vier verschiedene Dämmsysteme und drei unterschiedliche Sonnenschutzsysteme vor den Isolierglasfenstern kommen zum Einsatz. Inbesondere sollen ökologische, ressourcensparende und recycelbare Baumaterialien verwendet werden. Selbst der Beton wird mit Recyclingzuschlägen versetzt. Aber auch technisch werden eine Reihe ökologischer Systeme eingebaut. 20 % der verbrauchten Energie wird aus erneuerbaren Quellen erzeugt. Eine Erdwärmepumpe und Sonnenkollektoren erzeugen Wärme und Warmwasser, eine Fotovoltaikanlage erzeugt Strom und eine Solarklimaanlage kühlt die Räume mithilfe des Sonnenlichts. Ein intelligentes Klimatisierungssystem regelt die Temperatur und Luftfeuchtigkeit über die natürliche und mechanische Belüftung sowie über die Fußbodenheizung und sorgt so für ein gesundes und komfortables Raumklima mit dem geringstmöglichen Energieverbrauch. Zusätzlich wird Regen- und Abwasser zurück gewonnen und wieder verwertet. Die Stahlbetondecken sollen balkenfrei konstruiert werden und ohne abgehangene Decke auskommen. So kann die Raumhöhe bei relativ niedriger Gebäudehöhe optimal ausgenutzt werden, was auch die natürliche Belichtung und Belüftung der Innenräume verbessert. Eine Wasserfläche vor dem Haus wirkt zusätzlich als Licht-Reflektionsfläche. Vor zu viel Sonneneinstrahlung sollen gezielt angelegte Pflanzungen sorgen. Der gesamte Energieverbrauch soll im Vergleich zu herkömmlichen Gebäuden bei 25 % liegen.* ***SBIBS Green Star Building.*** *The Office Building Project for the Research Center of Building Engineering under the Shanghai Research Institute of Building Sciences is located in the Xinzhuang technology development park of the Shanghai Research Institute of Building Sciences (Group) Co., Ltd. The design goal for the building is to best meet the functional needs and reflect the Group's characteristics and corporate culture. Sustainable green designing becomes a key element in achieving this goal. The building gives people an impression of a variety of ultra-low rectangular "boxes" piling up in a circular fashion, as if they were from different buildings. The building boasts a large number of office spaces, well aligned with the park's layout and urban outlines. The strategy of passive environmental design emerges as the main technical roadmap adopted by the project towards achieving its green goals. The design methods including self-shading, natural ventilation, use of daylight, glare control, utilization of the thermal inertia of concrete, installation of green plants, and noise control have all been comprehensively applied in designing this building. This project was completed as of May 2010, with green philosophy implemented in every stage from planning, to design, construction, and operation. The project has passed three-star certification in accordance with the Green Buildings Evaluation Standard (GB/T50378). The project's most important characteristic is that the "green design" has been organically integrated into its architectural pursuits.* **上海市建筑科学研究院莘庄综合楼。**上海建筑科学研究院绿色建筑工程研究中心办公楼项目位于上海市建筑科学研究院莘庄科技发展园区内。此建筑的设计目标是最好地满足功能的需要和体现集团的特色与企业文化。可持续的绿色设计成为实现此目标的关键要素，仿佛来自不同建筑的各种超低层高的矩形“盒子”旋转叠合，容纳大量办公位、衔接园区格局与城市肌理、使被动式的环境设计策略成为本工程为实现绿色目标所采用的主要技术路线；建筑自遮阳、自然通风、昼光利用、眩光控制、混凝土热惰性利用、绿色植物利用、噪音控制等设计方法被综合运用到这一建筑中。此工程已于2010年5月建成，从策划、设计、施工到运行均贯彻绿色理念、采用绿色技术，已通过国家《绿色建筑评价标准》（GB/T50378）三星级认证，其最重要的特点是将“绿色设计”有机地融入建筑学的追求之中。

*IBR-Gebäude Shenzhen. Das Institut für Bauentwurf vom Institut für Bauforschung Shenzhen errichtete für sich im Jahr 2009 ein Gebäude, welches einen speziell chinesischen Weg in energie- und ressourcensparender Bauweise suchte. Ziel war die Realisierung von einem ökologischen Bürogebäude bei gleichzeitig niedrigem Kostenaufwand und einem hohem Maße an Nutzungsflexiblilität. Eigene Patenttechnologien, die das Institut in seiner langjährigen Forschungsarbeit entwickelt hatte, wurden in die Planung integriert. Im IBR-Gebäude in Shenzhen stehen auf einer Gesamtnutzfläche von 18.000 m² Räume für Experimente, Forschung, Verwaltung, Austausch und Erholung zur Verfügung. Die verschiedenen Funktionen wurden auf den 12 Etagen jeweils nach ihren Anforderungen im Gebäudeinneren angeordnet, überlagert und nach außen durch eine nutzungsspezifische Fassadenoptimierung sichtbar. Bei der Realisierung des Projekts konnte durch eine direkte Abstimmung zwischen allen Beteiligten, die Effizienz der eingesetzten ökologischen Systeme deutlich gesteigert werden. Schon in der Konzeptentwurfsphase wurde in umfangreichen Simulationen Energieverbrauch, Lüftung, Belichtung und Lärmbelastung getestet, um so eine optimale Abstimmung der einzelnen Systeme aufeinander zu erreichen sowie die Anordnung von Fenstern, Belüftungsöffnungen und Verschattungselementen zu optimieren. Zum Einsatz kommen unter anderem Wärmdämmung, Isolierverglasung, Regenwassernutzung, Solarthermie, Windenergienutzung sowie eine Lüftungsanlage mit Wärmerückgewinnung. Mehrere offene Gartenebenen sorgen für optimale natürliche Belüftung und Verschattung der Innenräume und tragen zur Verbesserung des Raumklimas bei. Durch den geringeren Energieverbrauch des Gebäudes wird die Umwelt um 1600 Tonnen weniger Kohlendioxid belastet und die die jährlichen Betriebskosten sanken um etwa 1,5 Mio. RMB. Das Gebäude erfüllt die Anforderungen des nationalen chinesischen Drei-Sterne-Umweltlabels und des LEED-Gold-Labels des US-amerikanischen Green Building Council. IBR Building Shenzhen. The building of the Shenzhen Institute of Building Research adopts a technology system characterized by passive, low-cost, and soft technologies, using a total of more than 40 green building technologies (with passive, low-cost, and management technologies accounting for 68 % of the total). This is highlighted by the following aspects: fully utilizing wind, light, greenery, water features, and other elements to create an outdoor space shared by humans and nature; comprehensively using ventilation, light, high-performance air conditioning and lighting facilities, simple interior decoration with a human touch and other active and passive technologies to create a healthy indoor space; utilizing various conservation technologies for energy, renewable energy, water, materials, etc. to achieve resource conservation and efficient operation. Leveraging on maximum conservation and efficient use of resources, environment protection, and pollution reduction within the building's life cycle, the project meets the highest 3-star rating requirements of China's national standard for green buildings at only two thirds of the construction costs demanded by similar buildings in China. The building can deliver an annual saving of RMB1.45 million for electricity bills, RMB 54,000 for water utility bills, and 610 metric tons of standard coal (equivalent to a reduction of 1,622 tons of carbon dioxide emissions). The building also serves as a demonstration base for building technologies and art display as well as green building technologies, opening to public on a regular basis.* 深圳建筑科学研究院科研办公室 。深圳建科院大楼以低成本、 软技术、被动式为核心的技术体系，共采用40多项绿色建筑技术（其中被动、低成本和管理技术占68 %）。突出体现在以下几个方面：充分利用风、光、绿化、水景等元素营造了人与自然共享的室外活动空间；整合运用通风、采光、高性能空调与照明设施、简约和人性化室内装修等主被动结合技术营造了健康室内空间；系统采用了各类节能、可再生能源、节水、节材等技术实现资源节约和高效运营。在建筑全寿命周期内最大限度节约和高效利用资源、保护环境、减少污染，以当地同类建筑2/3的建造成本达到绿色建筑中国国家标准最高的三星级要求。每年可节约电费145万元、水费5.4万元、标煤610吨，相当于减排$CO_2$ 1622吨。作为定期向市民开放的建筑技术、艺术展示基地及绿色建筑技术科普基地。

IBR 深圳建科院
IBR
深圳建科院

***Sino-Italien Ecological and Energy-Efficient Building (SIEEB).*** *Das Sino-Italien Ecological and Energy-Efficient Building (SIEEB) wurde als ein italienisch-chinesisches Gemeinschaftsprojekt auf dem Campus der Tsinghua Universität Peking errichtet. Es soll die Möglichkeiten des ökologischen und energieeffizienten Bauens in China aufzeigen. Moderne Ökokonzepte und Umwelttechnologien wurden aus Europa importiert und an die chinesischen Verhältnisse angepasst. Das italienische Architekturbüro Mario Cucinella Architekten entwarf in Zusammenarbeit mit der China Architecture Design & Research Group Peking ein Gebäude, welches auf der Nordseite kompakt und geschlossen gehalten wurde, sich auf der Südseite jedoch mit zwei gestaffelten verglasten Gebäudeteilen einladend öffnet. Große auskragende Fotovoltaikpaneele dienen der Verschattung der Terrassen und raumhohen Bürofassaden und werden so zu einem wichtigen gestaltgebenden Element. Die Ost- und Westfassaden des etwa 40 m hohen Gebäudes wurden mit zweischaliger hinterlüfteter Verglasung ausgebildet und werden durch bedruckte Glaslamellen verschattet. Durch diese Fassadenkonstruktionen ist die Architektur des gesamten Gebäudes von hoher Transparenz und Leichtigkeit geprägt. Das Energiekonzept von BEST-Studio des Polytechnikum Mailand stützt sich neben einer hocheffizienten Fotovoltaikanlage – 190 Solarmodule liefern bis zu 2.000 Watt pro Stunde – vor allem auf die Energiegewinnung durch ein eigenes Gasbetriebenes Blockheizkraftwerk. Die Abwärme wird zur Warmwasserbereitung, zur Beheizung im Winter und zur Kühlung im Sommer über Absorbtionskältemaschinen genutzt. Raumtemperatur und Beleuchtung sind sensorgesteuert, um den Energieverbrauch weiter zu senken, wenn die Räume leer sind. Die Nutzung von Regen- und Grauwasser für die Toilettenspülung hilft beim Wasser sparen. Seit der Fertigstellung im September 2006 bildet das Gebäude auf etwa 20.000 m² Nutzfläche eine Plattform für eine langfristige bilaterale Zusammenarbeit zwischen Italien und China auf dem Gebieten Energie und Umwelt.* ***Sino-Italien Ecological and Energy-Efficient Building (SIEEB).*** *The Sino-Italian Tsinghua Ecological and Energy Efficient Building (SIEEB) is an intelligent, ecological, and energy-efficient building seen as a new generation of office buildings. As a demonstration project, it provides a model platform for future Chinese eco-building construction in such aspects as material choice, building design, construction, operation management, environmental etc. Leveraging on advanced design and technologies from Europe, the project displays a combination of traditional and modern architectural styles. As a base for Sino-Italian projects under the Clean Development Mechanism (CDM) was set up in accordance with the Kyoto Protocol, SIEEB will also serve as a model for reducing greenhouse gas emissions of urban buildings in China. It is also a central base for the long-term cooperation, academic exchange, and joint interdisciplinary research between scholars, students and industries of both countries. In addition to maximum reduction in emissions of greenhouse gases, energy efficiency improvement, and the application of renewable energy, SIEEB is distinctively characterized by: Resource saving including construction materials and water; Minimization of environmental impact in both the construction and in-use stages; Intelligent control during operation and maintenance; Healthy indoor air; Environmentally sound and durable materials; Water recycling and re-use. SIEEB aims to achieve very low CO2 emissions and an ecological design by adhering to high functional and comfort standards.* **清华大学环境能源楼*(SIEEB)*。**清华大学环境能源楼(SIEEB)是一座智能化、生态环保和能源高效型结合的新型办公楼。作为一项示范性工程，该项目的建设将通过建材选择、设计、施工、运行管理等各个环节，提供一个适合中国国情的环保节能办公建筑的技术方案。同时以欧洲的先进设计和技术为依托，展示传统与现代建筑风格的相结合。此外，作为根据《京都议定书》设立的中意双边清洁发展机制CDM项目基地，它还将为中国城市建筑物温室气体排放的削减提供示范，同时为中意两国专家学者、研究生和产业界之间长期的合作和学术交流提供平台，联合开展跨学科的研究。SIEEB的特征除了尽可能降低温室气体排放、提高能效、利用可再生能源外，还具有以下特征：节约建筑材料和水资源；在建造和使用过程中最小限度造成对环境的影响；在运行和维护过程中进行智能控制；室内空气的健康化处理；合理和耐用的环保材料；水的高效利用和再生。设计的目的是通过使用功能和舒适标准的结合达到低CO2排放和生态的设计。

*Vanke-Center. Das im Jahr 2009 fertig gestellte Vanke-Center, ist eines der neuen architektonischen Höhepunkte der aufstrebenden Metropole Shenzen. Obwohl das Gebäude mit 35 m Höhe relativ flach ist, kommen die Maße des »liegenden Wolkenkratzers« mit 120.00 m² Nutzfläche dem des Empire State Building sehr nahe. Der US amerikanische Architekt Steven Holl lässt in seinem bislang größten Projekt in China einen gewaltigen Baukörper über einer öffentlichen Grünfläche mit 45.000 m² schweben. An Stahlbändern wird die 3280 Tonnen schwere Stahlbetonrahmenkonstruktion an acht Pfeilern aufgehängt – Eine Konstruktion, die man sonst eher aus dem Brückenbau kennt. Der komplexe Riegel beinhaltet hauptsächlich Wohnnutzung, ein Hotel mit Restaurants und Spa sowie Büros für das Hauptquartier der börsennotierten Vanke Co. Ltd. An der Unterseite des schwebenden Körpers docken gläserne Konferenz- oder Lobbybereiche an, die einen 360-Grad-Rundumblick auf den eigenen »tropischen Garten« und die umliegende Landschaft bis hin zum südchinesischen Meer ermöglichen. Vor allem zeichnet sich das Projekt durch ein ausgeklügeltes, in den Einzelkomponenten aufeinander abgestimmtes und durch sensible Sensortechnik gesteuertes Öko- und Klimakonzept aus. 1.400 m² Fotovoltaikpaneele auf dem Dach versorgen das Gebäude mit 12,5 % des gesamten Strombedarfs. Die geschosshohe Isolierverglasung bringt Tageslicht tief in das Innere aller Räume. 2 m breite Öffnungsflügel ermöglichen eine optimale Querlüftung, sodass auf Zweidrittel der sonst notwendigen mechanischen Belüftung verzichtet werden kann. Sensorgesteuerte, perforierte Lamellen sorgen für eine Reduktion der Sonneneinstrahlung um bis zu 70 % im Sommer, aber ermöglichen solare Wärmegewinnung im Winter. Hierbei tritt durch die Perforation immer ausreichend Tageslicht in das Gebäudeinnere, sodass künstliche Beleuchtung meist nicht notwendig ist. Alle Gründächer und Teiche werden durch eine Grauwasser-Anlage bewässert, die verbrauchtes Trinkwasser wieder aufbereitet. Ebenso wird Regenwasser genutzt. Das Vanke-Center wird eines der ersten Gebäude in China sein, welches das LEED-Platin-Zertifikat erhält. Vanke-Center. The Vanke Center is China's first LEED platinum rated building and also a demonstration project by China's largest real estate group showcasing eco-technologies and concepts. The project utilizes photovoltaic's, grey water recycling, rain water harvesting, green roofs, and dynamically controlled operable louvers which maximize natural light and provide solar passive cooling. 1,400 m² of photovoltaic panels installed on the roof of the building meet 12.5 % of the total electric energy demand for the Vanke Headquarters. As a tropical strategy, the building and the landscape integrate several new sustainable aspects: a micro-climate is created by cooling ponds fed by a grey water system. The building has a green roof with solar panels and uses local materials such as bamboo. The glass facade of the building will be protected against the sun and wind by perforated louvers. The building is a Tsunami-proof hovering architecture that creates a porous microclimate of public open landscape. By raising the building off of ground level, an open and publicly accessible park creates new social space. The project is both a building and a landscape, a delicate intertwining of sophisticated engineering and the natural environment.* 深圳万科。万科中心是中国第一个荣获绿色建筑评估体系白金认证的建筑，也是中国最大的房产建设集团集中展示生态技术和理念的示范项目。此项目利用了光伏电板，中水回收，雨水采集，绿色屋顶以及多功能可控制电动百叶来最大化地增加自然光，并提供被动式太阳能冷却效能。安装在建筑屋面的1,400平米光伏电板可提供整个万科总部12.5 %的电能要求。作为热带建筑，建筑和景观融合了几个新的可持续发展方向：通过中水系统运作将水池温度降低而形成微观气候环境。建筑屋面是绿化花园和太阳能板，材料使用当地材料和可再生的竹材。大楼的玻璃幕墙能透过外在多孔百叶设计以阻挡强光及风力。该建筑采用了海啸防悬停架构，创建一个可渗透的微气候公共休憩景观。通过将建筑从地面升起，一个开放、可公共进出的公园创造了新的社交空间。它既是座建筑也是景观，复杂的建筑与自然环境精美地交织在一起。

*Can Cube. Getränkedosen sind ganz normale Alltagsobjekte, normalerweise als Behältnis für kohlensäurehaltige Getränke genutzt, sind leicht zu tragen und robust. Doch selten werden sie als eine Art »Konstruktions-Material« angesehen. Das Cola-Gebäude hat den Dosen als äußere Hülle eine neue Bedeutung gegeben. Anstelle des Kreislauf aus Produktion, Nutzung, Recycling und Wiederverwendung haben sie als widerstandsfähiges Konstruktionsmaterial einen neuen Startpunkt bekommen. Die Technik im Cola-Gebäude erreicht eine Art »low-tech-Ökologie« und das Modell der Wiederverwertung alter Dosen hat sich weiterentwickelt in ein System der direkten Wiederverwendung, was den hohen Energieverbrauch beim Recycling reduziert. Die Solar-Anlage dient zur Versorgung des Gebäude mit heißem Wasser. Die Wasserrohre sind innerhalb der Wände angelegt, um die Dämmung der Wände zu verbessern. Zusätzlich schafft der zentrale Luftschacht und eine gezielte Raumplanung die benötigte Belüftung der Innenräume.*

*Can Cube. Ring pull cans, a very common everyday object, are usually seen as a carbonated beverage container, which is lightweight, easy to carry and has a certain robustness. It is a defined object seldom considered as some kind of "construction material." In choosing ring pull cans as its skin, the cola building also changes the functional properties of cans, making them a new starting point rather than the end of industrial production and consumption as they can continue to exist as more a durable construction material, rather than being confined to the simple life cycle under which cans are recycled after one-off use. The cola building technology achieves a kind of low-tech ecology, and the recycling and reuse model of the cans is further evolved into one characterized by direct re-use, further saving the energy consumption that may occur in the recycling process. The solar energy system utilized on this project helps achieve a hot water supply. The water pipes installed inside walls help to attain the thermal insulation of the walls. In addition, the centralized airshafts set up through careful spatial planning bring a desirable overall ventilation to the building.*

可乐宅。易拉罐，一种人们司空见惯的日常物品，其通常扮演的角色属性往往被叙述为轻质、易携带、具有一定强度的碳酸饮料容器，是一种已经成型的物品，或者说，很少会被认为是某种意义上的“材料”。可乐宅在选用易拉罐作为表皮的同时，也同时改变了易拉罐的属性，它不再是工业生产和消费的终点，而又转变成为了 一个新的起点，会成为一种较为持久的建筑材料继续存在下去，而不是简单的使用后即回收的简单模式。可乐宅实现的是一种低技的生态，易拉罐的回收再利用的模式进一步的演化成直接再利用的模式，进一步的节省了回收过程中可能会出现的能源消耗；设置的太阳能系统实现了建筑的热水供应；墙体中设置水管实现了墙体自身的保温；同时通过空间布置设置集中风井，以实现整体建筑的通风效果。

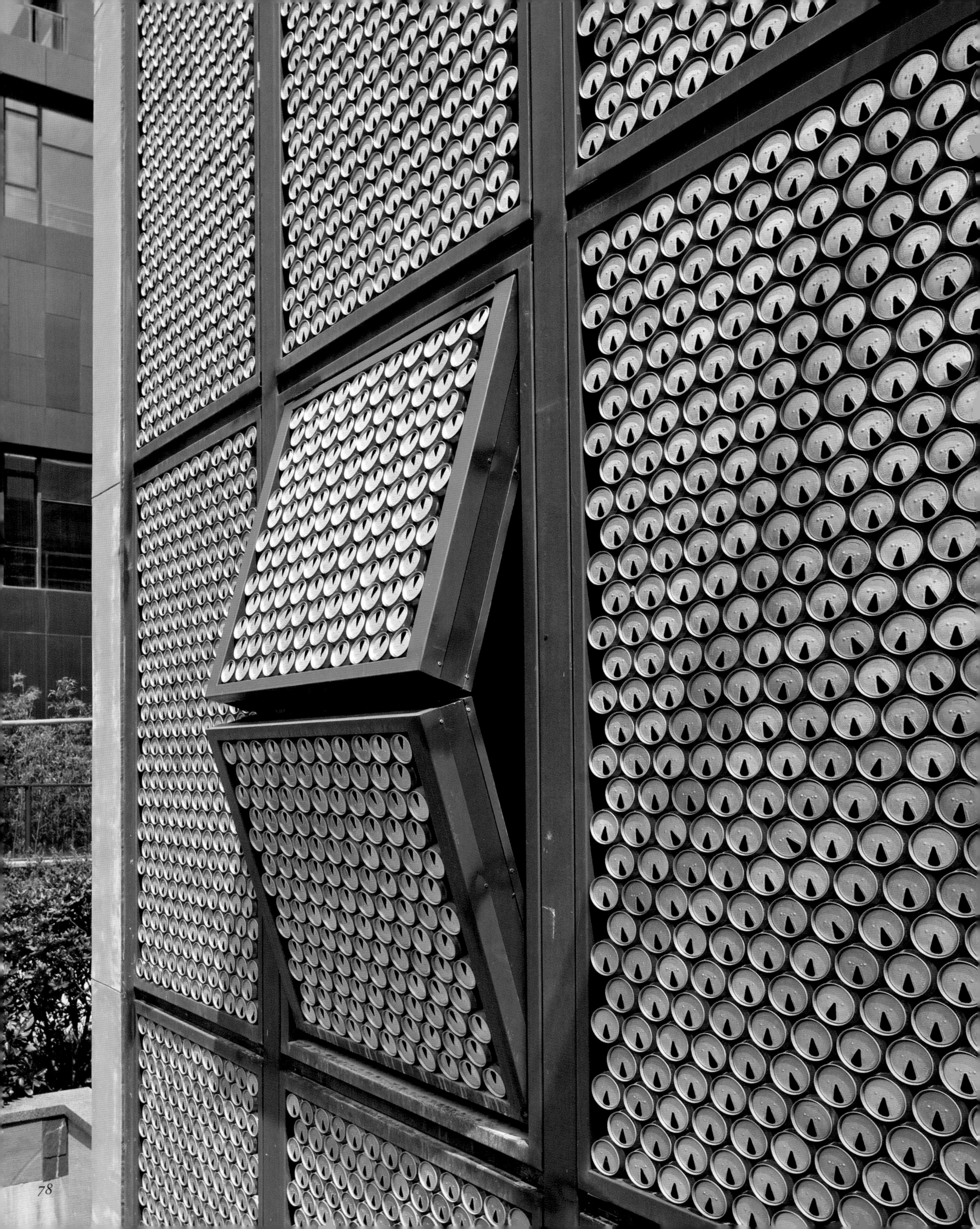

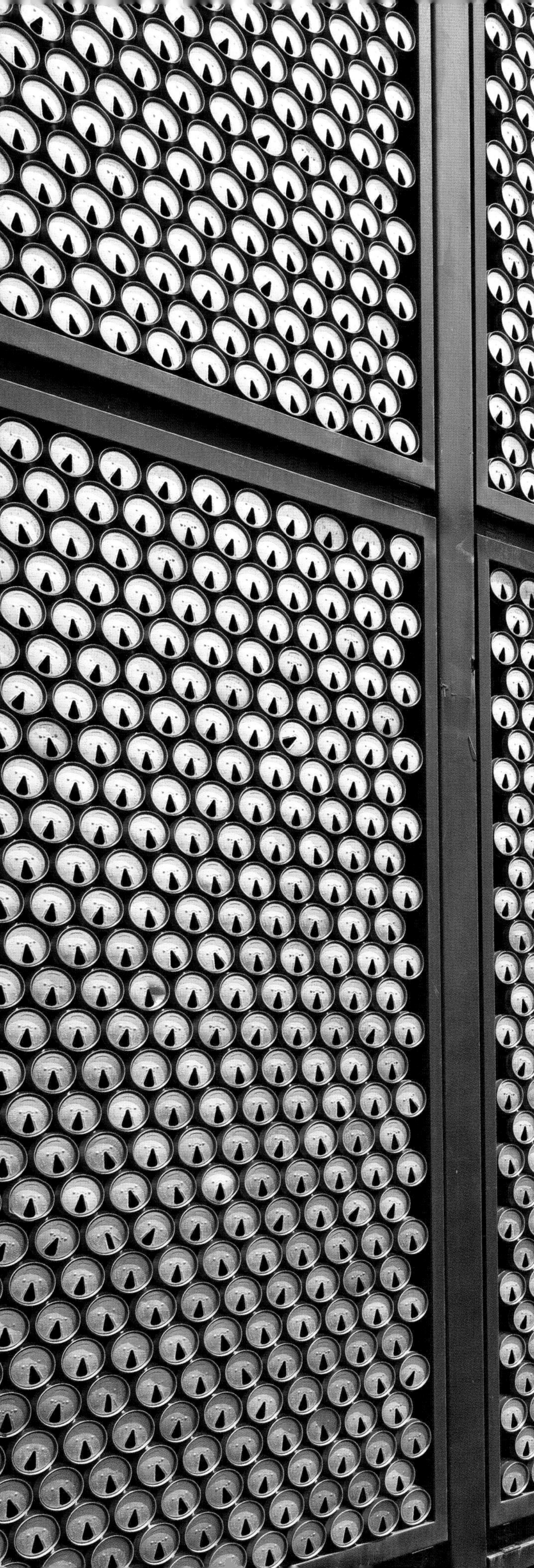

# *Die ökologische Stadt*
# *Sustainable Urban Planning*
# 可持续城市规划

Für die Stadtplanung sind Fachwissen und fachliche Fähigkeiten gefragt, anhand welcher die Lebensweise der Menschen in der Stadt, ja in gewisser Weise auch das Äußere einer natürlichen Umgebung verändert werden kann. Deshalb sollte nachhaltige Stadtplanung hinsichtlich Umwelt und Nachhaltigkeit eine wichtige Rolle spielen. Die Energiesparbilanz von Gebäuden, die mit ökologischer Energiespartechnik ausgestattet sind, hat natürlich auch Grenzen. Und wenn wir während der Planungsphase in vollem Umfang die Energiespar- und Umweltschutzforderungen zu erfüllen imstande sind, dann können wir bei der Entwicklung des Verkehrs und der Wirtschaft die ökologische Effizienz unserer Städte immens verbessern. Eine vernünftige Aufteilung von Arbeit und Wohnen bzw. eine sinnvolle Planung von öffentlichen Verkehrswegen, wie Straßen oder U-Bahnen, kann hinsichtlich des täglichen Verkehrsaufkommens Einsparungen und Verbesserungen mit sich bringen. In China – ein Land, in dem eine effektive Verwaltungsstruktur vorhanden ist – wachsen die Städte wie Pilze aus dem Boden. Wenn eine Stadtplanung noch mehr Augenmerk auf den effektiven Umweltschutz und Nachhaltigkeit legen kann, wird sich China in Zukunft auf diesem Gebiet verdient machen können. Wir können heute schon erkennen, dass die »ökologische Stadt« bereits zu einem unentbehrlichen, führenden Leitgedanken für die Stadtplanung geworden ist. Genau das kommt bei den hier ausgewählten Fallbeispielen auch zum Ausdruck. Die Geschichte der Öko-Insel Chongming erfährt bereits seit Langem internationale Aufmerksamkeit. Weil die Bodenbeschaffenheit auf der Insel problematisch ist, konnte man die Insel bis heute noch nicht so erschließen, wie man es sich wünscht. Eines der größten Bauprojekte der Insel Chongming ist der Aufbau der neuen Gemeinde Chengqiao, aber vielleicht stellt dies auch einen Prüfstein für die Okö-Insel dar. Die neue Öko-Stadt in Tianjin ist ein weiteres ökologisches Planungsprojekt in einem viel größeren, weil städtischen Ausmaß. Relativ gesehen, zielen die Planungen des Paotaiwan-Nationalparks in Baoshan, Shanghai, sowie des Feuchtland-Parks Xixi in Hangzhou auf die Bewahrung dieser besonderen ökologischen Ressourcen, wie das Feuchtland ab. Ersterer ist bereits fertig gestellt und die Resonanz ist nicht schlecht. Für letzteres Projekt wurden im Rahmen des Planungskonzepts eine Gruppe junger Architekten, die im heutigen China große Einflusskraft haben, dazu eingeladen, eigene Entwürfe zu machen. Damit ist die Hoffnung verbunden, dass das Stadtplanungskonzept durch die kreativen Entwürfe der Architekten repräsentiert wird. Das Projekt des Grünen Campus von der Tongji Universität untersucht zusammen mit ihren verschiedenen Disziplinen die Möglichkeiten und Vorteile der Forschung zur ökologischen Stadt und Öko-Technik. Das geschieht sogar auf dem Campus der Universität selbst. Durch eine Reihe von Initiativen, etwa der Planung, einzelner Konstruktionen bis hin zur Verwaltung, wurde eine Aktion in Gang gesetzt, durch die die Emissionen in der Hochschule reduziert werden konnten. Das hat Vorbildcharakter und ist nachahmenswert für alle Hochschulen des Landes. Bedauerlich ist jedoch, dass sich die meisten dieser Projekte noch in der Planungs- oder Umsetzungsphase befinden. Ihre konkrete Wirkung konnte noch nicht in der Praxis erprobt werden. Aber wir werden die Realisierung und die Effektivität dieser Projekte weiter im Auge behalten.

*Li Xiangning*

As a kind of professional knowledge and skill set that tends to be scaleable, changes in the landscape of the natural environment and human lifestyles in cities, urban planning is supposed to play an important role in ecological and sustainable development. In fact, a single block of a building could only save a limited amount of energy through the use of ecological energy saving technologies. But if we can fully consider the need for energy conservation and environmental protection in the planning stage, a city's eco-efficiency can be greatly enhanced in traffic and economic development. The rational distribution of offices and residential buildings, or rational planning of a highway or a subway can save a huge amount of daily commuter traffic and automobile traffic. Given China's huge power in administrative enforcement, if the planning focuses more on performance on the ecological and sustainable development front as new towns emerge, China will surely accomplish something in this area in the future. Today we can see that the concept of the "ecological city" has become an indispensable guide in planning for new cities and towns, which is also reflected in a number of cases selected here. The story of Chongming Ecological Island has long been a focus of international communities. However, due to the issue relating to the nature of its land usage, the construction of the ecological island has never met people's expectations. As one of the largest construction projects on the island, New Chengqiao Town may be a touchstone for the construction of the Chongming Ecological Island. The concept development and planning for the Sino-Singapore Tianjin Eco-city is more a case on the greater scale of new urban districts. By comparison, both the Paotaiwan Wetland Forest Park located in Shanghai's Baoshan District and Hangzhou Xixi National Wetland Park, under planning, are developed around the wetlands, a unique ecological feature. The former has already been built with good feedback, while the latter is a project inviting influential young contemporary architects in China to work under the framework of the planning concepts, as part of the city's efforts to manifest the urban planning concepts through the work of the architects. The Tongji Green Campus project brings actions to the university campus by tapping its multi-disciplinary capabilities and advantages for research on ecological cities and technologies. A series of initiatives from planning, single entity designs, to management have jointly promoted the university's energy conservation and emission reduction campaign, with the project's role model effects spreading among universities in China. Unfortunately, most of these projects are still in the planning or construction stage, thus specific results have yet to be tested. We will continue to monitor the implementation and results of these projects.

*Li Xiangning*

城市规划作为可以在城市甚至趋于尺度改变自然环境面貌和人类生活方式的一种专业知识和技能，理应在生态和可持续发展方面扮演最重要的角色。单幢建筑通过运用生态节能技术所节约的能耗毕竟有限，而如果我们可以在规划阶段能够充分考虑节能和环保的需要，那么在交通和经济发展中可以极大地增强城市的生态效能。工作和居住的合理布局或者一条公路或地铁的合理规划可以省却巨大的每日通勤交通量和车行交通量。

在中国这个行政效力强大的国家，在我们的一座座新城拔地而起的同时，如果规划能够更多地注重生态和可持续方面的效能，那么中国一定会在未来这个领域有所建树。今天我们可以看到“生态城市”已经成为了一座座新城规划时不可或缺的指导思想，这也同样体现在这里选取的几个案例中。

崇明生态岛的故事已经在很长一段时间内为国际所关注，然而由于其土地使用性质的问题，其建设一直无法如人们所预期。这其中城桥新镇作为崇明岛上最大的建设项目之一，或许是崇明生态岛建设的一块试金石。而天津中新生态城的策划和规划则是在更大城市新区尺度上的一个案例。相对而言，上海宝山的炮台湾公园和杭州西溪湿地规划都是针对湿地这种独特的生态资源。前者已经建成并有不错的反馈，而后者则是在规划理念的框架下邀请中国当代具有影响力的青年建筑师群体来进行创作，希望将城市规划的理念通过建筑师的创作加以体现。而同济大学绿色校园的项目则是利用自身多学科进行生态城市和技术的研究能力和优势，把行动进行到了大学校园本身，从规划、单体设计到管理的一系列举措共同推动了大学的节能减排运动，在全国大学中具有示范推广效应。
遗憾的是，这些项目中大多数还处在规划阶段或者建设中，它们的具体成效还没有得到实践的检验。我们会持续关注这些项目的实现和效能。

李翔宁

*Dr. Ulrich Hatzfeld*
*Leiter der Unterabteilung Stadtentwicklung im Bundesministerium für Verkehr, Bau und Stadtentwicklung*

Was wird wohl »das bestimmende Merkmal« oder der »große Sprung« unseres gegenwärtigen Zeitalters werden? Wovon werden die Geschichtsbücher erzählen? Sind es neue Technologien (wie etwa der Computer), Erkenntnisse der Wissenschaft (wie etwa in der Biologie) oder politische Brüche (wie etwa die Auflösung der politischen Blöcke)? Versuche, diese Frage zu beantworten, fallen notwendigerweise spekulativ aus. Allerdings gibt es eine große Wahrscheinlichkeit, dass mit zu den wichtigsten Entwicklungen des 21. Jahrhunderts die wirtschaftliche Globalisierung gehört. Es gibt inzwischen nur wenige Gebiete der Welt, die nicht von der Ausdehnung der Märkte und der wirtschaftlichen Vernetzung betroffen sind. Die Globalisierung hat unser aller Leben verändert – in der Art, wie wir denken, zusammenleben, arbeiten und konsumieren. Wie immer man zu den Vor- und Nachteilen der wirtschaftlichen Globalisierung – und der nachfolgenden kulturellen Vereinheitlichung – steht, bleibt die Stärke und die Macht dieses Prozesses unbestreitbar. Das zeigt nicht zuletzt die gegenwärtige Krise der Ökonomie, die – ausgehend von regionalen Marktproblemen – eine weltweite Finanz- und Vertrauenskrise ausgelöst hat. Die wirtschaftliche Globalisierung hat nicht nur dazu geführt, dass sich der Wohlstand auf der Welt besser verteilt, sondern hat auch bewirkt, dass sich die Probleme der Städte und Agglomerationen weltweit angleichen. Unsere Städte werden nicht nur äußerlich ähnlicher, auch die inneren Gesetze, die ihre Struktur bestimmen, gleichen einander weltweit an. Ich möchte nur vier Beispiele nennen: Die Finanzierung der städtischen Infrastruktur wird weltweit schwieriger, insbesondere in wirtschaftlichen Krisenzeiten. Ist die Phase der Großprojekte vielleicht bald vorbei, weil sich keiner mehr findet, der zur Übernahme der diesen Projekten innewohnenden Risiken bereit ist? Wer baut und unterhält die städtische Infrastruktur, wenn die Staatshaushalte leer sind? Wie können wir unsere Städte auf den Klimawandel einstellen? Intelligente Energieproduktion, der Einsatz erneuerbarer Energien und vor allem die Energieeinsparung sind Aufgaben, die vor allem in den Städten gelöst werden müssen. Bislang funktionieren unsere Städte noch als große soziale Integrationsmaschinen. Wird diese Maschine auch in Zukunft so zuverlässig arbeiten, wenn noch mehr Menschen (national und international) zuwandern und wenn der Abstand zwischen arm und reich weiter wächst? Werden wir mit mehr städtischer Armut rechnen müssen? Außerdem setzen die demografischen Veränderungen die Städte weltweit unter ungewöhnlichen Stress. Wir müssen Wohnungen und städtische Infrastruktur für immer mehr ältere Menschen bauen. Immer weniger jungen Menschen müssen immer mehr ältere Menschen unterstützen. Gleichwohl gibt es keinen Anlass zu Dramatisierung. Vermutlich geht es den meisten Städten so gut wie selten zuvor. Allerdings ist auch die Zukunft unserer Städte so unsicher ist wie selten zuvor. Risiken wachsen in technologischer, ökologischer und sozialer Hinsicht. Verstärkt werden die Risiken durch die Tatsache, dass die Städte sich gegenwärtig so schnell wie nie zuvor verändern. Wenn die Probleme und Optionen von Städten überall in der Welt ähnlicher werden, wenn sich die treibenden Kräfte der Stadtentwicklung im Weltmaßstab angleichen und wenn Städte und Standorte weltweit zueinander in Konkurrenz gestellt werden, bedarf es auch eines internationalen Fachaustausches über die Frage, wie sich die Städte eine Zukunft erobern können, wie sie ihre Besonderheiten herausarbeiten können und welche Entwicklungsstrategien besonders Erfolg versprechend sind. Es bedarf auch im Bereich der Stadtentwicklungspolitik eines intensiven Informationsaustausches, einer fachpolitischen Vernetzung und einer internationalen Wertediskussion – und zwar nicht im Sinne einer Gleichschaltung von Werten und Strategien, sondern eines Austausches über die Frage, wie städtische Individualität und kulturelle Identität gesichert werden können. Die Urban Academy ist eine der wenigen Gelegenheiten, einen solchen internationalen Diskurs auf hohem Qualitätsniveau und unter Beteiligung von relevanten Entscheidungsträgern zu gestalten. Einen der weltweit wichtigsten fachpolitischen Anlässe, die Weltausstellung »Better Cities – Better Life« nutzend, zielt die Urban Academy auf eine nachhaltige fachpolitische Vernetzung und einen offenen Austausch über Ziele und Maßnahmen in der Stadtentwicklungspolitik. Sie bringt Fachleute zusammen, die (manchmal etwas erstaunt) feststellen, dass sie sich in China und Europa mit ähnlichen (Wachstums- und Schrumpfungs-)Problemen beschäftigen. Immer wieder stellt sich heraus, dass es ungeachtet aller Unterschiedlichkeit der (kulturell geprägten) Problembeschreibungen und -lösungen kräftige Impulse für die eigene Praxis gibt – seien es die der Adaption oder der Profilierung. Die Nachdenklichkeit, die sich geradezu systematisch bei der Erkenntnis einstellt, dass andere Stadtentwicklungskonzepte »auch funktionieren«, empfindet man sozusagen als »Eigendoping« für das Überdenken der eigenen Praxis.

Auch wenn kein Best Practise – Beispiel exakt auf das Problem »zuhause« passt, verändert es dennoch die Wahrnehmung des eigenen Handelns. Die Urban Academy ist eine Bereicherung – für die einzelnen Teilnehmer, für die Städte, die an den Diskussionen teilnehmen, und die Profession.

津唐城际铁路
（方案一线位）
心城区
津秦客运专线
塘汉快速路
轨道塘汉
生态农业示范园
蓟运河
汉北路
津唐城际铁路
（方案二线位）
吟风林
鹦鹉洲
向津洲
蝴蝶洲
清净湖
伊人岛
至曹妃甸
新津洲
荻花渡
甘露溪
堡-七里海
地连绵区
白鹭洲
仁副营炮台遗址
青砣子村
国际生态科技大学
中央大道
海滨大道
永定新河
塘沽
永定洲

***Wusongkou Paotaiwan Wetland Park.*** *Der Shanghai Paotai Bay Wetland Forest Park liegt im Osten des Baoshan District ungefähr eine Autostunde von der Innenstadt Shanghais entfernt. Das 53 ha große Gebiet liegt an der Flussmündung des Huang-Pu-Flusses in den Yangtze und ist im Westen durch den Paotai-Berg eingefasst. In den sechziger Jahren des vorherigen Jahrhunderts wurde das Gelände für die Armee nutzbar gemacht. Hierzu wurde eine Untiefe des Yangtse-Flusses mit Schlacke und Sand aufgefüllt. Im Laufe der letzten Jahre verkam das Gebiet zu einer Mülldeponie der umliegenden Schwerindustrie. Die Regierung von Baoshan nahm im Jahr 2007 die fast unlösbare Aufgabe in Angriff, das schlammige und verseuchte Ödland in ein Naturreservat umzuwandeln. Schon bei der Grundlagenforschung war das Ziel der Planung, das Gebiet als Lebensraum für zahlreiche Tiere und Pflanzen wiederzugewinnen. Auf einer Uferlänge von 2 km entstand ein einzigartiges Feuchtgebiet mit natürlichen Flusslandschaften. Das Gebiet ist wieder ein besonderer Lebensraum für eine Vielzahl an Pflanzen und Tieren. Es gilt als Brut-, Rast-, oder Überwinterungsstätte für zahlreiche Wasservögel und Laichplatz für Fische. 53 verschiedene Baumsorten und 77 verschiedene Strauchsorten wurden inzwischen wieder registriert. Außerdem funktioniert der Naturraum als Ausgleichsebene für den Yangtze-Fluss in Zeiten von Überschwemmungen oder Dürren. Seit Mai 2007 ist der erste Teil des Naturreservats für die Öffentlichkeit zugänglich. Im Zuge der Expo 2010 in Shanghai wurde der Park um 20 ha erweitert. Die Anzahl und Größe der Feuchtgebiete ist weltweit in den letzten Jahren dramatisch geschrumpft. Im Jahr 1992 trat China der internationalen Ramsar-Konvention bei, welches den Ausbau von Feuchtgebieten fördert. Inzwischen wurden dreißig Naturräume in China zur Liste der Feuchtgebiete von internationaler Bedeutung aufgenommen.* ***Wusongkou Paotaiwan Wetland Park.*** *Shanghai Paotai Bay Wetland Forest Park is located in the east of Baoshan District, adjacent to the Yangtze River to the east, the Paotai Mountain to the west, Tanghou Road to the south and Baoyang Road to the north, with a land area of over 53 ha and a riverside of around 2 km. The old site was a shoal along the Yangtze River and built with slag backfills in the 1960s. In the southeast corner of the park is the famous Wusong Estuary. A navy fortress was once built here, hence the nickname "Paotai Bay" (literally, Paotai means fortress). The estuary possesses profound historical and cultural significance. Chen Huacheng, a well-known military officer in the Qing Dynasty, defended the fortress to fight against the British army and sacrificed his life for the country. The Eighth Route Army held fast to the estuary during the Battle of Shanghai. Established in April 2007, the park highlights the concept of "environmental renewal, ecological restoration and cultural reconstruction". During the ecological renovation, a wetland-forest natural ecological system was established and the original shoal along the Yangtze River was well preserved in line with the unique land features. Wetland and forest land surrounded by internal waters were built. As a demonstration base for education in patriotism, there is a military and cultural square and some other facilities in the park, which are beneficial for enhancing people's awareness of national defense. To summarize, the wetland forest park integrates popular science education, leisure and recreation as well as touring and sightseeing.* **上海砲台湾湿地森林公园。** 上海炮台湾湿地森林公园位于宝山区东部，东濒长江，西倚炮台山，南迄塘后路，北至宝杨路，陆地面积53余公顷，沿江岸线长约 2 公里。公园原址为长江滩涂地，在60年代由钢渣回填而成。其东南角是著名的吴淞口,历史上曾借此地形建造水师炮台,所以得名为炮台湾。此地曾是清朝名将陈化成抗击英军,镇守炮台殉身处，也是八路军于"一•二八"淞沪抗战的坚守处，具有深厚的历史文化内涵。公园建成于2007年4月,突出"环境更新，生态恢复，文化重建"的设计理念。公园的生态改造，尊重地貌、因地制宜取材造景，建立湿地-森林自然生态体系，保留原生态长江滩涂地，新建内水湿地和陆生森林，具有历史特色军事文化的重建，唤起人们对这片土地的追忆，并增加人们的国防意识，利用地方文脉，军事文化广场及相关活动设施等载体，使公园成为爱国主义教育的示范基地，是集科普教育、休闲娱乐、观光旅游于一体的大型湿地森林公园。

靶场
塘后路入口停车场
溪流
草坪区
塘后路入口广场
门球场
塘后路入口广场
游客服务中心
木栈桥
勇攀珠峰
体育俱乐部
招待所
篮球场
瀑布
儿童乐园
哨所
双城路
水产路
塘后路
炮
塘后支路

军事广场
生态岛
山野茶餐厅
矿坑木屋
宝杨路入口
水幕景墙
变电站
生态停车场
养护管理楼
长江河口科技馆
贝壳剧场
矿坑花园
入口树阵广场
生态岛
江
长

***Ressourceneffizienter Campus der Tongji-Universität.*** *Seit 2003 nimmt die Tongji-Universität durch den Aufbau eines ressourceneffizienten Campus eine führende Rolle im Bereich Umweltschutz ein. Eine Vielzahl an Demonstrationsprojekten ist in den Bereichen technische Infrastruktur, Verwaltung und Ausbildung realisiert worden. So wurde z. B. das studentische Badehaus mit einer solaren Wasserheizung ausgestattet, das Abwasser wird wieder verwendet und die Wärme wieder gewonnen. Für die Abwasserreinigung wurden künstliche Feuchtbiotope angelegt. Durch ein intelligentes Wassermanagement kann die Bewässerung auf dem Campus komplett aus alternativen Quellen bezogen werden. Die Vorgaben des nationalen Öko-Standards wurden in allen Neubauten eingehalten und bei Umbauten und Sanierungen von historischen Gebäuden wurden Energiespar-Technologien eingesetzt, wie z. B. Wärmedämmung, Isolierverglasung, Sonnenschutzelemente, Dachbegrünung und Erdwärmepumpen. Als weiterer Schritt wurde ein Kartensystem für Studenten zur Bezahlung von Wasser und Strom auf dem Campus eingeführt. Dies führte zu einem Rückgang des Stromverbrauchs um mehr als 40 % und des Wasserverbrauchs um 30 %. Kurse, Vorträge und Themenwochen zu den Themen Umweltschutz, Energie sparen und umweltbewusste Ernährung wurden angeboten. Im Jahr 2005 ergriffen selbst die Studenten die Initiative und organisierten eine Energiespar-Aufsicht zur Überwachung und zur Hilfestellung in Energiefragen. Durch diese Maßnahmen konnten die Energiekosten des Campus um 12 Mio. RMB gesenkt werden. Zusätzlich ist die Tongji-Universität im Bereich Umwelttechnologieforschung sehr aktiv. So wird an der Entwicklung von Brennstoffzellen, von Windkraftanlagen, von biologisch abbaubaren Materialien und von Bioenergiesystemen mitgearbeitet. Viele Forschungsergebnisse wurden bereits in kommunalen Müllentsorgungskonzepten umgesetzt. Darüber hinaus hat sich die Tongji-Universität bei der Erstellung von Gesetzen und Verordnungen zum Thema Umweltschutz eingebracht, wie z. B. das Ressourceneffiziente Campus Management, die technologischen Richtlinien für Hochschulen oder die Energie-Audit Leitlinien für große öffentliche Gebäude. Wegen ihrer breit angelegten Kompetenzen wurde die Tongji-Universität als Chefplaner der Shanghai World Expo 2010 tätig.* ***Tongji Green Campus Project.*** *Tongji University has been taking the lead in building a resource-efficient campus nationwide since 2003, and getting consensus through the participation of faculty, students and staff on resource-saving. The resource-saving solution has been approached through technology, management and education, and the participation of all parties in every stage. Meanwhile, by integrating resources in scientific research, the university has undertaken and participated in a large number of key national and local scientific and technological projects related to energy conservation and emission reduction, including the development of new energy and new materials, the utilization of renewable energy, resource recycling and utilization, environmental protection, etc. Considerable innovative results have been achieved during the implementation of these projects. In addition, a large number of high-caliber scientific researchers have been nurtured. All these have advanced the academic development of the university and provided technical support for energy conservation and emission reduction. Saving energy through technology, management, and education has brought remarkable effects. The total energy cost in 2006 is RMB 12 million yuan less than that of the budget. More importantly, the popularization of the conservation concept and the habit of practicing conservation are conducive to build a conservation-oriented society. Tongji University has been listed as the only resource-saving demonstration model of the resource-efficient campus nationwide in the science and technology program for 2007 of the Ministry of Housing and Urban-Rural Development.* **同济大学节约型校园。**同济大学自2003年起在全国率先开展节约型校园创建工作，经过近几年全校上下的努力，校园逐步形成了良好的节约风貌，建设了一批节约资源和能源的示范项目，建立起科技节能、管理节能和节约育人三位一体的节约型校园建设体系，逐步形成了全员参与、全过程贯通的节能工作局面。与此同时，依托学科优势，整合科研资源，积极承担和参与了一大批新能源新材料开发、可再生能源利用、资源循环利用、环境保护等与节能减排紧密相关的国家和地方的重大科研课题及科技攻关项目，取得了一批科研创新成果，培育了一批优秀的科研人才，促进了学科的发展，为节能减排提供了技术支撑。科技节能、管理节能及节约观念教育带来的行为节能为同济大学带来了巨大的综合节约效果，2006年全校能源消费比预算节约1200万元，更重要的是节约习惯的逐步养成，节约理念的不断深入人心，将对节约型社会的建设产生重要的影响。同济大学成为列入国家建设部2007年科技计划中全国唯一的“节约型校园示范”项目。

TJCAUP
TJCAUP
TJCAUP

***Die neue Stadt Cheng Qiao.*** *Um neue Bewohner auf die Chongning Insel und das urbane Areal von Shanghai zu locken, war das Entwurfsziel von Cheng Qiao New Town die Schaffung einer abwechslungsreichen und vielschichtigen ökologischen Stadt – einer modernen Stadt am Wasser. Die Kanäle und Grünanlagen und Grünflächen werden genutzt, um eine landschaftliche moderne Stadt zu schaffen, die ökologische Ressourcen und Wasser integriert. Die Gebäudedichte von New Towns geringer als von anderen Satellitenstädten Shanghais und so geplant, dass sie alle Bereiche, die eine Stadt benötigt, abdeckt: Arbeiten, Wohnen, Verwaltung, Freizeit und Kultur. Ein weiterer Kernpunkt ist der in der ökologischen Stadt geplante Jachthafen. Basierend auf den derzeitigen Strukturen von natürlichen Flüssen und Straßen entspricht das geplante ästhetische Modell der Stadt einem Gingko-Blatt. Die sternförmige Struktur des Blattes stellt eine urbane Verkehrsstruktur dar, sie sehr effizient für kleine und mittlere Städte ist. Zusätzlich verläuft eine lange grüne Achse durch die Stadt. Wenn man die gesamte Konstruktionsmasse in Betracht zieht, haben die Planer die topologischen Beziehungen der traditionellen Planung komplett verändert, um genügend Land für die städtische Entwicklung sicherzustellen und dabei gleichzeitig die Qualtät von New Town erhalten. Das Gingko-Blatt repräsentiert die Vielfalt von Lebensqualität, fingerförmige Grünzüge und ein öffentliches Personennahverkehrssystem genauso wie die Wohngegenden und andere funktionale Gebiete.* ***Cheng Qiao New Town.*** *In order to attract habitants on the Chongming Island and the urban area of Shanghai, the overall design objectives of the Cheng Qiao New Town is defined as building a diversified ecological town — a modern, waterfront and pastoral town. The canals/green lands are utilized to build a scenic new town integrating ecological resources and waters. The construction intensity of the new town is lower than that of the other satellite towns in Shanghai. The new town is set to have all comprehensive urban functions, with facilities covering work, habitation, management, recreation and culture. Additionally, the core function of the yacht port is planned to be integrated into the construction of the ecological town. Based on the current layout of the natural rivers and roads, the esthetic model of the new town is designed as a gingko leaf. The star structure of the leaf represents an urban traffic structure which is efficient for small and middle cities. In addition, a big green axis runs through the town. Considering the total construction volume, the designers totally have altered the topological relations of traditional finger-shape planning so as to assure sufficient land for urban development while maintaining the quality of the new town. The gingko leaf represents the diversification of life quality, finger-shape greening and the rapid transit system as well as the residential areas and other functional areas.* **城桥新城总体规划及重点地区概念方案** 为了在区域内跨越性地有效吸引岛屿上以及上海市内人口，城桥新城设计的总目标设定为建立多元的绿色生态城市——现代水上田园城市，以现有的大量运河/绿地为骨架，塑造一个具有滨水城市特色的优美新城，建设强度与上海市其他卫星城相比较低，并与绿化与水体网络紧密结合。包括各种综合城市功能——工作、居住、管理、娱乐、文化设施齐全。另外，游艇港口的中心功能也将着力于融入这一绿色生态城市。通过现状河流道路布局的天然形式，审美模型被确定为一片银杏叶。银杏叶其星状结构代表了对于中小城市来说一个高效率的城市交通结构，同时大片绿轴借此深入城市，考虑到中国城市建设的实际建设总量需求，整个形式将传统的指状规划的拓扑关系翻转，在保持其品质的前提下满足了必须的城市用地。在形象特征上，银杏叶这一形式代表生活品质的多元性，物理空间上承载了指状绿化与快速交通体系，以及绿化之间的多种住区与其他功能区。

Logisitc Area
农业区域
Agriculture
园区
低密度运河社区
Low Rise Community an
Waterfront
东部社区副中心
Subcenter of East City
商业服务中心区
commercial and Servic
Center
中等密度田园社区
Mittel Rise Garten Community
远期开发片区
Further Development Area
港口工业区域
Port & Industry

1 火车站
TRAINSTATION
2 沿现有运河的游步道
Promenade along existing
3 商业居住混合林荫道
Boulevard with Mix Use
4 中心纪念广场
Monument Plaza
5 游艇码头与滨水娱乐
Yachting Hafen&Entertain
6 大型商业购物中心
Shopingmall
7 新城政府
Cityhall
8 法院
Lawcourt
9 市政公园与中心喷泉
Central Park and Fouta
10 办公商务区
Business District
11 图书馆&展示中心
Libarary&Exhibition center
12 商务区前人工湖
Artificial Lake
13 文化娱乐设施
Culture&Recreation Facility
14 中心公园与水体净
Center Park&Retensio
15 寿安寺与金鳌山公
Jin'ao Shan Park and
Shou'an Temple
16 复合滨水娱乐休闲综合街区
Entertainment Complex of
Waterfront
17 滨江游船/轮渡港口
Excursion boat/Ferry Port

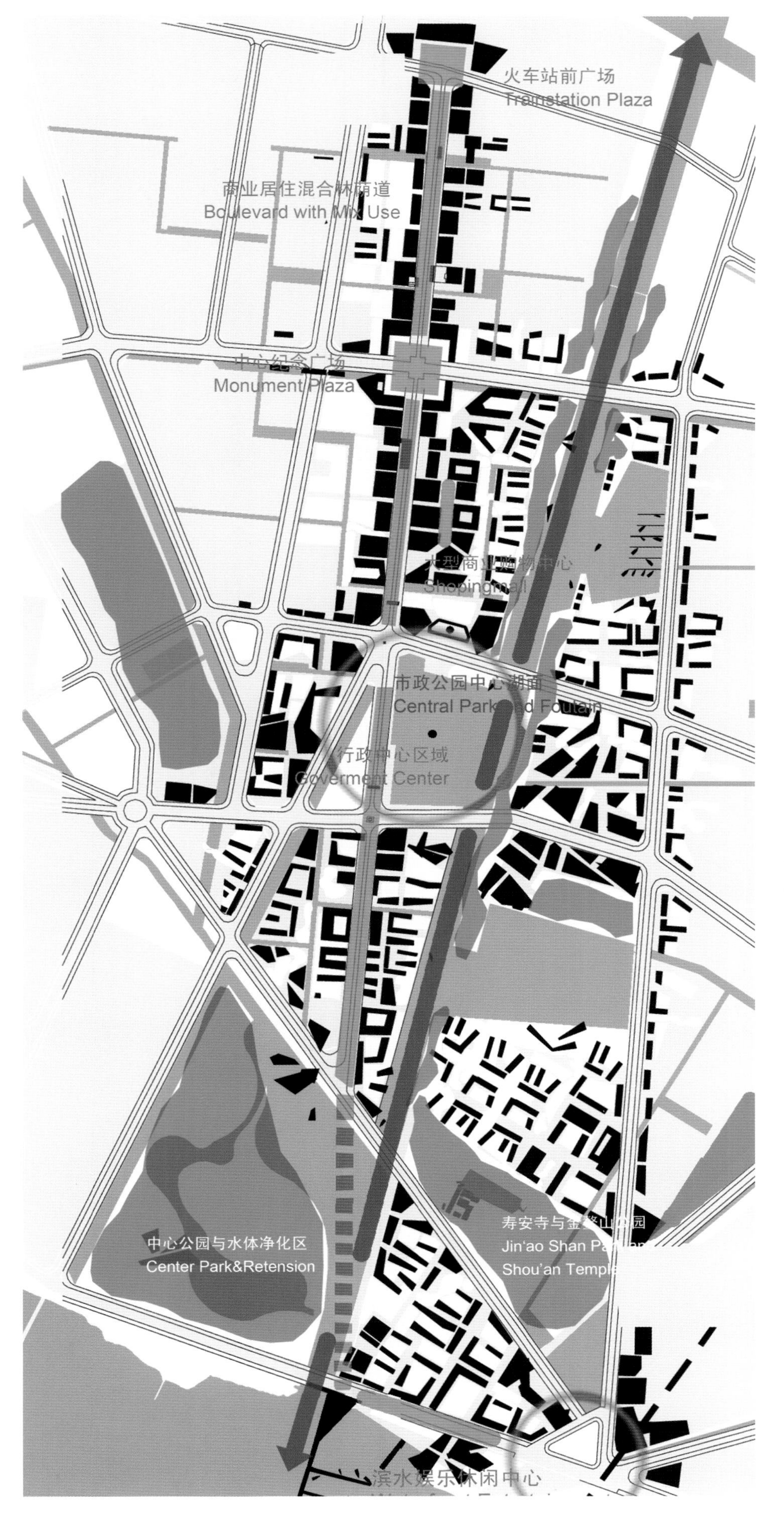


以混合型林荫道为骨架的
都市型空间轴线
Urbane Axis with
Boulevard as Spine

市政中心与办公商务区域
都市核心与人工湖/市政公
园组成的核心城市节点

Urbane Node
between Government
/Businesscenter and
Artifical Lake/City Park

以现状运河及沿线绿地为
骨架的自然型空间轴线
Natural Axis with the
existing Canal as Spine

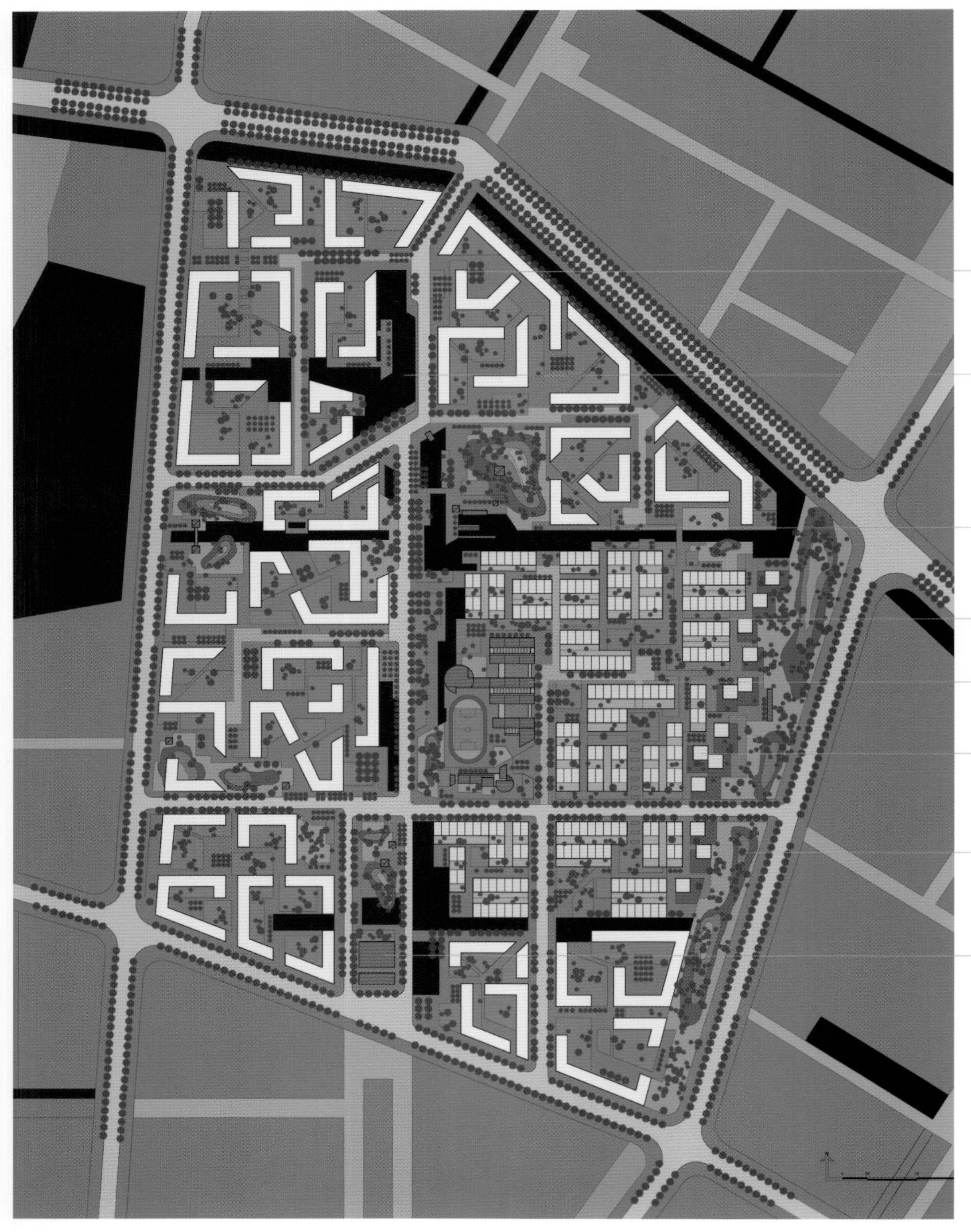

1 多层街区式花园住宅
Multi Storey Garden Appartment

2 人工运河与绿地形成社区中心公共绿地
Artifical Canal and Green as Commnity Center

3 与其他运河联系的半公共运河和绿地
Semi-Public Canal and Green connected with other Canals

4 连排住宅
Townhouse

5 学校等公共服务设施
Schule u.a.Public Facilities

6 独栋住宅
Villen

7 快速干道侧的防护绿地
Protectiongreen of Fast Street

8 社区管理中心
Community Management

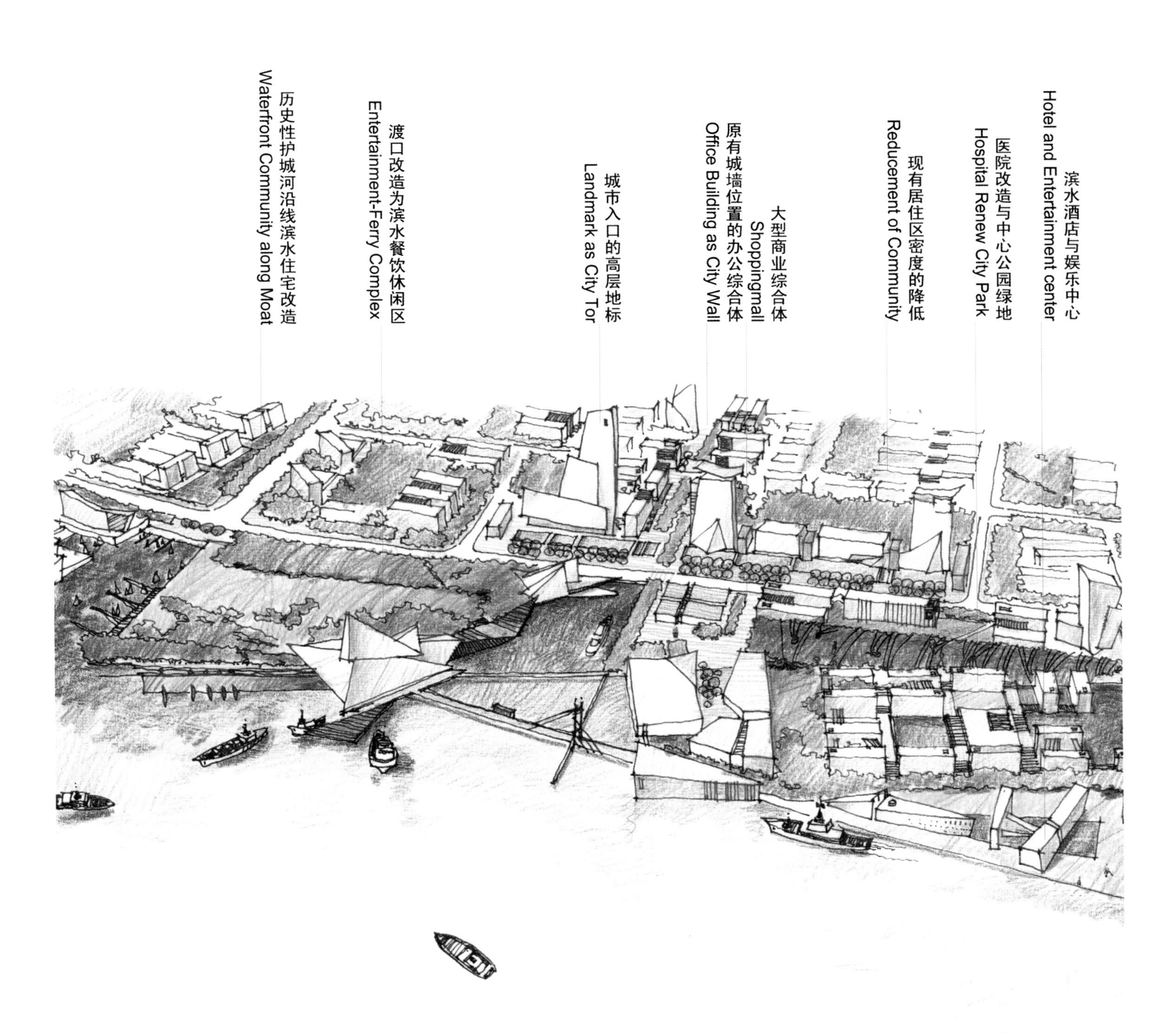
历史性护城河沿线滨水住宅改造
Waterfront Community along Moat
渡口改造为滨水餐饮休闲区
Entertainment-Ferry Complex
城市入口的高层地标
Landmark as City Tor
大型商业综合体
Shoppingmall
原有城墙位置的办公综合体
Office Building as City Wall
现有居住区密度的降低
Reducement of Community
医院改造与中心公园绿地
Hospital Renew City Park
滨水酒店与娱乐中心
Hotel and Entertainment center

***Urban Best Practices Area (UBPA).*** *Das 5,28 km² große Ausstellungsgelände der Expo 2010 liegt südlich der Innenstadt auf beiden Seiten des Huangpu-Flusses. Über 220 Länder präsentieren sich in verschiedenen Themenpavillons in fünf Zonen. Erstmals wurde auch eine Urban Best Practices Area (UBPA) eingerichtet, wo sich verschiedene Städte und Regionen mit innovativen ökologischen Konzepten – passend zum Motto der Expo »Better City – better Life« vorstellen können. Das 15,08 ha große Areal ist in zwei Bereiche aufgeteilt, die mit einer Fußgängerbrücke verbunden sind. Im nördlichen Bereich präsentieren sich 14 Städte und Regionen mit eigenen Gebäuden. Shanghai ist mit dem Projekt »Shanghai Eco Housing« vertreten, welches durch eine Windenergieanlage, durch Fotovoltaik sowie durch Geothermik eine Null-Energiebilanz erreicht. Im südlichen Bereich der UBPA präsentieren sich über 220 Städteprojekte in den »Case Joint Pavillons« – vier umgebaute alte Fabrikhallen. Der »Pavillon of Future« im umgebauten Nanshi Kraftwerk stellt in einer interaktiven Ausstellung visionäre Stadtutopien der Vergangenheit, der Gegenwart und der Zukunft vor. Direkt neben der »Theme Plaza« beginnt die Zone der »Corporate Pavillons«. Der Pavillion des Vanke-Konzerns, wurde aus sieben stumpfen Kegelformen zusammengesetzt und besitzt eine innovative Fassade, die aus hochverdichteten Weizenstrohplatten besteht. Im Inneren ruft eine effektvolle Multimedia-Präsentation die Menschen auf, sich umweltpolitischen Nichtregierungsorganisationen (NGO) anzuschließen, um mehr zum Schutz der Natur beizutragen. Die Firma Broad stellt sich in einem Pavillion mit einer innovative Bautechnik vor. Alle Komponenten wurden in Fabriken vorgefertigt und auf dem Gelände innerhalb eines Tages zusammenmontiert. Dabei erreicht das Gebäude durch seine leichte Stahlkonstruktion eine Erdbebensicherheit bis zur Stärke 9, verbraucht durch eine Reihe von Wärmeschutzmaßnahmen 5 x weniger Energie, und erzeugt durch sein materialsparendes Montagesystem, so gut wie keinen Bauschutt. Der gemeinsame Pavillon der chinesischen Automobilfirma SAIC und General Motors präsentiert sich in einem modernen und dynamisch wirkenden Kleid aus recycelten Aluminiumplatten. Unter dem Motto »Drive to 2030« wird eine Zukunft umweltfreundlicher Mobilität mit Elektroautos gezeigt. Hervorzuheben ist auch der Pavillon des chinesischen Staatskonzerns GRID, der über eine einzigartige allseitige Rundum-Projektion den Besucher wissenswerte Informationen über Energie und Stromsparen vermittelt.* ***Urban Best Practices Area (UBPA).*** *The Urban Best Practices Area (UBPA) of the World Expo 2010 Shanghai sits by the Huangpu River. The site is 15.08 ha. in area, with Miaojiang Road to the south, Wangda Road and Baotun Road to the west, Huayuangang Road and Nanchezhan Road to the east, Miaojiang Road to the north, and Bansongyuan Road in the middle. As one of the four theme pavilions of the Expo, the Future Pavilion is transformed from the Nanshi Power Plant. The four joint pavilions in the Serial Pavilions are rebuilt based on old plant buildings. Each joint pavilion shows the cases of 3–6 cities. The design planning for the UBPA reflects the theme of the World Expo 2010 Shanghai: "Better City, Better Life". Innovative design concept and technical means in ecology, energy efficiency, environmental protection, etc. are highlighted on the basis of the successful experiences worldwide. The functions of buildings and the environment, outer space, traffic and indoor/outdoor landscape are taken into consideration. Environment-friendly and energy-efficient materials are used. With 50 excellent cases of cities around the world, the UBPA is also known as the "exhibition of exhibitions" in the World Expo. The UBPA displays the successful practice and experience of cities all over the world in environmental protection, energy efficiency, green ecology and sustainable urban development. Additionally, it provides a platform for cities to share experiences in urban construction and development.* **上海世界博览会城市最佳实践区。**上海世博会城市最佳实践区位于黄浦江畔，基地南为苗江路，西侧为望达路、保屯路，东侧花园港路、南车站路，北侧为中山南路，半淞园路贯穿其中。占地15.08公顷。其中的未来馆由南市发电场改造，是世博会四大主题展观之一，系列展馆中的B-1,B-2,B-3,B-4四个联合展馆由老厂房改建的，每个联合展馆中分别布置了3–6个城市展示案例。城市最佳实践区的设计规划体现了中国2010年上海世博会"城市，让生活更美好"主题，在积极借鉴世界范围内成功经验的基础上，本次设计在生态、节能、环保等方面突出设计理念和技术手段的创新；综合考虑建筑和环境的功能、外部空间、交通组织和室内外环境景观，建造材料以选用自然的人工可回收的绿色环保节能材料为主。城市最佳实践区因汇聚了全球50个优秀城市案例而有世博会"展中展"之称。它不仅集中展示世界各地的城市在环保节能，绿色生态和城市可持续发展方面的成功实践经验，还为各城市提供一个交流城市建设和发展经验的平台。

GERMANY | HAMBURG

必胜客欢乐餐厅
肯德基

上汽集团-通用汽车馆
MADRID
马德里

E5

***Xixi Wetland Art Village.*** *Der Nationalpark »Feuchtgebiet Xixi« liegt im Westen von Hangzhou in der Provinz Zhejiang, nur 5 km vom weltbekannten Westsee entfernt. Das Feuchtbiotop ist etwa 10 km² groß und 70 % der Fläche bestehen aus kleinen Flüssen, Seen, Teichen und Sümpfen. Unzählige Wasserpflanzen wachsen hier, wie Schilf, Lotusblumen oder Wassernüsse und 112 verschiedene Vogelarten sind in Xixi beheimatet. Durch seine Nähe zur Großstadt Hangzhou ist das Gebiet einzigartig und wird auch als »grüne Lunge der Stadt« bezeichnet. Dementsprechend ist die Entwicklung des Gebietes auf die Erhaltung der bemerkenswerten Mischung aus Naturraum und Kulturlandschaft ausgerichtet. Vorhandene Teiche, Seen, Wälder aber auch Gebäude sollen erhalten bleiben. Alle neuen Bauten werden in kleinen dorfähnlichen Strukturen zusammengefasst und sollen sich auch in Größe und Dimension in die Umgebung einfügen. Dabei orientieren sie sich an der traditionellen Gartenarchitektur südlich des Yangtze-Flusses. Die Engriffe sollen sich hierbei auf ein Minimum beschränken und versiegelte Flächen möglichst vermieden werden. Ein Sackgassensystem soll Autos fern halten und auf Fußgänger ausgerichtet sein. Auch der Biotop-Charakter wird weiter ausgebaut. So sollen zum Beispiel Schilf und Weiden an den Uferkanten neuen Lebensraum für Fische, Insekten und Vögel schaffen sowie das Wasser reinigen. Der Charakter als Kulturlandschaft bleibt ebenso erhalten. Es wird weiterhin Fisch-Teiche, Reisfelder, Lotus-Teiche und künstliche Bambusgärten geben sowie Enten und Gänse werden hier leben. Im Feuchtbiotop Xixi wurden in den vergangenen Jahren mehrere fachspezifische Institutionen ansässig, etwa das Museum für Feuchtgebiete, ein Forschungszentrum für Feuchtbiotope, eine Station zur Überwachung der Umwelt und des Klimas und eine Rettungsstation für Wildtiere. Für Touristen ist der Park in erster Linie landschaftlich sehr reizvoll. Die Besucher sitzen in einem umweltfreundlichen Elektroboot und können die idyllische Landschaft genießen.* ***Xixi Wetland Art Village.*** *Located to the west of downtown area in Hangzhou and less than 5 km from the West Lake, the Xixi National Wetland Park is a rare secondary wetland within a city. Known as the Kidney of Hangzhou, the park is endowed with scarce, well-conserved ecological resources in the form of urban peripheral wetland, and is the first and only national wetland park integrating urban wetland, farming wetland and cultural wetland. The principle of "focusing on ecological preservation and cultural protection and minimizing intervention in restoration for sustainable development" is abided by in the planning stage. With the aim of building an ecological park, the existing ponds, lakes, woodlands and vegetations are conserved; some old buildings in good shape are kept for renovation; all the new buildings are set up in South China style; and the locals, enterprises and institutions within the wetland reserve are relocated elsewhere. The principle of minimum intervention is stuck to in the planning. Concretely, strict restrictions are implemented in the sizes of buildings and roads; walking is defined as the main form of land traffic, which is supplemented by electric vehicles; and permeable materials are used for ground construction. The operation of tourist boats is controlled to reduce the pollution to the water and protect the environment of the wetland. New buildings are constructed in line with the layout of the original folk houses, in small sizes and uniform styles. Harmony with the nature, simple construction and minimum intervention in the environment are emphasized to embody the inherent characteristics of Xixi as a place of privacy.* **西溪湿地艺术村。**西溪国家湿地公园位于杭州市区西部，距西湖不到5公里，是罕见的城中次生湿地。被誉为杭州之肾，是国内罕见的保存较好的城市外围湿地型生态资源。是目前国内第一个也是唯一的集城市湿地、农耕湿地、文化湿地于一体的国家湿地公园。在设计规划中，坚持了“生态优先、注重文化、最小干预、修旧如旧、可持续发展”的原则。较好的尊重了原生态，保护现有的池塘、湖泊、林地、植被，保留了一部分质量较好的老房子加以整改，各种设施的新建筑均为江南园林格局建筑，湿地保护区的现有人口、单位原则上一律外迁，为生态公园操作模式。规划坚持最小干预原则，严格控制建筑、道路规模，陆上以步行交通为主，辅以电瓶车，地面铺装采用透水性材料；控制游览营运船只，以减少船舶和人流对水质的污染，更好的保护湿地环境。新建筑遵循原有民居位置，采用小体量，聚落布置，不强调个性。讲究融入自然，施工简捷，从过程到结果都最少地干预环境，体现西溪固有的隐逸之地的特性。

Tiantian Xu: Leisure Center

Atelier Fronti: H Clubhouse

Atelier Deshaus: E Hotel

Studio Pei Zhu: Art Museum

Jiakun Liu: F Clubhouse

in+of architecture: I Clubhouse

URBANUS: D Hotel

*Xin Qin: K Clubhouse and L Clubhouse*

*Xiaodong Li: G Clubhouse*

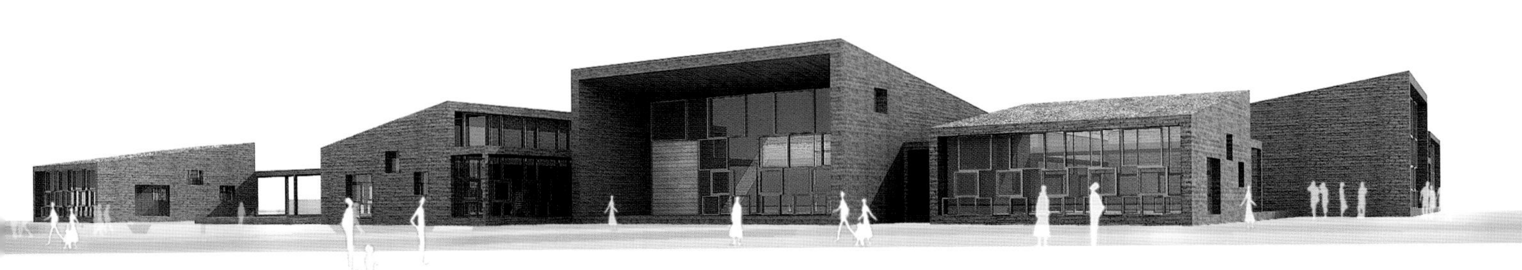

*WSP Architects: M Clubhouse and O Clubhouse*

***Shanghai Hongqiao Business Center.*** *Das Shanghai Hongqiao Business Center ist ein weiteres wichtiges Projekt nach der Expo 2010 in Shanghai und liegt direkt am neuen Hongqiao-Verkehrsknotenpunkt mit dem internationalen und nationalen Flughafen Shanghai-Hongqiao, den Bahnhöfen für die Magnetschwebebahn, die Regional- und Hochgeschwindigkeitszüge mit einem täglichen Fahrgastvolumen von 480.000 Passagieren. Das Projektgebiet bildet die 1,4 km² große Kernzone der »Hongqiao Business Area« mit einer Fläche von 26 ha innerhalb der gesamten »Hongqiao Development Area« mit 86 km². Das Baugebiet umfasst insgesamt 1,7 Mio. m² für Büro-, Handels-, Ausstellungs- und Hotelflächen. Das Hongqiao Business Center wird das erste großflächige Low-Carbon-Geschäftsquartier in Shanghai. Die größtmögliche Energieeinsparung und C02-Reduktion resultieren aus den städtebaulichen Konzepten u. a. durch die Verkehrs- und Energieoptimierung. Die Reduzierung des MIV soll einerseits durch die Mischnutzung in der Funktionsplanung und zum anderen durch die Ausweitung des ÖPNV, ein flächendeckendes Fußgängerwegesystem und ein Fahrradverleihsystem in der Verkehrsplanung erreicht werden. Im Bereich der Gebäudeplanung setzt man auf nachhaltige Ressourcen u. a. auf Solarenergie und auf energiesparende Bautechniken. Bei der Erstellung des Rahmenplans mit Städtebau- und Low-Carbon-Richtlinien und bei der Vorbereitung der Grundstücksverkäufe war SBA maßgeblich als Berater für das Shanghaier Stadtplanungsamt und das Hongqiao-Verwaltungskommitee tätig. Auch im weiteren Prozess berät SBA die Investoren und Entwicklern im Bereich der nachhaltigen Gebäudeplanung und übernimmt das Monitoring mit der Einführung eines Meßsystems für den Energie- und C02-Verbrauch. Zurzeit werden die Grundstücke verkauft und die ersten Gebäudeentwürfe erstellt. Das Projekt soll voraussichtlich bis Ende 2013 abgeschlossen sein.* ***Shanghai Hongqiao Business Center.*** *The Shanghai Hongqiao Business Center is another major project after the World Expo 2010 in Shanghai and is located to the west of the new Hongqiao transport hub, which integrated regional railway station, magnetic levitation train, high-speed railway, metro lines as well as the airport in one hub. 480,000 passengers every day are expected. The Hongqiao Business District covers the land area of 86.3 km², of which the main function area is 26.3 km². The project is within the core area of 1.44 km². With a total construction area of 1,700,000. m², it will become the first low-carbon business district in Shanghai, of which it will be functionally used for business office, exhibition, commerce and hotel. The concept of low-carbon design is adopted from the first stage of urban development, through the optimized design of the traffic condition and the energy supply structure, the regional energy consumption and carbon dioxide emissions have been reduced to minimum. In this area, the motorized travels have been controlled through the mixed-functional planning and increased public transportation, such as enhancing the pedestrian space and the bicycle rental systems. The sustainable energy resources such as solar energy have been efficiently introduced to the architectural planning. In the project design and implementation stages, SBA provided full service for the Shanghai urban planning bureau and Hongqiao management committee from the project planning and control to the land leasing by means of the introduction of urban design guidelines and the low-carbon principals. During the further process, SBA also provides an assessment system to monitor the implementation and operation of energy consumption and carbon dioxide emissions. Currently, the land has been sold out and the conceptual design is finished. The whole project will be completed by the end of 2013.* **上海虹桥商务中心。**上海虹桥商务中心设计节能及低碳的设计理念从城市建设的最初阶段便被采纳，通过城市交通及能源供应结构的优化组合，使区域内的耗能和二氧化碳的排放降到最低。在交通规划过程中，通过混合功能布局及增设公共交通方式来减少机动车的交通出行量，例如引用完善的步行空间系统及自行车租赁系统，保证人们出行方便，同时减少二氧化碳的排放。可持续性能源如太阳能及其他节能型建筑技术也被大量运用到建筑规划当中。在项目的设计和实施过程中，德国SBA公司为政府及开发商进行全程咨询服务，从项目规划控制到土地出让文件，城市设计导则及低碳的导则内容均被收纳其中。在项目实施的后续阶段，德国SBA公司为开发商和投资者提供了一套相应的检测体系，通过对能源及二氧化碳消耗的评估，对项目效果进行监控。虹桥商务中心将成为上海第一个低碳商务区。

*__Yulong New Town.__ Noch wird der größte Teil der des Geländes der Yulong New Town landwirtschaftlich genutzt. Ein wunderschöner Kanal mit mehreren Nebenflüssen verläuft quer durch die Landschaft nach Süden. Der Entwurf für die »New Town« basiert auf der benachbarten historischen Stadt Lijang. Diese ist ein besonders romantisches Beispiel der historischen Städte in der Region. Auch Yulong New Town verdankt ihr hohes Ansehen der Naxi Kultur und ihrer einzigartigen Umgebung. Yulong und Lijiang haben eine enge Verwandtschaft in ihren regionalen Eigenschaften, ihrer Geschichte und ihrer Kultur. Trotzdem wird die neue Stadt nicht als eine Kopie der alten Stadt errichtet. Unter Einbeziehung von traditionellen Werten und architektonischem Design wird eine malerische Öko-Stadt präsentiert. Bei den Untersuchung der alten Stadt Lijiang wurden folgende ökologisch, kulturelle, moderne Prinzipien für Yulong formuliert: 1. Mehrfachnutzung (Wohnen, Arbeit und Erholung), 2. intensive und kompakte architektonische Komplexe, 3. umschlossene Innenhöfe, 4. Zickzack-Straßen, 5. wechselnde städteräumliche Folgen 6. Anpassung an die Landschaft der benachbarten Wenbi-Berge und der Yulong Xueshan-Berge, 7. Schaffung eines einzigartigen und lebendigen Architekturensembles, 8. moderne Gebäude im traditionellen Stil, 9. natürliche Elemente in der neuen Stadt, Wasser und Grün. __Yulong New Town.__ Currently, cultivated land is the main part of the Yulong New Town. A beautiful canal runs through the land, with several tributaries flowing southward. All these constitute the typical ecological environment. The design plan is based on the esthetic Lijiang Old Town and the similar style of the two towns. Meanwhile, thanks to the Naxi Culture and the unique environment, the Yulong New Town enjoys a high reputation. The two towns have intimate relations in regional characteristics, history and culture. Nevertheless, the new town will not be constructed to be an imitation of the old town. With the integration of traditional value and architectural design, a picturesque eco-city will be presented to the world. According to the research on the old town, the following essential principles integrating ecological/cultural/modern elements have been formulated: 1 multi-purpose (habitation, work and recreation), 2 intensive and compact architectural complexes, 3 enclosed spaces, 4 zigzag roads (no long and straight roads) 5 spatial sequence formed after the change of spatial quality, 6 the surrounding Wenbi Mountain and Yulong Xueshan, 7 unique and vivid architectural complexes, 8 modern buildings with traditional styles, 9 natural elements in the new town — water and the green color.* **玉龙新城。**玉龙新城现状以耕地为主，优美的运河贯穿用地，向南侧有多条支流穿过。这种环境是玉龙新城的典型生态背景。面对丽江古城很高的审美品质，形成两座城市的亲缘风格成为设计的动机。同时玉龙新城基于纳西文化和特殊的周边环境，会有自己的不容置疑的形象。尽管在地区特点、历史文化上两者有着密切的关系，但新城决不会成为古城的仿造品。通过传统价值和建筑设计的转换，它将向当今世界展现一个优美的具有传统风格的生态新城形象。通过分析古城研究出的最重要的准则综合了生态性/文化性/现代性：1多用途混合（居住、工作和娱乐），2集约紧凑的建筑群，3被围合而形成的空间，4多变的道路方向（没有长而笔直的道路），5通过空间品质的改变所形成的空间序列，6新城以文笔山和雪山为背景，7具有个性并生动的建筑群，8由建筑传统启迪的现代建筑，9在城市中着重强调自然的元素——水和绿色。

顺水楼
餐馆

# Geschichte mit der Zukunft verbinden
# Bridging History with Future
# 历史联结未来

In den Sechziger- und Siebzigerjahren gab es aufgrund der Kulturrevolution große Brüche innerhalb der Kultur und Geschichte der chinesischen Gesellschaft. Zudem wurden in den letzten 20 Jahren mit dem Prozess der Urbanisierung unzählige Gebäude und Stadtgebiete voller geschichtsträchtiger Erinnerungen abgerissen. Selbst alte Städte mit einer langen Geschichte, die ob ihres Denkmalcharakters unschätzbaren Wert hatten, wurden in Generic Cities umgewandelt und haben dadurch ihre besondere Atmosphäre verloren. Wenn ein solcher Prozess fortschreitet, werden Chinas Tradition und Kultur spätestens in zwei Generationen zwangsläufig untergegangen sein. Wie werden wir dann in einem geschichtsleeren Raum auch nur ansatzweise über Ökologie und energiesparende nachhaltige Entwicklung diskutieren können? Eine nachhaltige Zukunft fordert notwendigerweise eine Fortsetzung der Geschichte wie auch deren positive Erneuerung. In den hier präsentierten Fallbeispielen können wir die verschiedenen Anstrengungen sehen, die hinsichtlich des Schutzes und der Wiederherstellung, aber auch hinsichtlich einer Neuinterpretation der Geschichte mittels gegenwärtiger Methoden unternommen wurden. Das Künstlerviertel 798 in Peking hat das Potenzial eines Industrie-Erbes voll ausgeschöpft und ein Areal sowie einen Schauplatz für Kunst geschaffen, dem die Gegenwart anhaftet. Ähnlich wie in dem Viertel »Tianzifang« in Shanghai hat dieses Fallbeispiel die Erscheinung der Stadt grundlegend verändert. »Tianzifang« befindet sich bis heute in einem halbillegalen Zustand und es wächst automatisch weiter. Diese Zufälligkeit spiegelt jedoch in einem bestimmten Ausmaß tatsächlich eine latent vorhandene gesellschaftliche Kultur sowie die Logik der Stadt wider. Der Schutz der Bund-Promenade in Shanghai und deren Umbau spiegelt in Wirklichkeit wider, auf welche Weise hier mit dem geschichtlichen

Erbe der Kolonialgeschichte umgegangen und wie an das Problem herangegangen wird, historische Stadtviertel zu schützen. Das Projekt der Handelsstraße Beixinjiao in Taizhou wiederum versucht eine Antwort auf die Frage zu finden, wie ein besonderer Teil der Geschichte, nämlich der des Zusammenpralls und der Vermischung zwischen China und dem Westen, bewahrt werden kann und wie gleichzeitig das moderne Leben und die Community-Kultur in so ein Stück Geschichte integriert werden können. Das Wenyuan-Gebäude der Tongji-Universität ist unter dem Einfluss des deutschen Bauhausstils in die chinesische Kultur übertragen worden. Wegen der Besonderheit dieses historischen Gebäudes stellt die mit der Geschichte verschmolzene neue Energiespartechnik den Ausgangspunkt dieses Erneuerungsprojektes dar. Der Park mit seiner Ausstellungshalle ist ein Projekt, bei dem es um die Wiederauferstehung eines ehemaligen verlassenen Industriegebiets geht. Dieser Park soll nun zu einem öffentlichen Treffpunkt werden. Das Projekt des Softwareparks in Nanjing sowie das Museum in Ningbo greifen in kritischer Form die traditionelle chinesische Architektur auf. Der Softwarepark ist eine moderne Interpretation für die Innenhöfe, wie sie in der Architektur der Gebiete unterhalb des Yangtse-Flusses vorkommen. Das Museum in Ningbo hingegen wirkt selbst wie ein überdimensionaler Apparat. Es werden alte Backsteine und Ziegel von alten traditionellen Bauten verwendet, womit eine Spannung zwischen Vergangenheit und Gegenwart erzeugt wird. Obwohl noch Differenzen dahingehend bestehen, wie ein historischer Wert bemessen oder wie eine Strategie für Schutz und Erneuerung entwickelt werden soll, gibt es mittlerweile eine von Kunst- und Kulturkreisen initiierte Denkmalschutz-Bewegung. Dabei besteht die Gefahr, dass die Geschichte für Marketingzwecke verwendet wird und auf diese Weise ein übermäßiger kommerzieller Missbrauch betrieben wird. Dadurch würde die Geschichte zu einer Fiktion verkommen.

*Li Xiangning*

China's Cultural Revolution in 1960s to 1970s resulted in a huge fragmentation of China's social culture and history. In nearly two decades of urbanization, many landmark buildings and urban sites carrying historical memories were ruthlessly dismantled as new cities emerged in succession in China, even some ancient cities with a heritage value having been transformed into generic cities, thus losing their unique charm. With the loss of tangible history, the Chinese tradition and culture in the collective consciousness of Chinese people has become increasingly thin. If such a process continues, many Chinese traditions and cultural existences are bound to face the real threat of disappearance after a couple of generations. Can we afford to talk about ecological and energy-efficient sustainable development with these traces of history removed? A sustainable future demands the continuation and organic renewal of historical and cultural values. In fact, the cases illustrated here cover various efforts ranging from the protection and restoration to the reinterpretation of history in a contemporary fashion. Beijing's 798 Art District has explored the potential of industrial heritage and created a cultural landmark and art center with contemporary characteristics. Both the district and Shanghai's Tian Zi Fang are cases in which grassroots campaigns have changed urban landscape from the bottom up, with the latter still undergoing spontaneous growth and labeled with a semi-illegal status. But the degree of disorder actually reflects the underlying social and cultural factors and market logic. The protection and renovation project of the Shanghai Bund in fact reflects the issue on how to deal with a colonial heritage left to us and how to protect important urban sites with historical features. The North Xinjiao Street project attempts to address the issue of conserving a period of history when Chinese culture collided and converged with that of the West while blending contemporary life elements and community culture into that historical space. The Wenyuan Building of Tongji University is a Germany's cultural dissemination product in China under the influence of the Bauhaus ideas. For this special historical building, combing new energy-saving technologies with the legacy is the starting point of the restoration and renewal project. The Tangshan Urban Planning Exhibition Hall Park project is designed to restore an abandoned industrial park into a hub for public life and the new culture of a modern city. By comparison, the Nanjing Software Park project and the Ningbo Museum inherit Chinese architectural traditions into its contemporary architecture style with a critical view, with the former delivering a contemporary interpretation of dimensions and courtyard space of architecture in South of the Yangtze while the latter is more like a huge device, utilizing broken bricks and tiles of traditional buildings to highlight the enormous power in combing the history with the reality.

Although there are still many differences in how to define historical values and strategies on how to protect and renovate, at least the architectural conservation movement advocated by academic and cultural communities has fortunately awakened a historical consciousness on the part of the government and the people in today's China after a long absence. Of course, there is a risk that the use of history as a tool for marketing may result in the shortcomings of over-commercialization, thus making history a false illusion.

*Li Xiangning*

上世纪六七十年代的文化大革命让中国的社会文化与历史产生了巨大的断裂，而近二十年的中国城市化进程中，一座座新城拔地而起的同时，众多承载着历史记忆的地标建筑和城市地段被无情地拆除，甚至一些有着遗产价值的古城也被改造成了通属城市而丧失了魅力。伴随着物化历史逝去而日渐稀薄的是中国人集体意识中的传统和文化。如果按照这样的进程继续，一两代人之后，中国的传统和文化势必面临灭顶之灾。

我们难道能够在历史的真空中奢谈生态和节能的可持续发展吗？一个可持续的未来势必要求历史和文化价值的延续与有机更新。这里的案例事实上包括了从保护、修复到以当代的方式重新诠释历史的不同努力。北京的798艺术区发掘了工业遗产的潜能创造了具有当代性的文化地标和艺术积聚地。它和上海的田子坊一样是从草根运动起自下而上改变了城市面貌的案例，而后者今天仍然处于一种自发生长和半非法的状态，但这种一定程度上的无序性实际上反映了背后潜在的社会文化和市场的逻辑。上海外滩的保护和改造工程实际上反映的是如何对待一段殖民历史留给我们的历史遗产以及如何保护城市重要历史风貌区的问题。

而北新椒街项目则试图解答如何保存中西文化碰撞和交融的一段历史同时将当代生活和社区文化融入这样的历史空间中。同济大学的文远楼是德国包豪斯思想影响下在中国的文化传播产物。面对这个特别的历史建筑，将新的节能技术融入历史是这个复原和更新项目的出发点。唐山城市规划展览馆公园项目则是将废弃的工业园区复兴成为当代城市的公共生活和新文化的枢纽。而南京的软件园项目和宁波博物馆则在当代建筑中批判地继承中国建筑的传统，前者对江南建筑的尺度和院落空间进行了当代阐释，而后者更像一个巨大的装置，运用传统建筑的残砖碎瓦凸显着历史和现实之间的巨大张力。

虽然对于如何认定历史价值和如何进行保护与更新的策略上还存在着众多的分歧，但至少今天在中国值得庆幸的是在学术界和文化界倡导下的历史建筑保护运动在政府和民众中唤醒了久违了的历史意识。当然一个危险是将历史用作市场推广的工具从而产生过度商业化的弊端，使历史成为一种虚假的幻象。

李翔宁

*Prof. Dr. Iris Reuther*
*Fachgebiet Stadt- und Regionalplanung, Universität Kassel*

Mit diesem Schreiben möchte ich mich noch einmal für die Einladung in die von Ihrem Hause initiierte Veranstaltung »Linking the History with the Future« im Rahmen der URBAN ACADEMY am 8. Mai an der Tongji Universität in Shanghai bedanken. Ich war vor allem von der offenen, fachlichen und ausgesprochen reflektierten Diskussion mit den chinesischen Kollegen sehr beeindruckt. Es war ein Dialog auf Augenhöhe in einem globalen Diskurs über die Perspektive der Stadt, ihrer Gesellschaften, ihrer öffentlichen Räume und ihrer Architekturen. Dabei fand ich einige meiner bisherigen Positionen bestätigt und zugleich haben sich neue Facetten und Aspekte aufgetan. Sie betreffen die Haltung zu einer integrierten Stadtentwicklungspolitik im Kontext der Wissensgesellschaft sowie im Bezug auf nachhaltige Infrastrukturen, Stadträume und Gebäudestrukturen. Mit dem Blick auf den Diskurs und die präsentierten Projekte möchte ich folgende Essentials festhalten:

**Die Stadt als Subjekt begreifen, planen und bauen**
Diese Haltung ist insbesondere im Zusammenhang mit den kulturellen und sozialen Aspekten der Projekte und in der Auseinandersetzung mit historischen Kontexten und existierenden städtebaulichen Situationen zu verspüren. Sie ersetzt den bisherigen Impetus von Stadtplanung und Städtebau (von oben und im Bezug auf die »Stadt als Objekt«) nicht direkt, kann ihn aber ergänzen und erweitern. Damit sind zugleich ethische Fragen aufgerufen, die im Diskurs mit den chinesischen Stadtplanern und Architekten deutlich wurden.

**Die Seismografen der Wissensgesellschaft und ihre Ökonomien respektieren**
Offenbar sind das kulturelle Selbstverständnis sowie die gesellschaftliche Stellung von geistigen und politischen Eliten in China (auch) so angelegt, dass die Avantgarde der Wissensgesellschaft und die Protagonisten kreativer Milieus als »Agents of Change« agieren, sich an hierfür geeigneten Standorten etablieren und neue Wertschöpfungen generieren können. Damit verbundene Standortentwicklungen und Segregationserscheinungen verlaufen nicht konfliktfrei. Sie haben eine städtebauliche Dimension, die nicht gebaut werden kann, da sie an vorhandene städtische Kontexte sowie bestimmte Lagen und Nachbarschaften gebunden sind. Sie erfordern deshalb geeignete Planungs- und Entwicklungsstrategien. Sowohl die Standorte, als auch ihre Protagonisten sind Indikatoren für die entscheidenden Ressourcen der Wissensgesellschaft (Zeit, Zugang zu Informationen, Reputation).

**Eine Balance zwischen Demokratie und Leadership finden (Discussion and Desissionmaking)**
Der Dialog zwischen den beiden gesellschaftlichen und politischen Kontexten in China und Deutschland offenbart ein interessantes Phänomen für eine erfolgreiche Stadt- und Standortentwicklung. Man muss verschiedene Positionen und Interessenlagen respektieren und integrieren, aber man muss dann auch Entscheidungen treffen und damit städtebauliche Setzungen realisieren und architektonische Haltungen etablieren. Das geht nicht allein auf dem Wege von Diskussionen, sondern letztlich nur im Rahmen strategischer Entscheidungen.

**Eine reflektierte Moderne kultivieren**
Offenbar generiert in China das Bewusstsein über eine sehr lange Geschichte und die Bedeutung eines gesellschaftlichen und wirtschaftlichen Aufschwungs in der zweiten Hälfte des 20. Jahrhunderts eine eindrucksvolle Haltung zu den Architekturen der sozialistischen Moderne sowie der industriellen und seriellen Bauweisen mit ihren typischen Konnotationen und Erscheinungen. Die präsentierten Architekturprojekte beeindrucken in ihrer konsequenten Haltung und in ihrem besonderen architektonischen Ausdruck. Sie könnten der in Deutschland weit verbreiteten Position und Erwarung, dass nur das »Alte« (vor 1900 oder 1945 entstandene) etwas wert ist oder sogar wiederaufgebaut werden muss, einen interessanten Impuls verleihen, wenn man sie entsprechend publizieren würde. Mein Vorschlag wäre, die Autoren der Projekte gezielt in Architekturwettbewerbe nach Deutschland einzuladen (z. B. nach Berlin und dort ggf. im Zusammenhang mit der Erneuerung von öffentlichen Gebäuden aus dieser Epoche).

**Wie sehe ich in diesem Zusammenhang die in Shanghai präsentierten Projekte?**
Das Wenyuang Building steht für einen architektonischen Prototypen der architektonischen Moderne. Seine energetische Sanierung kann insbesondere wegen der prominenten Funktion und Adresse (Architekturfakultät der Tongji-Universität) ebenfalls als Prototyp fungieren, wenn hierfür ein im Gebäude sichtbares und nachvollziehbares Vermittlungskonzept integriert wird. Der Jiangsu Software Park generiert auf einem hohen ästhetischen Niveau in Anknüpfung an überlieferte Bau- und Raumstrukturen eine zeitgenössische Architektur. Von Interesse ist vor allem ihre Einbindung und Wirkung im konkreten städtebaulichen Kontext und öffentlichen Raumsystem am Standort. Die Stadtquartiere Tianzi Fang/Shanghai und Beijing 798 repräsentieren die standörtlichen,

*Prof. Dr. Iris Reuther*
*Fachgebiet Stadt- und Regionalplanung, Universität Kassel*

städtebaulichen und ökonomischen Aspekte neuer kreativer Milieus in den großen Städten, die man nicht planen kann, aber mit einer bestimmten sozialen und kulturellen Position betreuen oder zumindest respektieren muss. Diese Quartiere durchlaufen verschiedene Phasen und ihr Status als kreative Räume ist temporär. Dabei entfalten sie für die Identität und das Image der Städte eine enorme Wirkung und verlangen deshalb integrierte Konzepte und die Akzeptanz ihrer Protagonisten als »Agents of Change«. Die Projekte Bund Origin und Former British Consulate stehen für eine vorbildliche denkmalpflegerische Sanierung und Wiedergewinnung bedeutsamer Objekte und öffentlicher Adressen im Stadtraum sowie in der beeindruckenden, aber gleichwohl sehr differenzierten und historisch geprägten Silhouette von Shanghai.

Das Konzept, der zugehörige Planungs- und Entscheidungsprozess und die Ergebnisse des Projektes Preservation of Ancient Village in Jiaojiang sind ein erstaunliches und sehr überzeugendes Beispiel für eine behutsame Erneuerung einer überlieferten historischen Situation. Diese gilt es nicht nur im Bezug auf die Resultate, sondern insbesondere hinsichtlich der planungskulturellen und denkmalpflegerischen Aspekte bis hin zu den Kommunikationsstrategien darzustellen.

Der Tangshan Museum Park ist ein erstaunliches und überzeugendes Beispiel für den städtebaulichen und architektonischen Umgang mit einem Areal und Baustrukturen aus der zweiten Hälfte des 20. Jahrhunderts mit ihren industriellen Bauweisen und Fertigteilelementen. Hier ist es gelungen, die ästhetischen Qualitäten und Identitäten dieser Baustrukturen aufzugreifen und weiterzuentwickeln. Einem ehemals geschlossenen, industriell genutzten Terrain konnte die Idee für einen öffentlichen Raum eingeschrieben werden. Auf diesem Wege ist eine Identität stiftende öffentliche Adresse entwickelt worden, die von der Geschichte der Stadt Tangshan – ihren Erfolgen und Tragiken gleichermaßen – Zeugnis ablegt. Das Ningbo Museum hat das Vermögen, eine Architekturikone zu werden. Offenbar entfaltet es bereits jetzt in der öffentlichen Wahrnehmung eine symbolische Wirkung. Von besonderem Belang ist, dass sowohl seine Form, aber vor allem seine Materialität einen historischen Kontext interpretieren und Emotionen auslösen können.

With this letter I would like to thank you once more for the invitation to the event "Linking the History with the Future" initiated by your institution and organized in context of the Urban Academy at Shanghai Tongji University on May, 8th, 2010. I arrived in China with great curiosity and all my experiences that were shaped by European cities. That is why I was immensely impressed by the architectural and urban planning qualities of the projects presented, but even more by the open professional and profound discussions with the Chinese colleagues. It was a dialogue at eye level and a global discourse on the perspective of the city, its societies, its public spaces and its architectures. I found some of my positions supported, some got new facets and aspects added to them. Those concern my notion of integrated urban development politics in context of knowledge-based societies as well as regarding sustainable infrastructure, urban spaces and building structures. Thinking of the discourse and the projects presented I would like to emphasize the following essentials:

**Understanding, planning and building the city as a subject**
This attitude can especially be noticed when it comes to the cultural and social aspects of the projects and to the conflict with historical contexts and existing urban building situations. It does not completely replace the previous impetus of urban planning and urban building (top-down and regarding the "city as object"), but completes and extends it. Ethnic questions, that occurred during the discourse with Chinese urban planners and architects, need to be addressed.

**Respecting the seismograph of knowledge-based society and its economies**
Obviously, the cultural self-concept and the social status of the intellectual and political elite in China is also structured in a way that the avant-garde of the knowledge-based society and the protagonists of creative milieus are acting as "agents of change" – establishing suitable spaces and generating new value chains. The site development and signs of segregation that such processes imply will also add conflicts to them. So they knock open a dimension of urban building that cannot be closed again since they are connected to already existing urban contexts and special locations and neighborhoods. And that is why they need suitable planning and development strategies. The sites – as well as their protagonists – are indicating the decisive resources of a knowledge-based society (that means time, access to information, reputation).

**Finding the balance between democracy and leadership (discussion and decision making)**

The dialogue between the social and political contexts of China and of Germany showed a very interesting phenomenon of successful urban and site development. You had to respect and integrated different positions and interests, but you also had to make decisions and by it, realize urban building settlings and architectural notions. This cannot only be done by discussing but in the end needs to happen within the realm of strategic decision making.

**Cultivating a reflected modernity**

In China the awareness of its very long history and of the meaning of a social and economic boom within the second half of the 20th century has been creating an impressive attitude toward the architects of the socialist modernity as well as toward the industrial and serial building style with its typical connotations and appearances. The architectural projects presented impressed me by their consistent attitude and by their special architectural expression. If published accordingly, those projects could have an interesting effect on a position and expectation that is wide spread in Germany: only the "old" (built before 1900 or 1945) seems to be worth anything or even needs to be rebuilt. I would propose to invite the authors of the projects to competitions of architects in Germany.

**How do I evaluate the projects presented in Shanghai in this context?**

The Wenyuang Buildung is an architectural prototype of the architectural modernity. Its energetic restoration can become a prototype as well – considering its prominent funtion and address (faculty of architecture of Shanghai Tongji University), if it is integrated in a visible and comprehensible intermediation concept within the building. The Jiangsu Software Park generates contemporary architecture at a high aesthetic stage in accordance with traditional building and space structures. Their integration and impact on a certain context of urban building and on a public space system at the site are especially interesting. The urban quarters Tianzi Fang/Shanghai and Beijing 798 represent the aspects of location, urban building and economics of the megacities' new creative milieus that cannot be planned but still have to be taken care of or at least respected by an adequate social and cultural position. These quarters are passing through different phases – their status as creative space is only temporary. During this process they built up an enormous energy for the identity and the image of the cities and thus, they need to be integrated with suitable concepts and be accepted by their protagonists as "agents of change". The projects Bund Origin and Former British Consulate show the exemplary conservation of historic heritage and the restoration of significant objects and public addresses in the city as well as in the impressive, but at the same time very differentiated and historically shaped skyline of Shanghai.

The concept, the planning and decision making process as well as the result of the project Preservation of Ancient Village in Jiaojiang are an impressive and very convincing example for careful restoration of a traditional situation. I am not only hinting at the result, but especially on aspects from the planning culture and the preservation of monuments to the communication strategies.

Regarding urban building and architecture, the Tangshan Museum Park is an astonishing and convincing example for the treatment of an areal and building structures from the second half of the 20th century and of the industrial building structure and precast elements of this time. The aesthetic qualities and identities of the building structures were successfully taken on and developed further. The idea of public space was inscribed into a formerly closed, industrially used terrain. This way, a public address that would bring about identity was developed – a proof of the history of Tangshan city with its successes and tragedies. The Ningbo Museum could become an architectural icon. Already to date, it has been building up a symbolic value for public awareness. Its shape as well as especially its materiality interpret a historic context and trigger emotions. This is but a short report and comments of my findings in Shanghai. I would be happy to develop this discourse further in the future.

伊瑞斯•罗特教授
卡塞尔大学，研究领域：城市及区域规划

通过这封信我想再次感谢您邀请我参加5月8日由您学院主办的，在同济大学开展的名为“历史联接未来”的“都市论坛”系列活动。我带着极大地兴趣、怀揣着我深受欧洲城市影响的经验来到上海。有关于建筑学和城市建筑方面的高质量报告，以及和中国同行之间进行的公开、专业、富有影响力的讨论都令我印象深刻。这是一场关于从城市、城市的社会、公共空间以及建筑视角出发的全球性的平等对话。在这场讨论中，我发觉一些多年来自持的观点得到了肯定，同时也发现了问题的一些新形式和探讨的新角度。这些新问题主要涉及到在知识社会背景下的、与可持续基础设施、城市空间和建筑结构相关的整合型的城市发展政策。纵观讨论以及展示项目，我想提出以下几点本质内容：

把城市作为主体来理解、规划与建造 这个态度在项目融合文化和社会、与历史环境的关系，以及针对现存城市建筑状态的讨论中尤其让人体会深刻。这一态度虽不直接替代一直以来城市规划以及城市建设的动力论（上文谈到，与“城市作为客体”有关），但却是对它的补充和扩展。同时也涉及到了一些道德伦理方面的问题，这些问题在和中国城市规划师和建筑师的讨论中变得更加明显。尊重知识社会的地震仪以及它的经济

显而易见的是，中国杰出的知识份子与政治人物所具有的文化自我认识以及一定的社会地位（也）决定了：在中国，知识社会的先锋派和创意领域的领头羊都扮演着“变化代言人”（Agents of Change）的角色。他们能够落户在一个合适的地点，并且创造新的价值。同时，与此相关的目的地发展与社会分离现象的过程并不是毫无矛盾的。这些现象和过程拥有一种城市建筑的维度，而这种维度是不能被建造出来的，因为它们与现存的城市大环境、特定的地理位置和社区是联系在一起的。对于这一点，我们需要适合的规划和发展策略。不仅仅是地点，该地点的行为人也是知识社会决定性资源（时间，信息渠道，声誉）的指示剂。

找到民主与领导的平衡点（讨论与做出决策）中德之间所进行的社会和政治环境方面的对话展现了城市和目的地成功发展的一个有趣现象。一方面人们必须尊重以及融合不同的立场和利益集团，另一方面也必须做出有关实现城市建筑规划以及创立建筑风格态度的决定。成功的发展不能只凭借讨论这条路，还要最终也能在框架下做出战略性的决定。

培养一种反思后的现代精神

显而易见，一种对悠久的历史传统以及二十世纪下半叶社会和经济腾飞的意识，在中国形成了一种对社会主义现代化建筑和对具有典型内涵和外观的批次性工业建筑的令人难忘的态度。论坛上所展示的建筑项目凭借其一贯性的态度和特殊的建筑外形，给人留下了深刻的印象。在德国有一种传播广泛的见解和期望，那就是只有“旧事物”（1900 或1945年前诞生的）才拥有些价值，或者甚至必须重建它们。如果要做相应出版物的话，书中所介绍的《都市论坛》展示项目或许可以给这一德国现行的观点以一个有趣的激励。我的建议是，邀请这些项目的作者到德国参加建筑竞赛（比如说去柏林，在那里或许可以联系老公房翻修的项目。）。结合以上几点，我是如何看待在上海所展示的这些建筑项目的呢？

• 文远楼是体现建筑现代化的建筑典型。建筑优化能源方面的翻修因其卓越的性能以及知名的地理位置（同济大学建筑系）特别能够起到建筑典型的作用，尤其当嵌入了一个通过建筑本身可见，可理解的信息传递方案的时候。
• 江苏软件园是在很高的审美层面上与传承的建筑空间结构相联系的当代建筑。最有趣的是它在具体城市建筑背景下和目的地公共空间系统中的嵌入和作用。
• 上海田子坊和北京789艺术区这两个城市区域代表了大城市新兴创意领域的地理位置、城市建筑以及经济方面的特点。这些创意园区是无法设计出来的，但必须凭借一种特定的社会或文化立场照管或者至少是尊重的区域。这些区域经历不同的时期，而它作为创意空间的地位也是暂时的。在这点上，这些区域在城市身份和面貌形象方面起着极大地作用，因此需要整合规划的扶助和 “变化代言人”的承认。
• 针对老外滩以及早先英国领事馆的项目代表的是榜样式的保护性历史遗迹翻修，是对城市空间内和上海层次多样、历史底蕴深厚、让人过目不忘的城市剪影中那些具有重大意义的景观和公共场所的恢复。
• “椒江沿岸古城保护”项目的方案，其规划和决策的过程，以及项目最后的结果，在对源远流长的历史遗址的保护性更新方面是一个令人惊讶且极富说服力的例子。保护性的更新不仅仅针对结果而言，而是特别涉及项目的规划文化和历史遗迹保护方面，还包括项目的信息传递交流策略。
• 如何在城市建造和建筑方面处理二十世纪下半叶那些含有预制构件元素和工业建筑模式的城市建筑和建筑建构，唐山博物馆公园在这方面是一个富有说服力且令人惊讶的例子。该项目成功抓住并发扬了美学的质量以及这一建筑结构的特性。一个曾经关闭，一度为工业服务的区域中可以写入公共空间的理念。由此，一个给予身份意识的公共空间得以建立，它见证了唐山的历史，无论是这座城市的成功还是它的悲剧故事。
• 宁波博物馆有能力成为一座建筑的神像，一个特别的建筑标识。显而易见，现在的它已经在公众意识中起到了某种象征性的作用。特别值得一提的是，不论是它的形式，但最重要的还是它的材料，能够解读历史背景，同时触发人们的情感。我简短的报告及评论就此收笔。非常欢迎各位向我提问或与我进行进一步的讨论。

## Identifikation und Verantwortung

*Thomas Dienberg*
*Stadtbaurat der Stadt Göttingen*

Auf Einladung des Goethe Instituts Shanghai nahm ich an einer Tagung im Rahmen des chinesisch deutschen Forums über nachhaltige Stadtentwicklung teil. Die Idee: das Thema nachhaltige Stadtentwicklung mit Experten aus Deutschland und China anhand von konkreten chinesischen Beispielen zu diskutieren und Erfahrungen auszutauschen.

Als jemand der Asien bislang nicht besucht hat, war diese Einladung in dreierlei Hinsicht ein Glücksfall: von China, Land und Leuten einen Eindruck zu bekommen, mit Stadtplanerkollegen vor Ort sich austauschen zu können und schließlich Shanghai kennen zu lernen und in diesem Zusammenhang natürlich auch der Expo einen Besuch abzustatten.

Die 1. Erkenntnis bei der Ankunft am Pudong International Airport: Shanghai ist nicht China, sondern eine Metropole, die am Flughafen, auf dem Weg über die Stadtautobahn ins Zentrum und im Zentrum selbst sich fast westlicher präsentiert als eine moderne westliche Großstadt. Anders das Zusammentreffen mit chinesischen Architekten und Stadtplaner Kollegen an der Tongji Universität: Hier haben mich weniger die absolut qualitätvollen Gebäudeentwürfe für den Jiangsu Softwarepark, für das Ningbo Museum in Ningbo (in Deutschland viel beachtet) und für die Tangshan Urban Exhibition Hall überrascht, weil in Fachkreisen die Qualität der Riege junger chinesischer Büros bekannt ist. Ich war vielmehr beeindruckt von einem städtebaulichen Projekt in Shanghai: Tian Zi Fang. Dieses Städtebauprojekt der erhaltenden Stadterneuerung glänzt nicht durch spektakuläre Einzelentwürfe, sondern schöpft seine Besonderheit in meinen Augen aus zwei Dingen:

1. die Erkenntnis, dass der historische Stadtgrundriss eine unvorstellbare Identifikationskraft bei den Bewohnern entfalten kann. Stadtplanung wird dadurch im besten Sinne nachhaltig.

Und 2. die ganz besondere und persönliche Haltung der Protagonisten des Projektes: in einem völlig anderen, für mich nicht vorstellbaren gesellschaftlichen Kontext, individuelle Verantwortung des Einzelnen für sein Quartier anzuregen und zu stiften, um Ergebnisse wie die für Tian Zi Fang präsentierten erzielen zu können, ist in meinen Augen eine großartige Leistung. Hiervon bräuchte Shanghai und sicherlich auch das normale China mehr. Mein Eindruck ist, dass solche Projekte wie Tian Zi Fang selbst in Shanghai in naher Zukunft Ausnahmeprojekte bleiben. Deshalb sind die von der Bundesregierung und vom Goethe Institut angeschobenen Gespräche auf kultureller Ebene wichtig und klug, weil sie den chinesischen Kollegen die Möglichkeit geben sich und ihre Ideen zu präsentieren und weiterzuentwickeln.

## Identification and Responsibility

*Thomas Dienberg*
*Stadtbaurat der Stadt Göttingen*

Invited by the Goethe-Institut Shanghai, I participated in a conference within the context of a German-Chinese forum on sustainable urban development. The idea: experts from Germany and China are discussing – with the help of distinct Chinese examples – sustainable urban development and exchanging their experiences.

Never having been to Asia before, in three respects this invitation was a real blessing: I could have a look on China, get an impression of the country and its people, could meet urban development colleagues and last but not least, discover Shanghai and the Expo 2010, of course.

My first realization at Shanghai Pudong International Airport: Shanghai is not China. It is a metropolis that presents itself on the way from the airport along the freeway to the city center almost more western than any modern western city. Different from this first impression was my meeting with Chinese architects and urban planners at Tongji University:

It was less the high quality of the building drafts for Jiangsu Software Park, for the Ningbo Museum in Ningbo (which received a lot of attention in Germany) and for Tangshan Urban Exhibition Hall that surprised me, since among experts the quality of young Chinese planning offices is well known. It was one of Shanghai's urban planning projects that made a much greater impression on me: Tian Zi Fang. This urban planning project of preserving urban development is not a project of spectacular single drafts but from my point of view is special mainly due to two things:

1. The awareness, that the historic outline of a city can inspire a great force of identification with its inhabitants and thus, they will be willing to protect their urban heritage. Urban planning at its sustainable best!

And 2.: The protagonist's very special, very personal approach to the project. In a very different, for me hardly imaginable social context, he succeeded to inspire the individual responsibility of each citizen of his district. I want to honor his work and his possibility to presents such results from Tian Zi Fang as a great accomplishment.

Of this Shanghai and certainly the real China as well could need more. It was my impression that even in Shanghai such projects as Tian Zi Fang will only be the exception in the near future. That is why the communication on a cultural level, which has been organized by the federal government of Germany and the Goethe-Institut, is so important, so clever. It gives Chinese colleagues a chance to present and further develop their ideas.

托马斯 迪恩贝尔格
哥廷根城市土木技监委

受上海歌德学院邀请，我参加了由中德论坛主办，主题为可持续城市发展的大会。其设想：来自德国与中国的专家们通过中国国内的实践案例，围绕可持续城市发展这一主题来进行探讨与经验交流。

对于从未造访过亚洲的人来说，这一次受到邀请可谓幸事，原因有三：可以了解中国的风土人情，可以与当地的城市规划的同行们互通有无，而且可以认识上海并借此机会参观世博会。抵达浦东国际机场后的第一个认识：上海不仅是中国的城市，更像是一个国际化的大都市，在机场、市区及市郊的高架沿途，比现代化的西方大型城市都显得更西化。

在同济大学与中国的建筑师和城规同行会见后的感受：江苏软件园的规划，宁波博物馆（在德国受到极大重视）的设计方案，唐山城市展览馆的蓝图都是绝对高质量的，但这一点并不让我感到有多惊讶。因为在行业内，中国年轻同行们的质量是有目共睹的。

倒是上海的一个城市建设项目让我印象深刻：田子坊。这个老建筑翻新的城建项目，亮点不单纯在于令人耳目一新的设计。在我看来，这个项目在两个方面独树一帜。第一点：认识到具有深厚文化底蕴的城区能够建立和发展居民的认同感，而且认识到在哪里才能得到这样的效果，与此同时保留历史遗迹。这样一来，城市规划才能在最好程度上冠以“可持续”的名头。

第二点：在于这个项目领军人物与众不同的个人行为。在一个对我来说完全不同、难以想象的社会背景下，能够充分激励个人对社区担负责任，让个体具有责任感，以期获得像在田子坊项目里体现出的成果。这是一个非凡的成就。

由此看来，上海，乃至整个中国需要更多类似的项目。依我看，田子坊这样的项目在不久后的将来，即使在上海仍然会是个特别项目。因此，由联邦政府和歌德学院发起的都市论坛在文化层面上变得重要和明智，因为论坛为中国的同行们提供了各抒己见并进一步提高的机会。

*Beijing 798 Art Zone. Seit einer Weile lässt sich beobachten, dass alte Industrieanlagen in China zu Galerie- und Künstlerhöfen umgebaut werden. Das Künstlerviertel »Beijing 798 Art Zone« nimmt hierbei in Peking eine Vorreiterrolle ein. Die ehemaligen Industriehallen im Stadtviertel Dashanzi in Peking konstruierten Ingenieure aus der DDR 1952–1954 für die »Bejing Nord China Geräte Fabrik«. Vor allem in den fünfziger Jahren wurden Ingenieure aus dem sozialistischen Bruderländern in die Volksrepublik China eingeladen, um am Baugeschehen Chinas mitzuwirken. Die Ingenieure aus der Bauhausstadt Dessau entwarfen eine aufwendige und moderne und markante Beton-Sheddachkonstruktion, die für ein gleichmäßiges diffuses Licht in den weitläufigen Hallen sorgt. Im Oktober 1957 begann die Produktion. Eingebettet sind die Hallen in ein ausgedehntes Industriegebiet der Fabrik mit einer Ansammlung recht unterschiedlicher Gebäude. Im Jahr 1964 wurden diese in einzelne durchnummerierte Produktionsstätten geteilt (706, 707, 718, 797, 798 and 751). Noch heute sind rote Schriftzüge aus der Zeit der Produktion wie »Großer Führer, großer Lenker, langes, langes Leben dem Vorsitzenden Mao – der roten Sonne in unseren Herzen« in großen Schriftzeichen deutlich zu sehen. Ende des 20. Jahrhunderts gab es keine Verwendung mehr für die Gebäude und sie drohten zu verfallen. Doch im Jahr 2000 sanierte die Beijing Sevenstar Science and Technology Co., Ltd. die alten Industrieanlagen und vermietete sie an Maler, Bildhauer und Fotografen der freien Künstlerszene Pekings. Sie nutzten den Industrie-Chic für die Inszenierungen alternativer Projekte. Schnell wurde die Besonderheit und Einzigartigkeit des Gebietes bekannt, so dass Restaurants, Kulturorganisationen, Kunstfirmen und Modegeschäfte folgten. Auch internationale Konzerne mieten ab und zu die Hallen für aufwendige Events und Shows. Da die ersten Künstler ihre Galerien und Ateliers, in den Hallen des Fabrikteils 798 einrichteten, wurde das lebendige und quirlige Gebiet »Beijing 798 Art Zone« genannt. Beijing 798 Art Zone. The area occupied by Beijing 798 Art Zone was once the premises of Beijing North China wireless joint equipment factory (namely, 718 Joint Factory), which was designed and built by the experts of former G.D.R in the 1950s. The design style is simple and clean, with a focus on functions, demonstrating characteristics of typical German modernistic architecture style. Attracted by orderly planning, convenient traffic, unique style of Bauhaus architecture, etc., many art organizations and artists came here to rent the vacant plants for use upon renovation, gradually forming up a diversified cultural space with galleries, art studios, cultural companies, fashion shops etc. 798 Art Zone represents an important trendsetter for Chinese contemporary art galleries and art styles, and it is also China's most famous and earliest case where industrial plants have been transformed into art parks. It preserves the style and space of architectural heritage and taps its inherent potential. There had been hot debates on whether 798 Art Zone should be dismantled or preserved, which led China's cultural communities to initiate public campaigns calling for the preservation of this cultural landmark. Today, with the rising Chinese contemporary art market and the arrival of world's renowned arts institutions, 798 Art Zone is also facing the risk of over-commercialization.* 北京798艺术区。北京798艺术区所在的地方，是1950年代前民主德国援助建设的无线电器材厂。设计风格简洁明朗注重功能，具有典型的德国现代主义建筑风格。因为园区有序的规划、便利的交通、风格独特的建筑等多方面的优势，吸引了众多艺术机构及艺术家前来租用闲置厂房并进行改造，逐渐形成了集画廊、艺术工作室、文化公司、时尚店铺于一体的多元文化空间。798艺术区是中国当代艺术画廊和艺术风格的重要风向标，也是中国最著名和最早的将工业厂房改造为艺术园区的案例，它保存了建筑遗产的风格和空间并挖掘其内在的潜能。围绕着798艺术区拆除和保留的争论，中国的文化界人士曾发起呼吁保留该文化地标的公众运动。今天，随着中国当代艺术市场的不断升温和国际著名艺术机构的纷纷入驻，798艺术区也面临着过度商业化的危险。

偉大的舵手
消火栓

Design Club

***Jiangsu Software Park.*** *Der Jiangsu Software Park liegt in einem der Vorstädte Nanjings in einer wunderschönen Landschaft mit sanft geschwungenen Hügeln. Der Masterplan der Stadt sieht auf diesem Gebiet mit ungefähr 60.000 m² die Ansiedlung von innovativen Software und IT-Unternehmen vor. Vertreter der chinesischen Architekturelite wurden eingeladen, um die 38 Büroeinheiten inklusive zusätzlicher Servicebereiche zu entwerfen. So gestalteten auch Atelier Zhanglei und Qixin Atelier Bürogebäude auf einem der sieben Grundstücke. Die Architekten Liu Yichun und Chen Yifeng von Atelier Deshaus planten von 2006 bis 2008 auf dem Grundstück »Plot 6« sechs freistehende Hofhäuser, die in die hügeliger Landschaft mit kleinen Wasserläufen eingebettet sind. Jedes Gebäude ist von weißen geschosshohen Mauern umgeben, die das Innere von der Umgebung abschotten. Mit einem eigenen introvertierten Innenhof wird ein privater Außenraum für die jeweiligen Nutzer geschaffen. Über gezielt angelegte Öffnungen werden gerahmte Blicke nach außen möglich, sodass die umgebende Landschaft in die Architektur mit einbezogen wird. Den geschlossenen Mauern im Erdgeschoss haben die Architekten in den Obergeschossen großflächigen Verglasungen mit filigran gefertigtem Sonnenschutz aus Holz entgegengesetzt. Der Wind scheint die Waben der leichten Gitterstruktur leicht zu verwinden. Hierdurch entsteht ein lockeres Spiel in der Fassade welches gleichzeitig an Schattenelemente der traditionellen chinesischen Architektur erinnert. Mit dem Kontrast aus massiven weißen Wänden und den leichten dunklen Holzkonstruktionen haben die Architekten von Atelier Deshaus eine einfache klare moderne Architektursprache gefunden, die sich aber an Prinzipien der traditionellen chinesischen Baukunst orientiert. Für die Ausführungs- und Detailplanung wurde das Architectural Design Institut der Tongji Universität beauftragt. Im Juli 2008 wurde das Projekt fertiggestellt.* ***Jiangsu Software Park.*** *As a business park, Jiangsu Software Park Jishan Branch is developed to provide IT companies with suburban office space that is different from urban offices. The single office buildings adopted traditional courtyard style. One story high courtyard walls enclose an artificial world on the base with natural ups and downs, where many courtyards and open office space organically integrate, resulting in a suburban office environment that is different from urban offices. The single buildings within the block are laid out in line with terrain characteristics, resulting in an organic assembly. This kind of layout is consistent with the internal spatial composition of single buildings. In addition to defining the internal space of the building, the courtyard walls also serve as the boundaries of external space between buildings. The building's white courtyard walls and cool dark brown wooden lattice serve as guidance for renovation of Southern traditional residential buildings in a contemporary language.* **江苏软件园吉山基地6号地块**。江苏软件园吉山基地位于是一个商务园区，开发目的是为IT企业提供有别于都市写字楼的郊外办公场所。办公楼单体建筑采用传统的院落式。一层高的院墙在自然起伏的基地中围合出一个平整的人工世界，在这里，众多院落与开放式办公空间有机融合，形成有别于城市写字楼的郊区办公环境。地块内的各单体建筑结合地形起伏布局，形成一个有机的聚落，这样的布置方式与单体建筑内部的空间组成方式是同构的。院墙在限定建筑内部世界的同时又成为建筑之间外部空间的边界。建筑的白色院墙与沉着的深棕色木质格构以一种当代的语言成为对于中国江南传统民居形式的借鉴。

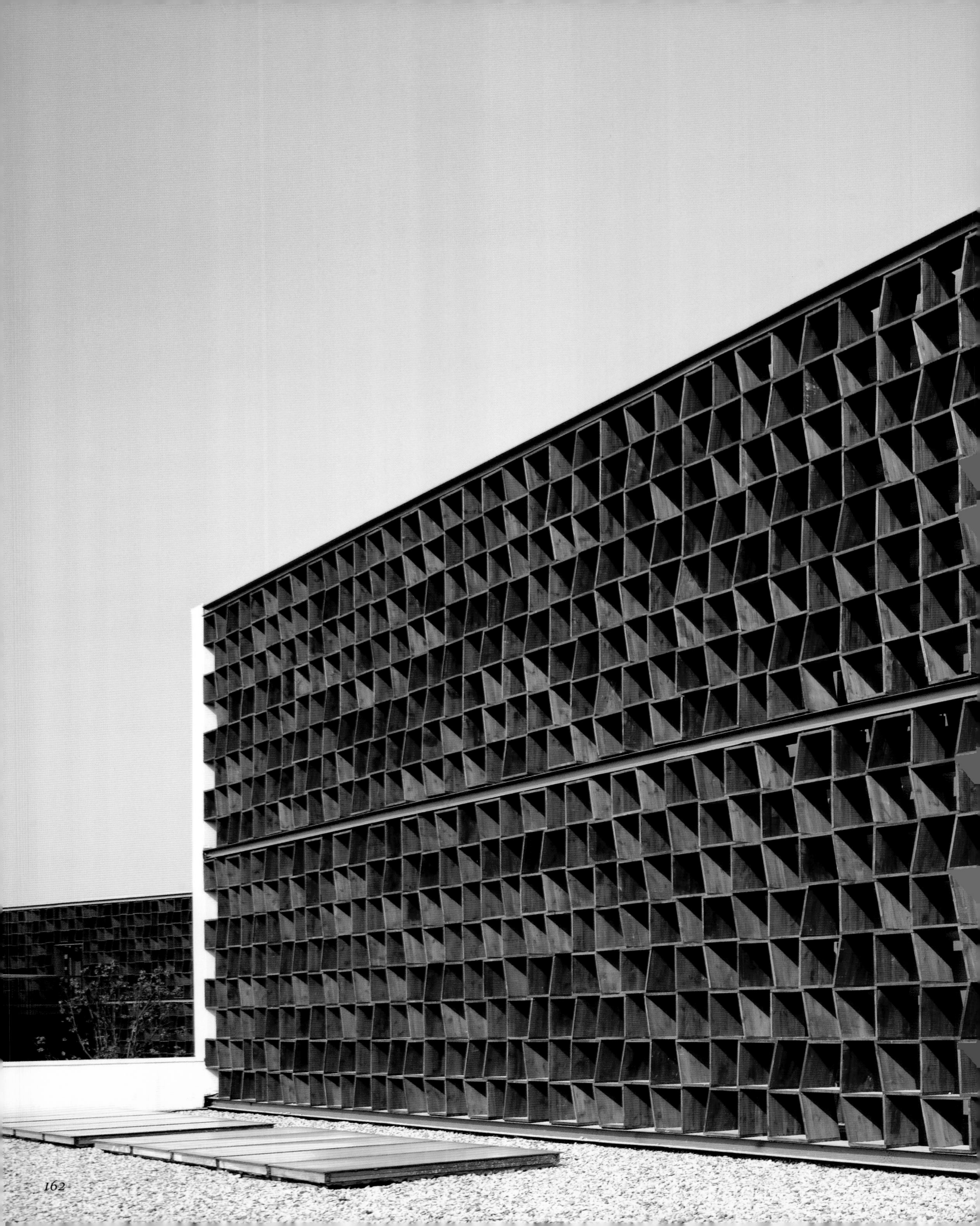

***Ningbo Museum.*** *Auf der Ningshao-Ebene in der ostchinesischen Provinz Zhejiang liegt die Küstenstadt Ningbo vor dem Panorama einer fernen Bergkette. Der Bebauungsplan sah für das Ningbo Museum ein solitäres Bauwerk mit 100 m Abstand zur umgebenden Bebauung und einer Maximalhöhe von 24 m vor. Die Architekten Wang Shu und Lu Wenyu von Amateur Architecture Studio hatten daraufhin die Idee, ein »künstliches Felsmassiv« zu errichten, welches – nicht nur im übertragenen Sinn – in der chinesischen Tradition verwurzelt ist. Die Grundstruktur des Gebäudes besteht aus einer einfachen Kastenform, mit zunehmender Höhe bilden sich gesteinsartige Felsformationen heraus. Besucher erreichen das Museum über eine 30 m lange, ovale »Höhle«. Das Gebäudeinnere ist durch drei »Täler« gegliedert, die über Rolltreppen erschlossen werden. Am Eingang, in der Vorhalle und an den senkrecht abfallenden »Klippen« des äußeren »Tals« befinden sich vier weitere »Höhlen«. Zwei tiefer liegende Innenhöfe bestimmen das Zentrum des »Felsmassivs«; etwas versteckt, ganz im Inneren verborgen liegen zwei weitere Höfe. Zahlreiche Pfade, die sich vom Erdgeschoss aus labyrinthisch verzweigen, verbinden die öffentlichen Räume. Das 2008 fertiggestellte Museum eignet sich durch seine flexible Grundstruktur besonders für wechselnde Ausstellungen. Das Bauwerk ist innen wie außen mit bambusverschaltem Beton und 20 verschiedenen Arten aufbereiteter Backsteine und Dachziegel verkleidet. Zwischen natürlicher Künstlichkeit und provokativer Strenge schwankend, bezieht sich die Struktur des Gebäudes auf die zerklüfteten Berge ringsum. Der Nordflügel liegt in einem künstlich angelegten Wasserbecken, dessen Ufer mit Schilf bewachsen ist. Am Eingang fließt Wasser über einen Damm und endet an einem großen Geröllfeld. Ein großzügiger Balkon ragt hinter dem mittleren Gebäudeflügel hervor und gewährt durch vier Durchbrüche Ausblicke auf die Stadt, die umliegenden Reisfelder und die Berge.* ***Ningbo Museum.*** *It is located on a plain surrounded by mountains in distance. Not long ago, it was still rice paddy. The city has just been expanded here. Dozens of beautiful villages originally located here had been demolished, with only an incomplete one left. Debris could be found everywhere. According to new plans, the distance between adjacent buildings usually exceeds 100 m, leaving urban structures beyond repairs. Ningbo Museum is designed as an artificial mountain, as this way of thinking has been a long tradition in China. But right in this mountain finds research on urban models. Both the inside and outside of the building complex are wrapped in walls made of bamboo concrete formworks and over 20 kinds of recycled old bricks and tiles. The dimensions of the top floor give people an illusion of a traditional Chinese village. In the cracking top of the building complex hides a broad open platform. Through four different cracks with different shapes, people can have a good view of the city as well as rice fields and mountain ranges afar. The building complex looks like a fortress reshaped by history and memories, conveying the criticism against the inhumane dimensions and loss of historic memory in new urban construction.* **宁波博物馆**。宁波博物馆位于一片由远山围绕的平原，不久前还是稻田，城市刚刚扩张到这里。原来在这片区域内的几十个美丽村落，已经被拆得还剩残缺不全的一个，到处可见残砖碎瓦。按新的规划，相邻建筑之间的距离往往超过100米，城市结构已经无法修补。宁波博物馆这座建筑被视为一座人工山体来设计，这种思考方式在中国有着漫长的历史。但在这座山中，还叠合着城市模式的研究。建筑的内外由竹条模板混凝土和用二十种以上回收旧砖瓦混合砌筑的墙体包裹。顶层的尺度让你产生漫步于一个中国传统村落的错觉。在建筑开裂的上部，隐藏着一片开阔的平台，通过四个形状不同的裂口，远望着城市和远方的稻田与山脉。建筑像一座用历史和记忆重新塑造的堡垒，传达着对于新城建设的非人性尺度和历史记忆丧失的批判。

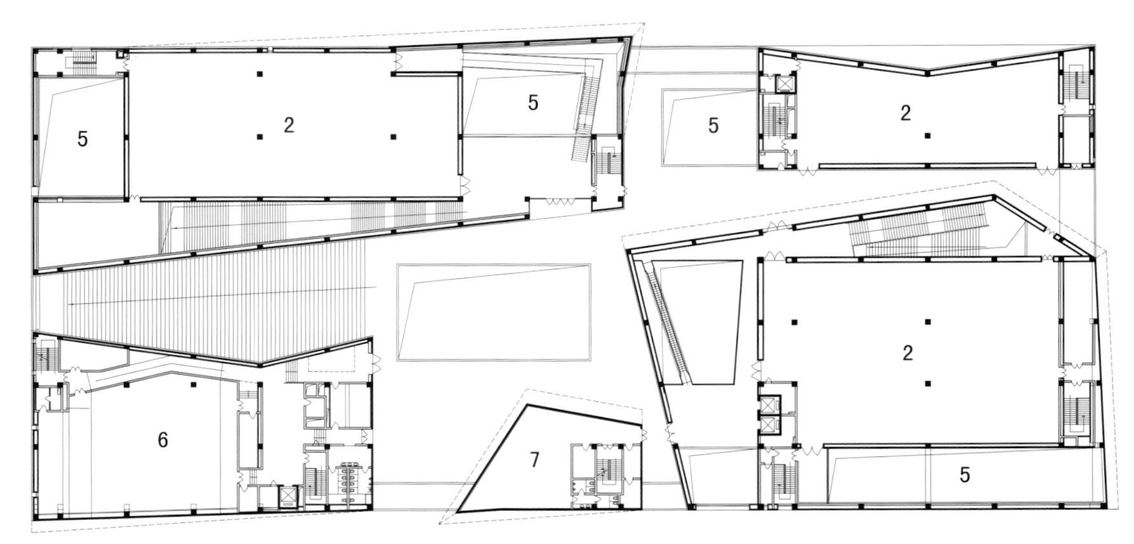


*Grundriss 2. Obergeschoss. Floor plan 2nd floor*

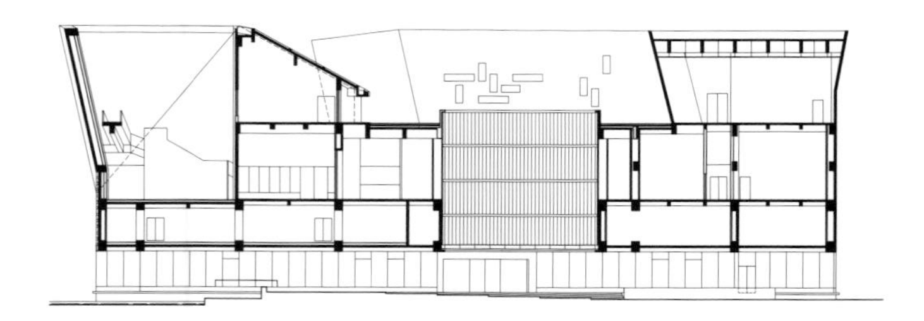

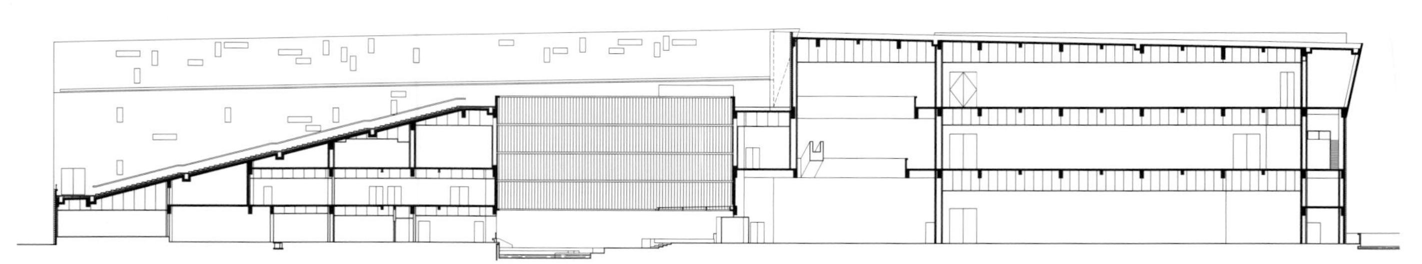

*Querschnitt/Längsschnitt. Cross-section/longitudinal section*

*Shanghai Bund.* *Shanghais bekannteste Prachtmeile ist das westliche Ufer des Huang Pu-Flusses. Fast alle Gebäude an Bund-Promenade stammen aus der Anfangszeit des 20. Jahrhunderts. Viele Architekten aus Europa und Amerika entwarfen für die Kollonialisten und Händler in der prosperierenden Metropole Gebäude im Beaux-Arts-Stil, in den in Europa beliebten Neo-Stilen oder im Art Deco. Ein Großteil dieser Gebäude ist mehrfach saniert worden und in einem gutem Zustand. Das nördliche Ende am Fluss Suzhou ist allerdings lange vernachlässigt worden. Die Shanghai Bund Investment (Group) Co Ltd. nahm im Jahr 2009/2010 die behutsame Sanierung des historisch bedeutenden Abschnitts in Angriff. Der Highway, der vom Bund nach Norden führte, wurde komplett in einen Tunnel verlegt. So konnte das historische Ensemble rund um das ehemalige britische Generalkonsulat wieder hergestellt werden. Das Konsulatsgebäude wurde von den Architekten Grossmann und Boyce iden Jahren 1872/1873 im Stil der Neorenaissance gebaut. Wieder hergestellt wurden die historische Putzfassade sowie die Innendekoration in der Eingangshalle, im Korridor und im Treppenhaus. Die historische Union-Kirche wurde 1885 vom britischen Architekten William Dowdall im Neogotischen Stil entworfen. Sie gehörte zu den ersten christlichen Gotteshäusern in Shanghai. In den vierziger Jahren wurde das Haus entweiht und die 108 m hohe Turmspitze entfernt. Im Jahr 2007 brannte die Kirche nieder und wurde abgerissen. Im Zuge der Sanierung des Gebietes wurde Sie nun nach historischem Vorbild wieder aufgebaut. Der im Jahre 1903 errichtete Ruderklub stammt vom britischen Architekturbüro Scott & Carter und wurde ebenfalls saniert. Das zweigeschossige Gebäude mit viktorianischem Giebeldach mit barocken Ornamenten wurde als Schwimmbad, Bootshaus und Ballsaal genutzt. Alle übrigen in späterer Zeit errichteten Gebäude, die das Ensemble »Shanghai Bund« störten, wurden entfernt und der Garten um das Konsulat wieder hergerichtet. The Bund is a well-known historic site in Shanghai.* *Shanghai Bund.* *The planning and design will respect the historical evolution of public space in the Bund area and historic changes in road network. The existing road space pattern and style will be preserved. Historic buildings with complete or partial façade will be restored in the original location and space, re-manifesting their original style. The initiative covers projects relating to "Bund Origin" buildings such as former British Consulate, Shanghai Rowing Club, Union Church, Merchant Bureau Building and expansion of Shanghai Bund Tourist Center. It plays an active role in restoring the overall "Bund Origin" historic townscape.* 上海外滩历史建筑风貌区保护 。外滩是上海最具特征的历史风貌区。本次规划设计将尊重外滩地区公共空间的历史变迁，道路格局的历史演变，保留历史上原有的道路空间格局和风貌，保留或局部保留立面的历史建筑，都将在原来的位置和空间重现其风貌。其中包括了上海外滩源原英国领事馆、划船俱乐部、联合教堂复原设计、外滩招商局大楼历史风貌修复以及外滩游客中心加建等多个项目，对整个外滩源历史风貌的塑造起着积极的作用。

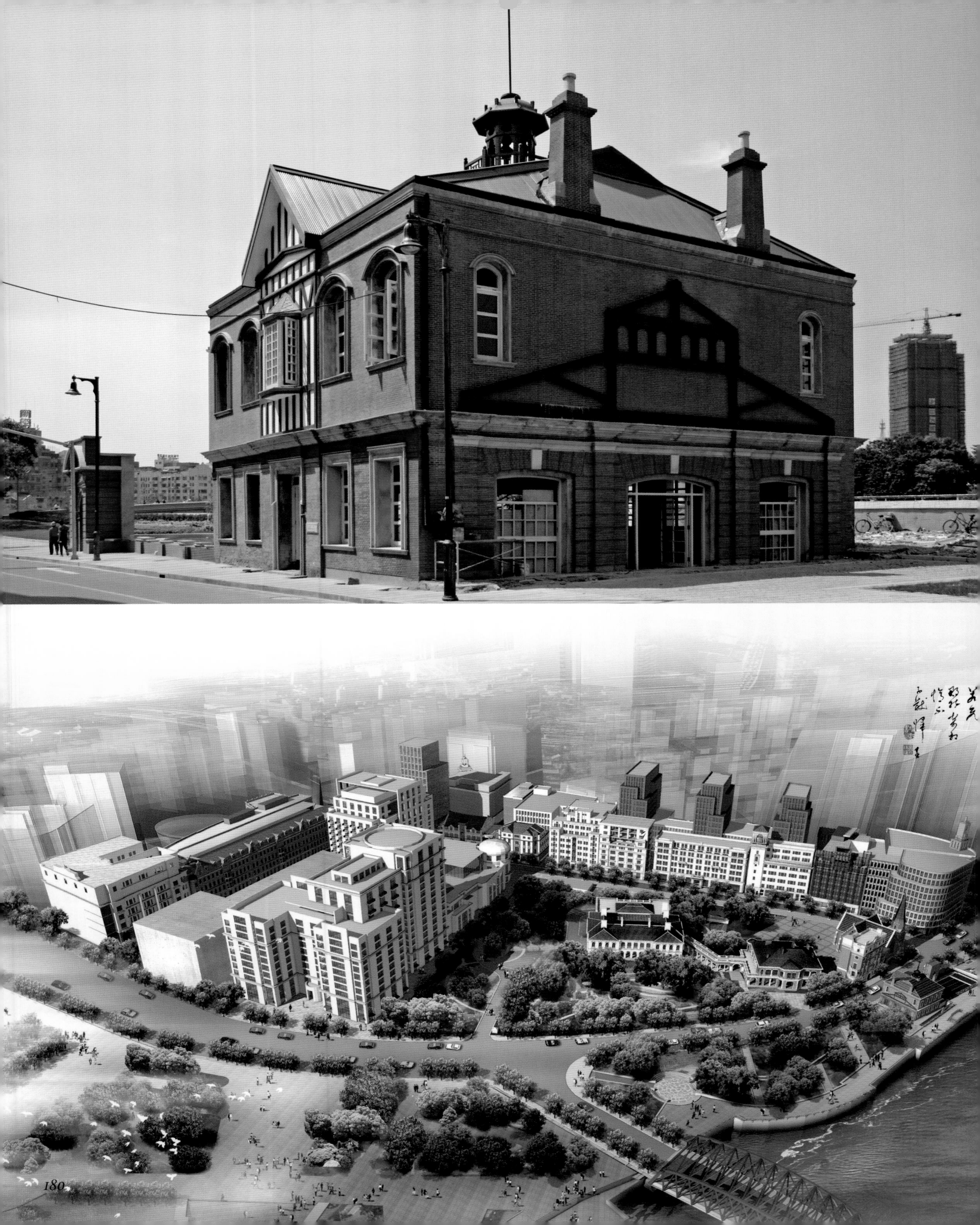

***Nördliche Xinjiao Straße, Jiao Jiang Distrikt, Taizhou.*** *Die nördliche Xinjiao Straße ist die einzige erhaltene traditionelle Einkaufsstraße der Qing Dynastie (1644–1911) im Jiao Jiang Distrikt in Taizhou. Die ursprünglich »Haimen Old Street« genannte Straße verläuft inmitten der Altstadt und führt nach Norden direkt zum historisch bedeutenden Hafen. Im Rahmen der von der Stadt Taizhou in Angriff genommenen Sanierung des Jiojiang Distrikts entwickelte eine Gruppe der Tongji Universität unter der Leitung von Prof. Chang Qing eine Konservierungs- und Restaurierungsstrategie für die nördliche Xinjiao Straße. Seit März 2000 sind die auf vernaculare chinesische Architektur spezialisierten Restauratoren dabei, die im Volksmund auch »Little Shanghai« genannte Straße auf einer Länge von 225 m inklusive einem benachbarten Einzugsgebiet von etwa 2,1 ha zu bearbeiten. Die historischen Gebäude wurden wieder hergestellt und saniert. Außerdem wurde die Straße ausgebessert und die infrastrukturelle Situation verbessert. Des Weiteren wurden Strategien entwickelt, wie das Gebiet mit neuen Gebäuden ergänzt werden kann, ohne die historisch gewachsene Struktur zu zerstören. Alle Maßnahmen waren auf den Erhalt der vorhandenen wertvollen Gebäudesubstanz ausgerichtet. So konnte die historische Bedeutung der Straße erhalten und sichtbar gemacht werden. Hierbei wurde insbesondere Rücksicht auf die dort ansässigen Bewohner genommen, sodass eine Integration der Maßnahmen in ihr Alltagsleben ohne Probleme möglich war. Die nördliche Xinjiao Straße ist ein herausragendes Beispiel für Altstadtsanierung in China. Dank der Sanierungs- und Restaurierungsmaßnahmen ist die Straße zu einem wichtigen historischen, kulturellen und touristischen Zentrum in der Stadt Tai Zhou in der Provinz Zhejiang geworden. Die nördliche Xinjiao Straße entwickelte sich zu einer geschäftigen Einkaufsstraße, die aber der historischen Bedeutung gerecht wird und für die Bewohner weiterhin lebenswert ist.* ***North Xinjiao Street, Jiao Jiang Distrikt, Taizhou.*** *This distrikt is the only traditional commercial street dating back to the Qing Dynasty that remains intact in Jiao Jiang District in Taizhou, Zhejiang province, China. Due to special historic reasons, this old street and its affiliated districts have retained some early morphological characteristics of the once coastal colonial city in modern history when it was opened up as a trading port. Combining Chinese and western architecture styles, it has unique conservation value. In urban renovation of Jiaojiang District of Taizhou city, conservation regeneration planning and designs have been carried out for North Xinjiao Street or the former "Haimen Street", commonly known as "Little Shanghai", in an effort to preserve the old street sample in Jiangsu and Zhejiang coastal areas that combines both modern Chinese and Western styles. A section of historic street and its structure as well as most restored historic buildings have been preserved in the overall renovation of the city. The preservation priorities are given to intangible heritage that has witnessed the city's history, old brands and folk ceremonies. All the elements have been integrated into city life as a living tradition of the city, including traditional cultural clubs and places for wedding ceremony, reminiscent ceremonies and other folk activities, with appropriate additions of surrounding new elements, such as New Shikumen residences. Through protection and regeneration designs and implementation, the North Xinjiao Street has been integrated into the overall atmosphere of contemporary urban life in Taizhou, emerging as a good destination for collective memories of citizens and reminiscent ceremonies as well as a tourist destination. It provides an important sample for protection and regeneration of urban street blocks with special local flavors.* **北新椒街的保护与更新。**北新椒街是浙江省台州市椒江区仅存的一条从清朝末年延续下来的传统商业街。由于特殊的历史原因，这条老街及其所携带的风土街区，保留了近代沿海殖民城市开埠、建关的一些早期形态特征，中西方建筑风格并存，具有独特的保护价值。在台州市椒江区城市改造中，对俗称“小上海”的原“海门老街”——北新椒街进行了保护性再生策划与设计，保存江浙沿海近代中西合璧老街样本；保留城市整体改造后的一段历史街区片断肌理、结构和其中大部分原样修复的历史建筑；重点保留作为城市历史见证的非物质遗产，有纪念内涵的老字号和民俗仪式，并将其纳入城市生活，成为活的城市传统：传统文化俱乐部，青年婚礼、怀旧仪式举行地和其他民俗活动，并适当增加周边的新元素，例如新石库门住宅。经过保护与再生设计与实施，北新椒街融入了台州当代城市生活的整体氛围，成为市民集体记忆、怀旧仪式和风貌观光的好去处，对地方城市风土街区的保护与再生提供了重要的参考样本。

N
人 民 路

PAXA制造
棋會友
老街故事

*Tangshan City Exhibition Hall. Das Gelände zwischen der Stadt Tangshan (Provinz Heibei) und dem Dacheng Berg wurde ursprünglich als Mehlfabrik genutzt. Die große Industriehallen, größtenteils aus der Zeit der japanischen Besetzung, waren mit einer hohen Mauer umgeben, die die Verbindung zwischen der Berglandschaft und dem Stadtzentrum unterbrach. Nachdem die Fabrik geschlossen wurde, wollte die Stadtregierung das Gelände komplett abreißen, um eine offene grüne Zone zu schaffen, die den Berg mit der Stadt verbinden sollte. Die Architekten von URBANUS, die mit dieser Aufgabe betraut wurden, erkannten allerdings schnell den besonderen Wert der vorhandenen unscheinbaren Lagergebäude und setzten sich mit Ihrem Entwurf aktiv für die Erhaltung ein. Die Hallen waren in der Regel in einem guten Zustand. Entstanden ist die »Tangshan City Exhibition Hall« mit einer interessanten Mischung aus Park und Ausstellung. Sechs parallel zueinander stehende ehemalige Industriehallen wurden in den Jahren 2005 bis 2008 saniert und werden als Ausstellungshallen für zeitgenössische Industriekultur, traditionelle Volksbräuche und als Stadtmuseum genutzt. Sie bilden die Grundlage für einen konstanten Rhythmus, der das gesamte Gelände von etwa 20.000 m² durchzieht. In den Zwischenräumen ist ein offener parkähnlicher Grünraum mit Terrassen entstanden, der eine Art Bindeglied zwischen Stadt, Ausstellungshallen und Landschaft bildet. Offene Wandelgänge und Wasserflächen verbinden die Einzelgebäude miteinander. Ergänzt werden die sanierten Bauten durch eine weitere Halle, die im gleichen Raster anstelle eines abgerissenen Lagergebäudes errichtet wurde. Die Gestaltung im Inneren der Gebäude mit OSB-Platten und Holzboxen soll ebenfalls an die ehemalige Lagernutzung erinnern. Neue und alte Gebäude werden subtil durch eine unterschiedliche Materialwahl differenziert. Große Oberlichtbänder sorgen für ausreichend natürliches Licht in den Innenräumen. Tangshan City Exhibition Hall. Tangshan City Exhibition Hall was formerly Tangshan Wheat Flour Factory located in Xilu, Dachengshan Downtown, Tangshan. Its enclosed walls isolate the city from mountains. After the relocation of the factory under new urban conditions, its plants and warehouses were supposed to be completely dismantled and developed as a green park. However, it is finally preserved under the construction model of "public space + public building". The concept of the museum park was developed by URBANUS. Four warehouses dated back to Japan-occupied period and two warehouses built in the wake of Great Tangshan Earthquake were preserved to serve as a platform to display the achievements of the city's modern industries, folk customs and urban life, making the park a place for shared memories of the city. It happens that the six buildings preserved are perpendicular to the mountains, allowing the mountains to rhythmically overflow into the city through the clearances between the buildings. As a result, a series of orderly urban open space system takes shape, linking Dacheng Mountain, backyard garden at the foot of the mountain, small courtyard between plants, big park, and urban trunk roads. This sequence connects to the neighboring railway park Phoenix Mountain, constituting a vast network of urban public space. People traveling in this continuum entity can not only enjoy tangible green space and gardens, but also appreciate local history and culture.*

唐山城市展览馆。唐山城市展览馆的前身是位于市中心大城山西麓的原唐山面粉厂，其封闭的围墙隔阂了山与城市。工厂在新的都市条件下搬迁后，厂房和仓库面临被彻底拆除并变成开阔绿地公园的命运。实际采用了"公共空间加公共建筑"建设模式来保留，由URBANUS都市实践完成了博物馆公园的构想，用保留下来的四栋日伪时期的仓库和两栋地震后建成的仓库作为展示唐山近代工业、民俗和城市的平台，使公园成为一个城市记忆的场所。保留下的六栋平行的建筑恰巧垂直于山体，使山有节奏地从建筑间的空隙中溢到城市，形成了大城山——山脚后花园——厂房间小院——大公园——城市主干道一系列有层次和有序的城市开放空间体系。这个序列与邻近的铁路公园和凤凰山连接，又构成了宏大的城市公共空间网络。人们在这个连续的整体中漫游，不仅仅在享受物质性的绿地和园林，也在享受历史和文化。

***Tian Zi Fang.*** *Das Konzept der behutsamen Sanierung ist in China auf dem Vormarsch. Viele Developer folgen dem Vorbild der Entwicklung des Stadtviertels Xintiandi in Shanghai, in dem ein altes Stadtviertel mit traditionellen Lilong-Häusern von den amerikanischen Architekten Benjamin Wood and Carlos Zapata sehr erfolgreich revitalisiert wurde. Meist geht allerdings hierbei der ursprüngliche Charakter der Viertel verloren. Als erhaltenswert erweisen sich in der Regel lediglich Teile der baulichen Struktur und der Fassaden. Hier hebt sich das Stadtviertel »Tian Zifang« im Luwang-Bezirk in Shanghai von den übrigen Entwicklungen ab. Die Blockstruktur der Shikumen-Häuser entstand in den Dreißigerjahren des 20. Jahrhunderts. Eine Reihe von historischen Bauwerken spiegelt die Entwicklung des Stadtteils von einem Dorf über die französische Konzession bis hin zu einer modernen Stadt wider. Klassizistische, traditionelle und moderne Bauwerke wurden im Laufe der Zeit in die lebendige alte Gassenstruktur integriert. Im Jahre 1998 begann die allmähliche Umgestaltung des Gebietes in einen »Creative Park«. Über 400 Geschäfte und Restaurants mit unterschiedlichem Charakter und insgesamt 30.000 m² wurden angesiedelt. Eine große Anzahl berühmter Fotografen, Malern und Künstlern richteten hier ihre Studios ein wie beispielsweise Chen Yifei, Er Dongqiang, Chen Haiwen (Fotografie), Li Shoubai (Scherenschnitt) oder Zhen Weile (Töpferkunst). Das besondere bei der Entwicklung des etwa 2 ha großen Gebietes ist, dass hier trotz des gewaltigen kommerziellen Drucks ein Großteil der ursprünglichen Bewohner bleiben konnte. Auch die Baustruktur blieb fast komplett erhalten. Lediglich minimale Eingriffe wurden getätigt, wie der Einbau sanitärer Anlagen, die Sanierung maroder Dächer oder die Errichtung kleiner moderner Anbauten. Durch seine Einzigartigkeit erhielt das Gebiet zahlreiche Auszeichnungen und ist in jedem Tourismusführer inzwischen erwähnt. Bleibt zu hoffen, dass der authentische Charakter des Viertels noch lange erhalten bleibt.* ***Tian Zi Fang.*** *"Tian Zi Fang" is one of the communities that have the most distinctive Lifang-style landscape features in Shanghai's historic neighborhoods. The street block took its basic shape in 1930s, gathering historic buildings that have witnessed Shanghai's evolution from rural areas to foreign concessions and eventually to a modern metropolis. The various types of historic buildings date back to different periods over the past. "Tian Zi Fang" has diversified urban space, with important historic and cultural heritage value. Since a group of photographers and artist in painting set up their studios in Tian Zi Fang in 1998, the buildings there which supposed to be demolished have experienced a rebirth. Local residents voluntarily rent out their ground floor to cultural and creative design companies, specialty stores and restaurants, creating a very vibrant community. Without large-scale resettlement, the bottom-up approaches of the grass-roots cultural and business activities have influenced the policy-making of the local government, allowing the neighborhood to retain its unique characteristics and become an important landmark for culture and tourists spot in Shanghai. The historic space of the Old Shanghai has regained cultural vitality and becomes a well-known case of recycling economy mode in China.* **田子坊**。"田子坊"是上海历史街区中最具里坊风貌特色的社区之一，街区形态基本形成于20世纪30年代，集中了上海从乡村到租界到现代城市发展的各个时期、各种类型的历史建筑。"田子坊"拥有丰富多样的城市空间，具有重要的历史文化遗产价值。1998年起，以一批摄影家、画家的工作室进驻田子坊开始，原本应该拆迁的该地段经历了一次重生。当地住户自发出租底层建筑空间作为文化创意设计公司、特色商品店和餐饮，创造了一个极其富有活力的城市特色地段。没有大规模的拆迁，草根的文化和商业活动以自下而上的方式改变了政府的决策，使得这片特色里弄街坊得以保留并成为上海文化和旅游的重要地标。老上海的历史空间重新获得了文化活力，并成为以自循环经济运作模式的一个全国知名的案例。

安聽石刻藝術
An Ting Art Stone Carving
On-site statue carving
囍·堂
ART DESIGN DRINK
蘭
LAN
SCARF & SHAWL
Wine
酒
肥美
新鲜
渔 岛美味
小龙虾
外带38元/斤
堂吃45元/斤
CHINA TOWN

TATTOO
www.yltattoo.com
Piercing
泰

ChinArt Gallery
5
200号
dio
PASSAGEWAY
AUX

***Wenyuan Gebäude.*** *Das Wenyuan Gebäude mit einer Gesamtbaufläche von 5050 m² wurde im Jahre 1953 vom Architekturinstitut der Tongji Universität Shanghai auf dem eigenen Campus entworfen und errichtet. Mit seiner schlichten Fassade und einer Betonrahmenkonstruktion, die flexible Grundrissaufteilungen ermöglicht, gehört es zu einem der wenigen Gebäude dieser Zeit in China, die sich an der internationalen Moderne und dem Bauhaus orientieren. Diese Bedeutung wurde im Jahr 1994 durch die Aufnahme in die Liste der zu schützenden Gebäuden Shanghais und 1999 in die Liste der »klassischen Gebäuden in den ersten 50 Jahren nach Gründung der Volksrepublik China in Shanghai« gewürdigt. Ende 2005 entschied das Institut für Architektur und Stadtplanung das unter Denkmalschutz stehende Unterrichtsgebäude, welches durch zahlreiche Umbauten etwas unansehnlich wurde, grundlegend zu sanieren und dem heutigen Stand der Technik anzupassen. Heute wie damals, gehören die Architekten der Tongji-Universität zu den innovativen Kräften, die neue Konzepte im Bauwesen umsetzen wollen. Höchste Priorität hatte hierbei die Anwendung ökologischer und energiesparender Techniken. Dabei sollte aber das schlichte und moderne Erscheinungsbild nicht verändert werden. Um dieses Ziel zu erreichen, arbeitete die Tongji Universität mit deutschen Ingenieren zusammen. Neue Strategien wurden entwickelt, die in China bisher einmalig waren. Die Außenwände wurden von diversen Anbauten befreit, neu verputzt und mit einer Innendämmung aus hochwärme-isolierenden Polyurethan-Hartschaum versehen. Die Fenster erhielten neue Isolierverglasungen und wurden mit innen liegendem Sonnenschutz ausgestattet. Durch diese Maßnahmen konnte die äußere Gebäudehülle unverändert bleiben. Das Dach wurde ebenfalls gedämmt und mit extensiver Begrünung versehen, welche die Aufheizung der Innenräume im Sommer erheblich minimiert. Zur Kühlung und Beheizung des Bauwerks wird Geothermie und Sonnenenergie genutzt, die über Deckenradiatoren an die Räume weitergegeben wird. Die behutsame Sanierung des denkmalgeschützten Gebäudes wurde im April 2007 abgeschlossen.* ***Wen Yuan Building.*** *The frame structure of Wen Yuan Building features a free plan layout, with appropriate functional flow lines as well as simple and flat façade. It is the "first modernistic building in China". The protective renovation adheres to both protection and ecological principles, strictly following relevant requirements. The project is designed to protectively repair and restore the original architectural features of Wen Yuan Building by upgrading and renovating its internal functions, without changing the structural system of the building. The following principles have been observed: 1. The principle of integrity: the overall protection and re-use project comprehensively takes environment, architecture, interiors and structural aspects into considerations for an integral protection; 2. The principle of authenticity: The restoration of Wen Yuan Building respects the original space, forms, colors and material texture. 3. The ecological principle: introduce advanced eco-technologies to improve eco-efficiency of the building on the basis of protection. As a pioneer pilot of ecological Shanghai Expo, the protective renovation of Wen Yuan Building provides a platform for the display of latest ecological and energy saving technologies as well as useful experience for the protection of historic buildings.* **同济大学文远楼保护性改造** 。文远楼框架结构的建筑平面布局自由，功能流线合理，立面简洁平整，是"现代主义建筑在中国的第一栋"。此次保护性改建本着保护和生态两项原则进行，严格遵循相关要求，保护、修缮、恢复文远楼原来建筑面貌，不改变文远楼结构体系，对建筑内部功能进行升级改造。保护原则遵循了以下原则：1，整体性原则，整个保护及再利用项目从环境、建筑、室内和结构各个方面统筹考虑，进行整体性保护；2，原真性原则，对文远楼的修复尊重原有空间、形式、色彩与材料质感。3、生态原则：在保护原则的基础上引进先进生态技术，改善建筑生态效能。作为生态世博实验先锋的文远楼保护性改建工程，为最新的生态节能技术提供了展示的平台，为历史建筑的保护性改建提供了有益经验。

安全出口
EXIT

# *Soziale Bauprojekte und Bauten mit geringen Kosten*

# *Social Responsibility and Low Budget Construction*

# 社会责任与低造价建造

Mit der Fortschreitung der rasanten Entwicklung der Gesellschaft Chinas sowie der Urbanisierung wurden gleichzeitig mit einer Vergrößerung des gesellschaftlichen Wohlstands auch unerfreuliche Resultate hervorgebracht. Die Existenzfragen der schwachen Mitglieder der Gesellschaft sind offensichtlich und rücken immer mehr in den Fokus der Öffentlichkeit. Wenn eine Gesellschaft einer solchen Realität nicht ins Auge blicken kann und nicht fortfährt, zur Lösung dieser Probleme große Anstrengungen auf sich zu nehmen, dann ist gesellschaftliche Nachhaltigkeit nur eine leere Phrase. Der Film »Still Life« illustriert uns den Lebenszustand der unteren Gesellschaftsschicht jenseits der neonbeleuchteten großen Metropolen Shanghai und Peking. Migranten aus dem Drei-Schluchten-Gebiet, die Kohleminen in Nordchina, die Wanderarbeiter in den Städten, die Schüler in den weit abgelegenen Dörfern, die Opfer von Umweltkatastrophen – sie alle müssen die Aufmerksamkeit von uns Mitmenschen und der Öffentlichkeit erhalten. Aber auch Architekten und Planer müssen die gesellschaftliche Problematik als eine notwendige Mission begreifen.

Die hier ausgewählten Fallbeispiele zeigen Versuche, in unterschiedlichen Regionen mit niedrigen Kosten zu bauen und die Infrastruktur in armen Gegenden aufzubauen. Die Hoffnungsgrundschule von Ali in Tibet hat mittels lokaler Baumaterialien und einer für die Gegend typische Bauform den Anschluss an die Gegenwart gefunden. Darüber hinaus versucht sie, durch das Gebäude selbst den Schülern einen Raum zum Lernen und für Aktivitäten zu schaffen. Die Tulou-Schule mit ihrer kleinen Brücke schafft für die Kinder nicht nur einen Klassenraum, sondern löst auch ein verkehrstechnisches Problem und bietet der gesamten Gemeinschaft des Dorfes einen Platz für den sozialen

Austausch. Der Sinn des Projekts der Maosi-Grundschule in der Provinz Gansu mit ihrer »Brücke ohne Ende« übersteigt de facto den einer eigentlichen Schule, denn es hat auch den Zusammenhalt der Dorfbevölkerung gestärkt. Zugleich haben freiwillige Teilnehmer die Gelegenheit erhalten, grundlegende Kenntnisse über Architektur und Bauen vermittelt zu bekommen.
Die Tulou-Gemeinden verwenden eine Gebäudeform, die aufgrund ihrer Architektur den Fokus nach innen lenkt. Damit wird den Migranten und Wanderarbeitern in den Städten eine Unterkunft zur Verfügung gestellt, in der sie das Gefühl haben, Teil einer Gemeinschaft zu sein. Aber es ist auch der Versuch einer Transformation der Nutzung städtischer Flächen. Xie Yingjun hat viele Jahre in weit abgelegenen Dörfern Häuser gebaut. Das war ein Versuch, die Fähigkeiten und Initiativen der lokalen Bevölkerung in die Bewegungen, die in der Gesellschaft vonstatten gingen, zu integrieren. Für das Projekt der recyclebaren Ziegel gab es zum einen den Ausgangspunkt, die Trümmer der eingestürzten Häuser nach dem Erdbeben in der Provinz Sichuan aufzuräumen und zum anderen, mit diesen einen günstigen und leicht zu gewinnenden Baustoff zu beschaffen. Bei der Gedenkstätte von Hu Huishan wiederum werden die Menschen durch die Erinnerungen an ein gewöhnliches Erdbebenopfer mit dem Schmerz konfrontiert, aber die Gedenkstätte spendet auch Trost. Für den Schiffsterminal am Yaluntzangpu-Fluss wie auch das Besucherzentrum von Namchabawa, beides in Tibet gelegen, wurden lokale Baustoffe verwendet, und mittels einer einfachen und schlichten Konstruktion werden sie den Ansprüchen der tibetischen Bevölkerung gerecht. Darüber hinaus wurden zwei außergewöhnliche Orte geschaffen. All diese Projekte gehören zu einer Serie von Bauprojekten, die zwar nicht gerade Blicke auf sich ziehen, aber aufgrund ihrer leisen und bewegenden Kraft fortwährend einen Beitrag zur Kritik der Humanität und des Alltags leisten.

*Li Xiangning*

With the rapid development of Chinese society and the progress of urbanization, the accumulation of social wealth has also brought about the intensification of polarization. As a result, the survival of vulnerable social groups emerges as a prominent issue, which is increasingly noticed by the community and becoming a concern among the broader public. If society ignores such a social reality and fails to continue its efforts to solve these problems, sustainable social development would only appear to be empty talk. The movie Still Life has presented us with a story about lives on grass-root level beyond the neon-lit metropolis of Shanghai and Beijing. For Three Gorges migrants, coal miners in North China, urban migrant workers, school children in remote villages, victims of natural disasters, their survival and the improvements in their quality of life constitute a common concern among all conscientious professionals and the general public. It is an inevitable mission for professional architects and planners to address these issues.

The cases selected here reflect the attempts initiated by different regions in exploring low-cost construction and addressing infrastructure development in less affluent areas. The Project, Hope Primary School in Ngari Tibet has applied a contemporary combination of local building materials and forms, in an effort to provide local school children with space to receive education and collective activities by means of architecture. Tulou Bridge School combines primary school with a bridge, by which not only providing kids with classrooms and addressing the traffic issue, but also bringing a center for communication for the whole village.

The significance of Maosi School and Bridge to China project is actually far more than a school, as it also enhances cohesion among the villagers while offering enlightenment to the architecture students volunteered to the project regarding professional responsibility. The Tulou/Affordable Housing project has applied the architectural form of Tulou that appears to have centripetal force, creating a residential community for urban migrant workers and office workers, but also explored new changes in utilization patterns of urban land. The architect Hsieh Ying-chun has continued to build houses in remote villages for many years and attempted to integrate the wisdom and initiative of local people into such a social movement. The brick-recycling project is designed to handle the post-earthquake construction waste in earthquake-hit areas in Sichuan province and generate affordable and accessible building materials, while the Hu Huishan Memorial is built to allow people to face the traumas brought about by earthquakes bravely and provide spiritual comfort through the memorial for an ordinary earthquake victim. The boat terminal at the Yaluntzangpu River and the Namchabawa Visitor Center in Tibet utilize local materials to address the usage requirements of local Tibetans and create a unique place through common forms. While these projects are not very noticeable among the country's huge construction boom, their small but inspirational existence has brought about value to the society by sustained contribution to the critics regarding human nature and daily life.

*Li Xiangning*

随着中国社会的急速发展和城市化推进，社会财富的积累同时带来两级分化的加剧，社会弱势群体的生存问题被凸显出来日益进入公众的视线并被广泛关注。一个社会如果不能面对这样的社会现实并为解决这些问题而持续努力，那么社会的可持续只是一句空话。电影《三峡好人》为我们描绘了上海北京这些大都市霓虹之外的低层生活状态。中国的三峡移民、北方的煤矿、城市农民工、偏远乡村的学童、自然灾害的受灾者，他们的生存和生活品质的提高，是每一个有良知的专业人士和大众共同关注的，这也是建筑师和规划师职业的必然使命。

这里选取的案例反映了不同地区在低造价建造和解决不富裕的地区基本建设方面的尝试。西藏阿里的希望小学将当地材料和形式进行了当代的组合并试图通过建筑为当地学童提供受教育和集体活动的空间。土楼桥校将小学校和一座小桥结合在一起，不仅为孩子们提供了学校教室，解决了交通联系问题，而且为整个村带来了交流的中心。甘肃毛寺小学和无止桥项目的意义实际上远远超过一座学校，它还增强了村民的凝聚感同时给参加志愿者的建筑学生们一次专业责任的启蒙。土楼公社运用了土楼这种有向心力的建筑形式给城市移民和打工族创造了 一个有社区感的居所，也尝试对城市地块的使用模式进行新的变革。谢英俊持续多年为偏远乡村造屋尝试在这个社会运动中融入当地居民自身的智慧和能动性。再生砖项目以处理四川地震灾区的震后建筑垃圾和创造廉价易获得的建筑材料为双重出发点，而胡慧珊纪念馆则通过一个普通地震遇难者的小小纪念物使人们正视地震的创痛并提供心灵的慰藉。西藏雅鲁藏布江小码头和林芝接待站则通过使用当地材料，以平实的形体解决当地藏民的使用要求并创造了独特的场所。这些项目在全国各地建造的宏大项目浪潮中虽然并不起眼，却以其小而动人的力量为社会持续贡献着人性和日常性批判的价值。

李翔宁

*Michael Sachs*
*SAGA GWG Siedlungs-Aktiengesellschaft Hamburg*

Die Veranstaltung der Urban Academy vom 26.5.2010, an der ich als deutscher Experte teilnehmen durfte, hatte die nachhaltige Entwicklung auf der Ebene der Stadt, des Distrikts und des Viertels zum Thema. Vorgestellt wurden realisierte Bauprojekte u. a. im Erdbebengebiet von 2008, in einer ländlichen Region Chinas, in einer Tibetanischen Gebirgsregion. Daneben wurden Projektentwicklungen präsentiert, die übertragbare Lösungen für soziale oder bautechnische Fragestellungen anboten.

**Urban TuLou**
Die festungsähnliche Umsetzung eines Wohngebäudes für einkommensschwache Haushalte als Implantat in bürgerliche Stadtquartiere löst bei mir erhebliche Bedenken aus. Das Projekt hat durchaus Ähnlichkeiten mit der unité d'habitation von Le Corbusier, das sich historisch als fataler Irrweg erwiesen hat. Dieser städtebauliche Versuch von Sozialromantik und Pädagogik, der in seiner architektonischen Gestaltung zudem erhebliche Mängel der Bewältigung von Öffentlichkeit und Privatheit enthält, leistet keinen Beitrag zur sozialen Nachhaltigkeit der Stadtentwicklung.

**Apple Elementary School in Ali, Tibet**
Dies ist ein herausragende architektonische Lösung einer schwierigen Aufgabenstellung, ein Internatsschulbau in der kahlen Gebirgslandschaft Tibets. Neben der landschaftsbezogenen Gestaltung beeindruckt der Einsatz des vorhandenen Bruchgesteins als farb- und charakterprägendes Baumaterial.

**Rebirth Brick Plan**
Die gezeigte Umgestaltung aufgelassener Fabrikgebäude unter Verwendung von Recycling-Material und in fast ironischer Umsetzung von Wärmeschutz gibt Anregungen für den Umgang mit Gebäude-Konversion. Der Bau eines Memorials für ein beim Erdbeben von 2008 umgekommenes Mädchen wirkt wie überdimensionale Trauerarbeit, ist aber bei genauerer Betrachtung auch des Prozesses des Entstehens ein durchaus politisches Monument, eine Forderung nach Zuwendung für die Menschen in der von einer Katastrophe getroffenen Region.

**Building Affordable Houses for Civilians**
Ganz im Gegensatz zu Urban ToLou wird bei diesem Projekt des gemeinschaftlichen Wiederaufbaus von Wohnhäusern für vom Erdbeben betroffene obdachlose Menschen deutlich, wie eine den Menschen zugewandte und mit ihnen agierende Stadtplanung und Architektur nicht nur die materiellen Grundbedürfnisse einer Behausung erfüllt, sondern durch den Beteiligungsprozess zugleich den sozialen Ausgleich fördert und den Zusammenhalt des Gemeinwesens stärkt. Der Architekt ist hier kein außen stehender Schöpfer von Gebäuden und Stadt, sondern Teilnehmer eines integrierten gemeinschaftlichen Prozesses, in dem alle Teilnehmer die Ergebnisse beeinflussen können.

**Pai Wharf**
Angemessene architektonische Lösungen für die Gebäude- und Freiraumgestaltung für Freizeitnutzungen und Fremdenverkehr in angemessenem Umgang mit einer außergewöhnlichen Gebirgslandschaft. Hier zeigt sich ein nur in der Kommunikation mit den Bewohnern entstehendes Einfühlungsvermögen der Architekten.

**Bridge too far**
Brückenbau im realen und übertragenen Sinn. Eine Gemeinschaftsleistung von Ingenieurskunst, sozialer Kompetenz, ökonomischer Rationalität und Gemeinwesenarbeit. Mein Beitrag beschrieb die Aufgabenstellung eines Wohnungsunternehmens, verschiedene Einkommensschichten einer deutschen Großstadt mit preiswertem Wohnraum zu versorgen und zugleich durch nachhaltige energetische Bestandsentwicklung und soziale Quartiersentwicklung Stabilität zu gewährleisten – ohne Subventionen und mit wirtschaftlichem Unternehmenserfolg. Für die chinesischen Zuhörer war dieser Vortragsansatz zu abstrakt. Bei intensiverer Vorabsprache über den Charakter der Veranstaltung wäre die gleiche Botschaft mit Präsentation eines konkreten Beispiels der energetischen und sozialen Stadtteil- und Quartiersentwicklung in Hamburg besser vermittelt worden.

*Michael Sachs*
*SAGA GWG Siedlungs-Aktiengesellschaft Hamburg*

The event of the Urban Academy on 26.5.2010 in which I was allowed to participate as a German expert, had the topic of sustainable development at the level of the city, the district and the district. It presented concrete construction projects in China, in different regions of the country – including projects that were realized in the earthquake zone in 2008, in a rural region of China, in a Tibetan mountain. In addition, development projects have been presented, which offered transferable solutions to social issues or civil engineering.

**Urban Tulou**
This is a fortress-implementation of a residential building for low-income households as an implant in civil neighborhoods and raises serious concerns with me. The project does have similarities to the unité d'habitation of Le Corbusier, which has historically proven as a fatal aberration. This urban experiment of social romanticism and pedagogy, which contains in its architectural design, there are considerable shortcomings in the management of public and private life, does not contribute to social sustainability of urban development in my opinion.

**Apple Elementary School in Ali, Tibet**
This is an excellent architectural solution on a difficult task, a boarding school in the barren mountains of Tibet. In addition to the landscape-design the use of the existing color as breaking rocks and the characteristically building materials do impress.

**Rebirth Brick Plan**
Shows transformation and conversion of abandoned factory buildings, by using recycled material and the implementation of thermal protection, these are almost ironic suggestions for dealing with building conversion. For the European observers the construction of a Memorial for a girl that has been killed by the earthquake in 2008 seems as a colossal work of mourning for the parents but at the first glance, but on closer inspection in particular, the process of becoming a thoroughly political monument, it is a claim for the allowance for the people of the region taken by a disaster.

**Building Affordable Houses for Civilians**
In contrast to Urban Tolou this project of the Community reconstruction of houses for the earthquake-affected homeless people shows how a people facing, and met with them, acting city planning and architecture does not only fulfill the basic material needs of a dwelling, but instead promotes social equity and strengthens the cohesion of the community through the participation process. The architect is not an outside standing creator of buildings and city; he is participant in a common integrated process in which all participants can influence the results.

**Pai Wharf**
Appropriate architectural solutions for buildings and open space design for recreational uses and tourism in a reasonable deal with an exceptional mountain landscape. Again, it is only possible to act in communication with the residents emergent sensitivity of the architects.

**Bridge too far**
bridge building in the real and figurative sense. A joint effort of engineering, social skills, economic rationality and community work – a piece of democracy. My own contribution, described the challenge of a large municipal housing company, the provision of housing lower-income strata of the population of a large German city to supply low-cost housing and to ensure both through sustainable energy portfolio development and social neighborhood development social stability and sustainability – and that without government subsidies and economic success. For the Chinese audience of this lecture, I feel that this approach was too abstract. If there have been more intensive prior agreement about the nature of the event at all, the same message with presentation of a concrete example of the energetic and social district and neighborhood development in Hamburg would have been better communicated.

米夏埃尔·萨克斯
汉堡住宅区股份公司

来自中国的具体建筑方案被一一介绍，它们在不同地区——诸如2008年地震灾区、中国的农村地区、西藏山区得以实现。这些方案的实施过程为社会福利、建筑技术方面的问题提供了值得借鉴的解决之道。

土楼公舍：将针对低收入人群所建造的如同堡垒的住宅大楼移植进市民住宅区，这一举措引起了我很多思考。这个方案非常类似于勒•柯布西耶设计的马赛联合公寓，但它在历史上却被证实为一个完全的错误。这种社会浪漫主义与教育学的城市建设尝试从其建筑学形态而言，对于公共生活与隐私的掌握不够。因此，在我看来，这种尝试对于社会可持续城市发展并无贡献。
西藏阿里苹果小学：在寸草不生的西藏山区建造寄宿学校,这个项目是对一个建筑学难题的成功解决。除了因地制宜的特点，将当地常见的断面岩石作为有颜色的个性化建筑材料，这一点也令人印象深刻。

再生砖计划：通过使用可回收材料和近乎讽刺性的绝热装置转化，对废弃厂房进行改建和重新利用，这为楼房改建的实施提供了新的建议。

为一个2008年地震中遇难的女孩建造纪念碑，这对于欧洲观众来说，初见时感觉这个项目是为遭受命运打击的遇难者双亲而举行的一次巨大的沉痛哀悼活动。然而在进一步思考时，特别是观察和思考它产生过程的时候，我们会发现这其实也是一座政治的纪念碑，是对受灾地区的人民多多关怀的号召。

建筑的常民之路:与土楼公舍恰恰相反，这个为地震地区流离失所的人们而做的集体重建住宅项目告诉我们：一种顺民意、向民心、邀民参与的城市规划与建筑不仅满足了住宅在材料上的基本需求，同时也通过参与过程促进了社会平衡，加强了集体团结。这位建筑师不是一位置身事外的高楼与城市创造人，而是一位集体融合进程中的参与者。在这个过程中，所有的参与者都可以影响到结果。

雅鲁藏布江派镇码头：这个项目提供了一个为休闲娱乐和旅游业而完成的合适的楼宇和自由空间建筑解决方案，并且恰到好处地利用和呼应了当地不同寻常的山区地形。在建筑设计中，我们也看到了建筑师与当地住户积极交流过程中才可能产生的那种设身处地的理解和情感。

无止桥：这是现实与引申意义上的桥梁建造，集工程艺术、社会能力、经济理性与集体工作的共同成就——一件民主的作品。

我个人的报告则描述了一家大型社区住宅公司的任务设置，介绍了公司如何在一个德国大城市为低收入阶层居民提供廉价的居住空间，同时通过开发可持续的节能设施和发展社会福利型的住宅区来保证社会的稳定与可持续性。这一行为没有官方的补贴，并在经济上获得了企业利润。我感觉这个报告对于中国听众来说过于抽象。如果事先能更好了解活动的情况，再加入有关汉堡能源与社会福利型城区发展与住房开发的具体案例，报告的效果或许会更好些。

***Grundschule in Ali, Tibet.*** *Die Grundschule wurde von Wang Hui gestaltet und liegt auf einer Höhe von 4800 m im Kreis Ta'erqing, Tibet, am Fuße des Heiligen Berges Kailash. Die Erforschung der dort vorherrschenden Kultur und des Umweltschutzes waren für ihre Architektur ausschlaggebend. Der Architekt wollte möglichst nur Baumaterialien verwenden, die vor Ort sind – das ist vor allem Kiesel. Zudem hatte er vor, die Solartechnik vor Ort zu erforschen und anzuwenden. In seiner Vorstellung einer optimalen Architektur waren vor allem niedrige Kosten und ein niedriger Energieverbrauch wesentlich. Der sich aus der örtlichen Topografie ergebende Windschutz für die Gebäude lässt die Schule fast in der Landschaft versinken. Darüber hinaus dringt die natürliche Szenerie des Heiligen Berges in jeden Winkel der Schule ein. Zu den Füßen der Wände wurden Kiesel aufgeschüttet – Spielplatz und Standplatz für die Internatskinder. Schüler und Lehrer haben gemeinsam über sämtliche für die Gebäude verwendeten Farben dieser Schule und sogar den Uhrenturm für die Zeitansage entschieden.* ***Apple Elementary School Tibet.*** *The elementary school (design by Wang Hui) is located at 4,800 altitudes in Tarqing County, Tibet, at the foot of the famous religious mountain Gang Ren Bo Qi. The most important source of the design comes from the study of local culture and environment. To maximize the usage of scree the only kind of local construction materials and to utilize of local solar power satisfied the local needs with low cost and low energy consume. The walls that defend the wind protect the construction as well, while cover the religious mountain into every courtyard of the school. The foot of the walls is piled with screes that became the playground and stand of the students which lived in the school. Teachers and students will jointly design all the colors used in the school, as well as a tower used for time reporting.* 西藏阿里苹果小学 阿里苹果小学位于海拔4800米的西藏塔尔庆（音）乡，宗教圣地神山岗仁波奇峰脚下。这一设计的重要内容是对当地文化及地域环境的研究。设计师最大限度地利用当地仅有的建筑材料——卵石，并且对当地的太阳能技术进行研究和使用，达成用低成本、低能耗满足建筑的使用功能的设计观念。建筑群体中出现的地形化的挡风体不但将建筑隐入基地当中，还将神山的天然景色引入到学校的每一个院落中。墙体的末端由卵石堆成，成为住校儿童游戏的场地和体育场的看台。所有的颜色以及报时用的钟塔将由学校师生共同设计完成。

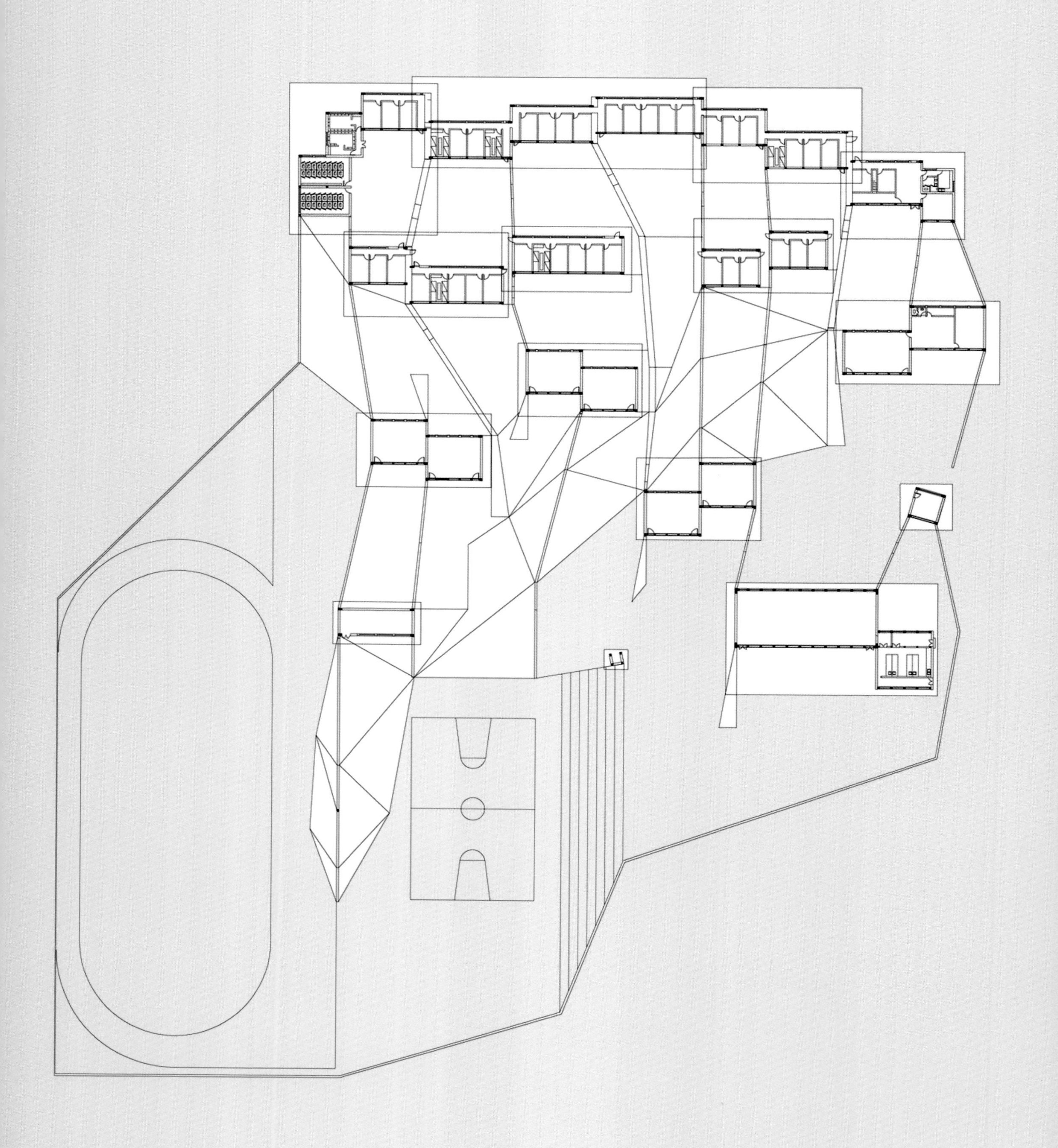

***Ökologische Grundschule Maosi.*** *In armen Landgegenden Chinas, vor allem in der Hochebene von Huangtu, ist die Frage besonders wichtig, wie man die Lebensbedingungen verbessern kann und zugleich Gebäude in ökologischer Bauweise entwickeln kann, die zu den lokalen Bedingungen passen. Für die Architektur und beim Bau der »Ökologischen Grundschule Maosi« werden traditionelle lokale Bautechniken verwendet wie auch lokales Baumaterial. Es handelt sich dabei konkret um ein dreijähriges Versuchs- und Forschungsprojekt. Dieses Projekt hat nicht nur für Kinder eine gemütliche Lernatmosphäre geschaffen. Noch wichtiger ist, dass dies auch eine Chance für die Entwicklung des ökologischen Bauens ist, das lokalen Gegebenheiten berücksichtig, wie etwa begrenzte wirtschaftliche Bedingungen und knappe Ressourcen und auch eine vor Ort praktizierte Bautechnik. Zur gleichen Zeit wurden die Architekten von einer lokalen Tradition angeregt, wo die Bauern sich beim Bauen gegenseitig unterstützen. Das war der Ausgangspunkt für ein weiteres Bauprojekt: die »Brücke ohne Ende«. Für Kinder und auch für Erwachsene sollte eine sichere und praktische Möglichkeit der Flussüberquerung geschaffen werden. Dadurch wird die Gefahr vermieden, dass die Kinder den Fluss zu Fuß überqueren und darin ertrinken können. Dieses Brückenbauprojekt wurde gemeinsam mit einheimischen Handwerkern sowie Dozenten und Studenten von chinesischen Hochschulen für Bauwesen realisiert.* ***Maosi Ecological Demonstration Primary School.*** *In vast poor rural region of China, the low levels of economy and technology is the main challenge to development of local ecological architecture. Especially in the Loess Plateau region, it has involved wide attention to develop a suitable ecological architecture for local conditions. It is a feasible way to explore local traditional architectural technology and to involve beneficial ecological elements and experiences. In this context, the two projects of "Maosi Ecological Demonstration Primary School" and "Bridge Too Far" contribute a significant study. Meanwhile, they demonstrate two different feasible ways to charitableness for the poor rural region.* 毛寺生态实验小学+无止桥。 在我国广大的农村贫困地区，尤其在黄土高原地区，如何在改善当地生活条件的同时，发展适合当地现状条件的生态建筑已成为目前被广泛关注的重要课题。毛寺生态实验小学的设计和建设于当地传统的建筑技术和材料，经过为期三年的实验和多方案对比研究。这个研究实践不仅仅是为孩子们创造一个舒适愉悦的学习环境，更关键的是要以此为契机，诠释一个符合当地有限的经济、资源和技术条件，切实可行、行之有效的生态建筑模式。同时受当地村民手工互助的传统建造模式启发，发起了名为"无止桥"的手工建桥计划，希望能给孩子和村民们创造一个安全便利的跨河交通条件。避免孩子们只能每日淌水过河所面临着的溺水危险。建造由当地居民和国内建筑院校的师生们共同完成。

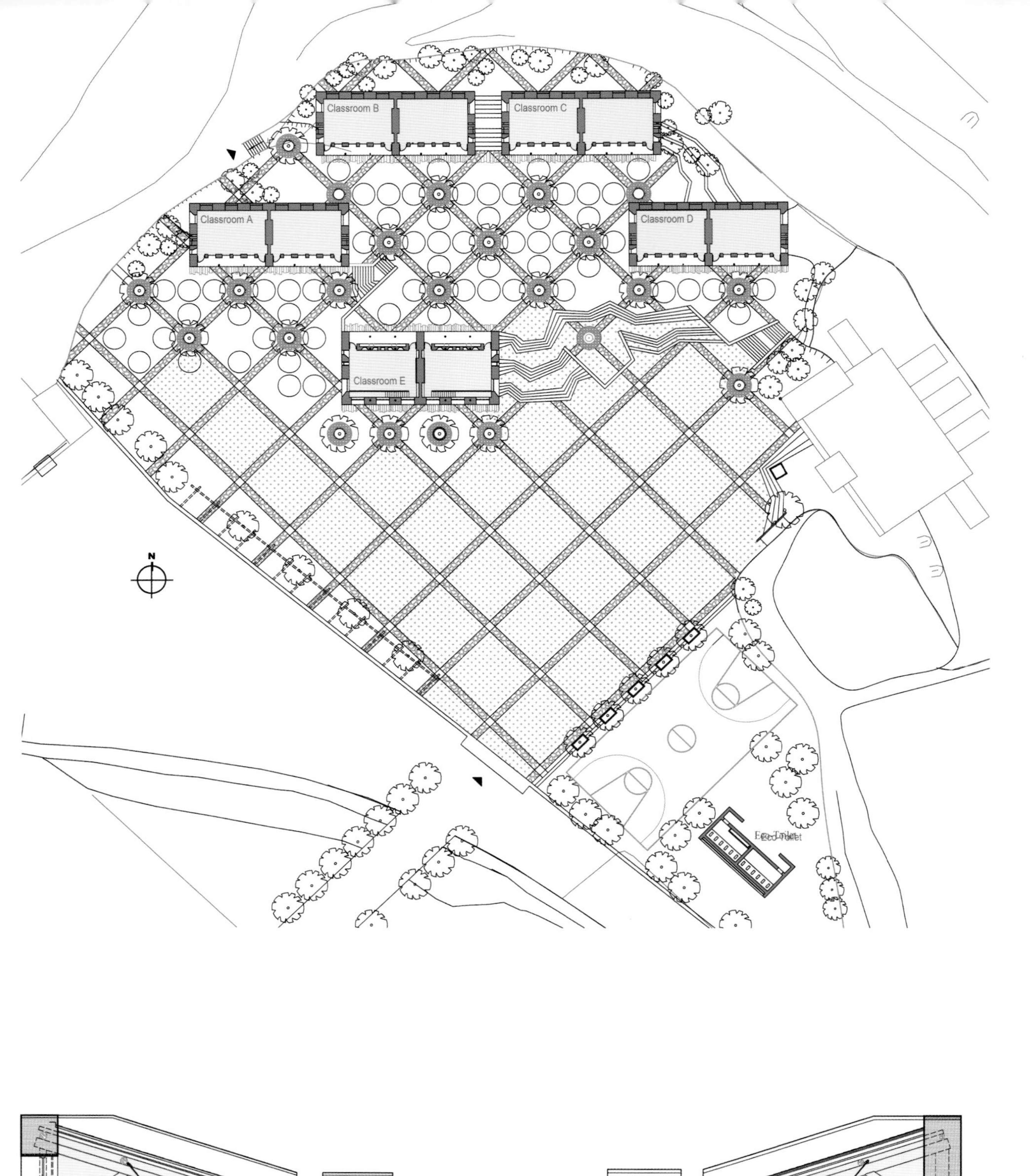
Classroom B
Classroom C
Classroom A
Classroom D
Classroom E
N
Eco-Toilet

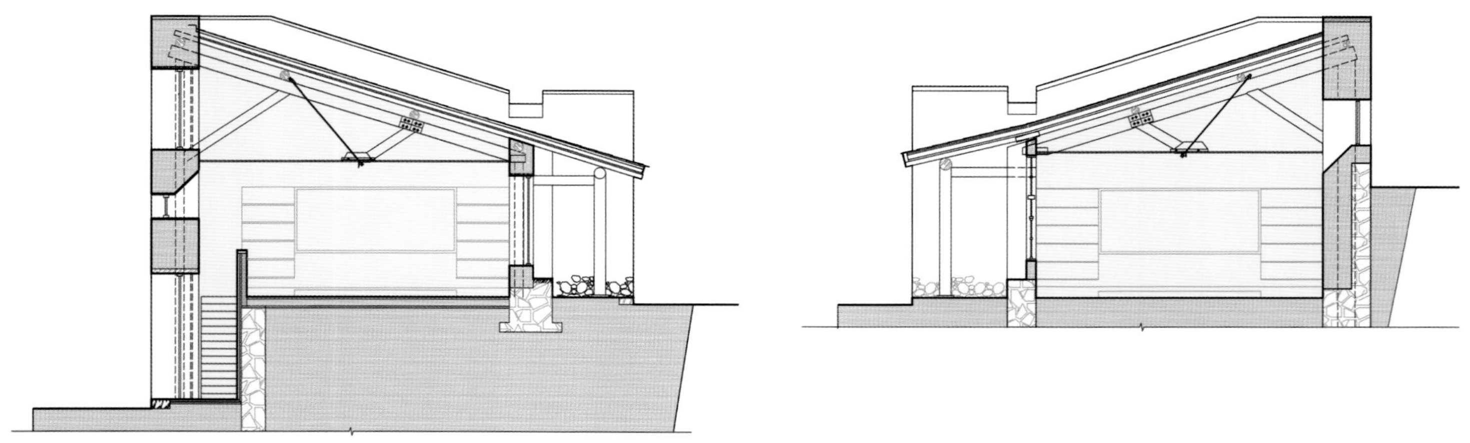

48÷2=24(个)
0÷2=0(个)
商
被除数
除数2
0—余数
0—余数

***Wohnhäuser im Eigenbau.*** *Die Geschichte von Hsieh Ying Chun und seinem Landstudio beginnt 2004 mit seinem Konzept »Mit vereinter Kraft bauen«, als er im Yangchu Dorf im Landkreis Ruyan sein Ökohaus-Projekt mit dem Yangchu Bauinstitut sowie ein Aufbau-Projekt in der Provinz Sichuan im Dorf Yangliu im Kreis Taiping abgeschlossen hatte. In seinem Landstudio wurde ein Entwurf für Wohnanlagen auf den Dörfern und Gemeinwesen erstellt, die von den Bewohnern selbst erbaut werden sollen. Dieser Entwurf umfasst ökonomische, umweltfreundliche, energiesparende und einfach zu errichtende Wohngebäude aus Leichtstahl (oder aus Holz) und sanitäre Einrichtungen für die Landbevölkerung. Dieser systematische Wohnbauplan hat unter anderem auch unterschiedliche Schwierigkeiten abgebaut, z. B. werden beim Bauen nur einfache Werkzeuge benötigt. Die Bauern können den Dachstuhl der Gebäude selbst errichten, wodurch ein großer Kostenteil gespart werden kann. Für Wände und Dächer kann recycletes Baumaterial verwendet (z. B. schon verwendete Ziegel, Zementbrocken, Holzbretter usw.) oder lokale Baumaterialien (z. B. Erde, Stein, Holz, Bambus usw.) Es sollen Gebäude für Familien gebaut werden, die dem lokalen Klima, Stil und dem Umweltschutz Rechnung tragen. Das Konzept »Mit vereinter Kraft bauen« garantiert einerseits das Arbeits- und Existenzrecht von schwachen Bevölkerungsgruppen, andererseits kann dadurch das ökologische Bauen und das Bewusstsein für den Umweltschutz gefördert werden. Gleichzeitig reflektieren diese Gebäude die Vielfältigkeit verschiedener Regionen und ihrer typischen Kulturausprägungen.* ***Building with united Energy.*** *The history of Hsieh Ying Chun and his country studio started in 2004 with his concept "Building with united Energy" when he had just finished his eco-housing project in cooperation with the Ruyan construction institute at Yangchu Village, Ruyan county and a rebuilding project in Yangliu viallage, Taiping county, Sichuan province. In his country studio he drafted living quarters for the villages and communities that were supposed to be built by the villagers themselves. This draft included ecological, environment-friendly, energy saving and easy-to-build houses out of light steel (or wood) and sanitary facilities for the country people. This systematic construction plan could even avoid a variety of difficulties, e.g. just easy tools are needed for construction. The farmers can build the roof truss themselves, so a big part of the building costs can be saved. Recycled building material can be used for the walls and the roofs (e.g. secondhand bricks, pieces of cement, wooden planks etc.) or local building materials (e.g. mud, stone, wood, bamboo etc.). Family buildings are supposed to be build that are adjusted to the local climate, the style and the ecology. The concept "Building with united energy" guarantees on the one hand the right to work and exist of the weaker parts of the population and on the other hand ecological building and the awareness for environmental protection can be strengthened. At the same time, the buildings reflect the diversity of different regions and their typical climatic conditions.* **协力造屋 。**谢英俊与他的乡村工作室自2004年开始，以"协力造屋"的理念，完成了如晏阳初乡村建设学院生态屋系列、四川省阿坝州茂县太平乡杨柳村重建等项目。乡村建筑工作提出永久农宅、社区（农村）农民自建方案。方案向农村居民提供经济、节能环保、施工简易的轻量型钢(或木结构)等永久住宅及粪尿分集卫生厕所。这套建房系统降低了施工难度，现场施工仅需要简单操作工具，让农民可以自己完成主屋架的组立，极大地节省了成本。墙体与屋面等维护材料，可以充分利用各种回收建材（如废砖、水泥砌块、木板等）或当地建材（如土、石、麦秸、木、竹等）搭盖出兼顾当地气候、风俗与环境保护的家屋建筑。协力造屋计划，一方面保障弱势族群的工作权与生存权，另一方面透过平易近人的生态建筑，推广环保意识。并使建筑能反映不同地区、族群文化的多样性。

*Hu-Huishan-Gedenkstätte.* *Die Gedenkstätte von Hu Huishan gehört wahrscheinlich zu den kleinsten Museen der Welt. Hu Huishan war ein 15-jähriges Mädchen. Sie wurde beim Erdbeben von Wenchuan 2008 verschüttet, Todeszeitpunkt unbekannt. Die Gedenkstätte von Hu Huishan hat die Form eines Zeltes, so wie sie in Katastrophengebieten oft zu sehen sind. Fläche, Gewicht und Form sind denen eines Zeltes nachempfunden. Für den Boden draußen wurden rote Ziegel verwendet, die Mauern sind auf gewöhnliche Art und Weise verputzt. Das Innere ist in Rosa gehalten, eine Farbe, die Hu Huishan zu Lebzeiten sehr geliebt hat. Die Wände zieren einige ihrer persönlichen Gegenstände. Die hier ausgestellten Dinge treten sehr leise auf, ohne zur Schau gestellte Trauer und großen Lärm. Es sollen lediglich die Erinnerungen an ein Mädchen bewahrt werden. Durch eine runde Öffnung an der Decke fällt Sonnenlicht, sodass die Reinheit dieses kleinen Raums die Menschen in Rührung versetzt. Diese Gedenkstätte ist für ein ganz gewöhnliches Mädchen. Sie ist gleichzeitig aber auch eine Wertschätzung für jedes gewöhnliche Leben.* *Hu Huishan Memorial House.* *Hu Huishan Memorial House perhaps is the smallest museum in the world, it is designed and donated by Jiakun Architects. Hu Huishan is a 15 years old girl, and was buried in the earthquake happened on May 12th, 2008, her dead time is unknown. During her lifetime, she likeed literature, and dreamed of becoming a writer. The memorial takes its prototype of tents with pitched roof which are seen frequently in disaster zone, its area of footprint, volume and form are all similar to the tent. The floor in the exterior is paved with red bricks, and surfaces on the exterior wall are plastered in a way that is done in the local countryside houses. The interior wall is painted into pink color which was her favorite color during lifetime and covered all over by those remaining items left from the girl : photographs, school-bag, notebooks, Deciduous teeth, umbilical cord, etc. Her life was too short to leave any trace for the society, she is not a famed person, only an ordinary girl, she is a jewel for her parents. The contents within the memorial which contribute remembrance for her is not intensely sorrowful nor magnificently loud, it only simply traces back those memories for a blossoming girl. A ray of light from a round shaped skylight makes this small space pure and charming —— this memorial is built for a normal girl, and is also built for all the ordinary lives – This memorial is for an ordinary girl, also for all of ordinary lives… And treasuring ordinary lives is a foundation of reviving a nation.* 胡慧姗纪念馆。 胡慧姗纪念馆可能是世界上最小的纪念馆。胡慧姗是一个普通的15岁女孩，汶川地震时被埋，卒时不详。胡慧姗纪念馆以灾区最常见的坡顶救灾帐篷为原型，面积，体量，形态均近似于帐篷，外部红砖铺地，墙面采用民间最常用的抹灰砂浆，内部为女孩生前喜欢的粉红色，墙上布满女孩短暂一生的遗物。这里的纪念内容没有悲壮热烈和宏大喧嚣，只是关于一个生命陨落的女孩的追忆。从一个圆形天窗撒进的光线，使这个小小空间单纯而打动人心。这个纪念馆，是为一个普通的女孩，也是对所有的普通生命的珍视。

***Wieder verwendbare Ziegel.*** *Das hier vorgestellte Projekt, das im Gebiet des Erdbebens vom 5. Mai 2008 gestartet wurde, soll möglichst breit bekannt gemacht werden. Die Idee des Projekts ist, Bruchstücke und kaputte Bestandteile der Häuser als Baumaterial wieder zu verwenden, Strohhalme aus Weizenstroh als Fasern zu nutzen, zusätzlich zu Zement und Sand. Mittels dieser Materialien werden in einer dort ansässigen Ziegelfabrik Leichtsteine zum Bauen hergestellt, die zum Wiederaufbau des Katastrophengebiets verwendet werden. Das ist also nicht nur eine materielle Wiedergeburt, sondern auch eine psychische. Die eingestürzten Gebäude nach dem Erdbeben zu entfernen, war eine teure und kräftezehrende Angelegenheit. Nachdem die Trümmer durch Präventionsmaßnahmen gegen die Ausbreitung von Seuchen desinfiziert worden sind, konnten die Bruchstücke der Gebäude als Baumaterial wieder verwendet werden. Gleichzeitig gab es in der dortigen Region auf dem Land auch sehr viel Weizenstroh auf den Feldern, das nun ebenfalls als Baumaterial diente. Die Ziegel werden in einer Ziegelpresse hergestellt, die zum Teil von Hand betrieben wird und ursprünglich zur Herstellung von Ascheblöcken verwendet wurde. Auf diese Weise können Ressourcen eines Handwerks genutzt werden, welches schon lange auf dem Land ausgeübt wurde. Denkbar wäre auch, dass weitere ähnliche Fabriken gebaut werden, um so die Industrie auf dem Land anzukurbeln. Die Pressmaschine für die Ziegel wird zum Teil von Hand betrieben – ihre Anwendbarkeit ist ziemlich simpel, deshalb könnte sie überall auf dem Land eingesetzt werden. Die Menschen im Katastrophengebiet sind damit in der Lage, sich selbst zu helfen und eigene Baumaterialien herzustellen.* ***Rebirth Brick Proposal.*** *A resource manufacturing project to promote this material into common use for the reconstruction of the "5/12 Wenchuan earthquake" stricken zone. Using debris from the ruins as the aggregates, along with the wheat branch pieces as the reinforcing fiber and finally mixing together with cement, this process, when applied throughout the existing brick factories in the local area of the disaster zone, can be turned into light-weight bricks. It is not only a physical "rebirth", but also a spiritual one. Even though homes have been destroyed, the remaining piles of debris still contain all the hopes and memories that once were. After the earthquake, cleanup of the wreckage is an expensive and exhausting task of great difficulty. After sterilization, the rubble can be recycled .In the villages, there is an abundance of wheat branches everywhere, waiting to be processed; burning of these wheat branches in the villages will create air pollution. Wheat branches cut up into smaller pieces can be used as the material for the "rebirth brick". The brick-pressing machine is a technology that is semiannual, highly adaptable , user-friendly and does not require a long period of fraining berore full production can take place . thus the bricks can be manufactured anywhere , in order to benefit the local residents in helping themselves. Using debris from the ruins as the aggregates, along with the wheat branch pieces as the reinforcing fiber and finally mixing together with cement, this process, when applied throughout the existing brick factories in the local area of the disaster zone, can be turned into light-weight bricks. It is not only a physical "rebirth", but also a spiritual one.* **再生砖计划。** 这是一个在"512汶川地震"灾区推广的材料项目。用破碎的废墟材料作为骨料，掺和切断的麦秸作纤维，加入水泥、沙等，由灾区当地原有的制砖厂，作成轻质砌块，用于灾区重建材料。它既是废弃材料在物质方面的"再生"，又是灾后重建在精神和情感方面的"再生"。地震之后废墟清理是一个耗资费力的事，防疫喷洒处理完毕后，破碎的废墟材料可以再利用，成为再生砖的骨料。同时，在中国农村，有大量麦秸待处理利用，燃烧麦秸会造成空气污染，而切碎的麦秸也可成为再生砖的材料。再生砖制砖机械采用的是杠杆式机械压砖机，这是一种原有的制作粉煤灰砌块的手工机械。如此就可以利用上原有的遍布乡村的手工业资源,甚至可以扶持建厂重振当地的乡村企业。压砖机采用半手工生产，适应性强，使用简单方便，适合在乡村遍地开花，以利于灾区群众的自救自建生产。

***Urban Tulou.*** *Collagen aus Tulou-Rundbauten, Städten und Grünflächen, Collagen aus Straßen und Überführungen, aus Autobahnen – diese Experimente des Büros Urbanus gehen der Frage nach, wie eine neue Form der Tulou-Rundbauten geschaffen werden kann, um die wenigen unbenutzten Flächen zu nutzen, die in dem rasanten Stadtentwicklungsprozess übrig geblieben sind. Die Kosten für diese Flächen sind gering, weil die Stadtverwaltung interessante Anreize gibt, diese Flächen zu erschließen. Für erschwingliche Wohnbauprojekte ist das von Vorteil. Die durch ihre Architektur bedingte Geschlossenheit der Tulou schützt vor Geräuschen und dem Chaos in der Umgebung. Im Innern hingegen wird ein behaglicher Raum geschaffen. Die Verschmelzung der traditionellen Hakka-Behausungen Tulou mit günstigem Wohnbau ist nicht nur eine wissenschaftliche, sondern auch eine soziale Frage, denn die Wohnsituation von Menschen mit geringem Einkommen rückt mehr und mehr in den Fokus der Öffentlichkeit. Das Besondere an dieser Studie sind die umfassenden Analysen und die Stetigkeit, mit der von der Theorie zur Praxis übergegangen wurde. Im Rahmen der Studie wurden Größe, Raumaufteilung und Funktion der Tulou untersucht. Anschließend wurde überlegt, wie ein Gleichgewicht zwischen den Schlüsselelementen einer Stadt, z. B. Wirtschaft und Natur, hergestellt werden kann. Diese Studie hat uns umfangreiche Erfahrungen gebracht und bietet nun eine Plattform für weiterführende Untersuchungen und Überlegungen.* ***Urban Tulou.*** *By introducing a "new tulou" to modern cities and by careful experimentation of form and economy, one can transcend conventional urban design. The experiments of the architects from Urbanus explored ways to stitch the tulou within the existing urban fabric of the city – green areas, overpasses, expressways, and residual land left over by urbanization. The cost of residual sites is quite low due to incentives by the government, and this is an important factor in developing low-income housing. The close proximity of each tulou building helps insulate the users from the chaos and noise of the outside environment, while creating an intimate and comfortable environment inside. Integrating the living culture of traditional Hakka tulou buildings with low-income housing is not only an academic issue – there is an important social issue too. The living condition of the poor is now gaining more public attention. How can one effectively adapt the tulou into the modern city? Research was characterized by comprehensive analyses and continuity from the theoretical to the practical. The study has examined size, space patterns, and functions of tulou buildings. We also tried to inject new urban elements with the traditional style, and balance the tension between these two paradigms. In the end, we not only realized the feasibility and usefulness of the tulou, but we also gained experience and a deep understanding of a veritable urban form.* **土楼公舍**。土楼与城市、绿地拼贴，与城市立交桥拼贴，与高速公路拼贴，这些试验都是在探讨如何用土楼这种建筑类型去消化城市高速发展过程中遗留下来的不便使用的闲置土地。获得这些土地的成本极低，甚至由于这类土地的开发有利于城市管理，还可以得到褒奖，从而低收入住宅开发的成本将大大降低。土楼外部的封闭性可将周边恶劣的环境的予以屏蔽，内部的向心性同时又创造出温馨的小环境。将传统客家土楼的居住文化与低收入住宅结合在一起，不仅是一个研究课题，更标志着低收入人群的居住状况开始进入大众的视野。这项研究的特点是分析角度的全面性和从理论到实践的延续性。对土楼原型进行尺度、空间模式、功能等方面的演绎，然后加入经济、自然等多种城市环境要素，在多种要素的碰撞之中寻找各种可能的平衡，这种全面演绎保证了丰富经验的获得，并为深入的思考提供平台。

*Yaluntzangpu Schiffsterminal. Der Schiffsterminal wurde von Standardarchitecture entworfen und liegt in einem Tal zu Füßen eines mit Schnee bedeckten Berges in Tibet. Weil es sich dabei um die einzige Verkehrsanbindung im Kreis Motuo handelt, in dem es ansonsten keine öffentlichen Verkehrswege gibt, ist diese Gegend besonders bei Wanderern sehr beliebt. Der Kai ist mit 430 m² recht klein, auch seine Funktion ist einfach. Er bietet seit 2008 den Reisenden, die über den Wasserweg ankommen, einen Platz zum Ausruhen, Platz zum Warten auf das nächste Schiff, sanitäre Einrichtungen sowie Gelegenheit zum Übernachten, wenn das Wetter keine Weiterfahrt zulässt. Das Gebäude ist Teil eines kompliziert beschaffenen Geländes. Rampen schlängeln sich aus dem Wasser zum Ufer hoch, um majestätische Bäume herum bis hin zu einem Innenhof, wo sie zusammen eine Aussichtsplattform über dem Fluss bilden. Der Innenhof bietet den Reisenden einen Aussichtspunkt, wo sie sich auch ausruhen können. Das Gebäudematerial, von der Mauer bis zu den Rampen, besteht aus Stein, der vor Ort vorhanden ist. Die Bauweise ist typisch für diese Gegend. Die Mauern außen wie auch die Wände innen bestehen einfach aus Stein. Für Fenster, Dachbalken und Boden wurde ein lokal vorhandenes Holz benutzt und vor Ort bearbeitet. Yaluntzangpu Boat Terminal. The small boat terminal has been designed by Standardarchitecture and is located near the small village named Pai Town in the Linzhi area of Tibet Autonomous Region. As the remotest stop along the Yaluntzangpu River, it allows both local people and travelers from outside to transport by water deep into the valley and come to the foot of the Namchabawa Snow Mountain.With a total area of only 430 m², the building program is quite basic. It has a few toilets, a waiting lounge, a ticket office and a room for people to stay overnight in case the weather goes too fierce to travel on the river. The programs are covered by a series of ramps rising from the water and winding around several big poplar tree, and ends up suspending over the water. Looking from a distance, the building is completely merged with the riverbank topography and becomes part of the greater landscape. Construction materi-als are mainly local. All the walls and roofs are made of rocks collected from nearby. Walls are built by Tibetan masonry builders in their own pattern. Window and door frames, ceilings and floors are all made of local timber.*
雅鲁藏布江小码头 。小码头位于西藏雅鲁藏布大峡谷的雪山脚下，因为是通往全国唯一不通公路的墨脱县的陆路转运站而早就成为终极徒步旅行者的胜地。码头的规模很小，只有430平米，功能也很朴素，主要为水路往返的旅行者提供基本的休息、候船、卫生间、和恶劣天气情况下临时过夜等功能。建筑是江边复杂地形的一部分，一条连续曲折的坡道，从江面开始沿岸向上，在几棵树之间曲折缠绕，坡道与两棵大树一起，围合成面向江面的小庭院，庭院由碎石铺成，可以供乘客休息观景，创造了一个漂浮在江面上的观景台。建筑的材料，从墙面到坡道的地面，全部是来自附近的石头，墙体的砌筑全部由当地工匠采用他们熟悉的方式完成，室外和室内都统一采用粗糙的石墙；门窗和室内的天花、地面自然是用当地松木用当地的方式在现场加工的。

**Namchabawa-Besucherzentrum.** *Das Besucherzentrum wurde von Standardarchitecture entworfen und liegt im Kreis Milin in einer kleinen Gemeinde mit dem Namen Pai. In 2900 m Höhe befindet sich hier nicht nur der Zugang zur Namchabawa-Schlucht, sondern der Ort ist auch ein wichtiges religiöses Pilgerzentrum und Ausgangspunkt für den Pilgerweg »Zhuanjiala«. Er ist ebenfalls ein Startpunkt für den Fußweg nach Motuo. Für die Architekten von Standardarchitecture stellte dieses Projekt zu Beginn eine Herausforderung dar, z. B. die lokale Kultur, die traditionelle Architektur, die Gebäude und Beschaffenheit des Bodens. Auch die Beziehung zwischen dem Gebäude und ihrer natürlichen Umgebung musste bedacht werden. Dabei ging es um die grundsätzliche Durchführbarkeit des Projekts und um die Einbeziehung lokaler Handwerker sowie der lokalen Bautechnik. Auch schlechte Wetterbedingungen und knappe Geldmittel waren bei diesen Überlegungen ausschlaggebend. Die Struktur der Gebäude zeigt eine Vermischung aus traditioneller und moderner Bauweise. Stein und Zement wurden daher beide als Baumaterial verwendet. Die meisten der tibetischen Handwerker stammen aus Shigatse und haben besondere Gewohnheiten und Arbeitsweisen beim Bauen der Steinmauer. Fenster und Türen der Gebäude sowie deren Innendekoration weisen keine typisch tibetischen Merkmale auf, wie sie sonst so häufig zu finden sind. Aufgrund einer modernen Ausdrucksform, eines einzigartigen Stils und der lokalen einfachen Bauweise fügt sich dieses Besucherzentrum seit 2008 harmonisch in die natürliche Umgebung ein.* **Tibet Namchabawa Visitor Centre.** *(Design by Standardarchitecture) The visitor center is located at Milin county in a small community called Pai. At 2,900 m above sea level that is where you will find the entry to Namchabawa gorge as well as an important religious pilgrim center. The pilgrimage route "Zhuanjiala" and the footpath to Motuo both start at Namchabawa visitor center. At the beginning, this project posed quite a challenge to its architects, e.g. the local culture, traditional architecture, the buildings and the composition of the ground. The relationship between the building and its natural surrounding had also to be considered, namely the general execution of the project, the integration of local craftsmen and of local building techniques. Bad weather conditions and the scarce monetary supply had to be taken into account as well. The structure of the building shows a mixture of traditional and modern building methods. Stone and cement were both used as building material. Most of the Tibetan craftsmen originally came from Shigatse and thus, had their own special ways to build stonewalls. The windows and doors of the buildings have no typical Tibetan features neither does the interior decoration. Due to its modern way of expression, the unique design and the quite simplistic, local building style, the visitor center blends harmonically into its natural surrounding.* **西藏林芝南迦巴瓦接待站**。接待站位于藏东南林芝地区米林县境内的一个名叫派镇的小集镇，海拔约2900米，这里不但是雅鲁藏布大峡谷的入口，也是重要的宗教转经线——"转加拉"的起点，还是通往墨脱徒步旅行的出发点。设计之初应对了诸多挑战，诸如本地的文化、建筑传统、建筑与基地、建筑与大范围地形及自然景观的关系、如何协调当地工匠、当地技术的参与、在恶劣的气候和有限的资金条件下材料和建造方式的可行性等。建筑的结构体系是传统砌筑石墙和混凝土混合结构。砌筑石墙的藏族工匠主要是来自日喀则，他们在石墙的砌筑上有很特别的习惯和方法，建筑的门窗和室内没有使用任何常见的"西藏形式"的门窗装饰，以当代的语言，体现特殊的本地气质，并通过本地的和真实而朴素的建造过程自然形成。

游客接待中心
Visitor Center

***Schule auf der Brücke.*** *Im Xiashi-Dorf im Kreis Pinghe gibt es zwei Familien, die einen Kanal zwischen den Tulou (traditionelle Wohngebäude der Hakka) als natürliche Grenze nutzen. Sie haben miteinander keinen Kontakt. Diese lang andauernde nach innen gerichtete Tradition führt dazu, dass jede Familie für sich allein lebt. In diesem Ort gibt es für die Bewohner keinen öffentlichen Raum für den sozialen Austausch und für einen geistigen Zusammenhalt. Eine mit Fondmitteln geförderte Grundschule bekommt nun die Chance, dieses ursprüngliche Raumsystem zu optimieren. Das Gebäude hat für zwei Tulou eine Verbindung geschaffen, die sowohl funktional wie auch formschön ist. Gleichzeitig wurde ein Stück freie Fläche eingebunden und neu strukturiert. Im Dorf gibt es nun einen sehr schönen öffentlichen Platz. Zur einen Seite befindet sich das runde Tulou, das robust auftritt. Zur anderen Seiten gibt es eine elegante und stilvolle Bühne. Beide Seiten treten somit in einen Dialog und der Platz ist voller Spannung. Ein solches Design bietet den Kindern nicht nur eine Schule mit Klassenräumen, sondern löst auch das Problem der Verbindung und des Kontakts. Darüber hinaus gibt es nun für das Dorf ein Zentrum des kommunikativen Austauschs. Die chinesischen Dörfer befinden sich derzeit in einer Zeit des neuen Aufbaus. Die Qualität der Räume in den ländlichen Gebieten muss verbessert und die Lebensweise der Menschen erneuert werden. Dieses Projekt zeigt, wie das Problem des öffentlichen Raums des Gemeinwesens in diesem Dorf gelöst werden konnte und möglicherweise können dadurch neue Sichtweise für den derzeitigen Aufbau neuer Dörfer in China eingenommen werden.* ***The Bridge, the School, the Playground, the Stage.*** *Located at a remote village, Fujian Province in China, the project does not only provides a physical function – a school + a bridge, but also presents a spiritual centre. The main concept of the design is to enliven an old community (the village) and to sustain a traditional culture (the castles and lifestyle) through a contemporary language which does not compete with the traditional, but presents and communicates with the traditional with respect. It is done by combining few different functions into one space – a bridge which connects two old castles cross the creek, a school which also symbolically connects past, current with future, a playground (for the kids) and the stage (for the villagers). A light weight structure traverse a small creek in a single, supple bound, essentially, it is an intelligent contemporary take on the archetype of the inhabited bridge. Although it's possible to use the building as a bridge, a narrow crossing suspended underneath the steel structure and anchored by tensile wires offers an alternative and more direct route. Catalyzing a sense of history, the project is more than just a school, but a social centre of the entire village. Physically lightness and spatial fluidity are key. By a means of sliding and folding doors, the school can be transformed into an impromptu theatre or play structure. The steel frame is wrapped in a veil of slim timber slats, which filter light and temper the interior with cooling breeze – Fujian, on China's south-east climate. With an assurance that belies its rustic setting, the new building also acts as a foil to the mass and weight of the neighboring historical structures.* **桥上书屋。**平和县下石村的两个土楼的家族划渠为界，互不往来。这种内向的传统文化积淀形成了每户封闭独立的格局，整个乡村的社区缺乏交流的公共空间和形成精神凝聚力的场所。一个希望小学或许可以为优化这种原发的空间系统带来契机。建筑从功能和形式语言上为两座土楼创造了连接，同时也联系并重新组织了周边的空地，为村落提供了很好的公共广场，广场一边是圆形的带有粗糙痕迹的土楼，另一边是精致简练的舞台，对话双方的强烈对比使整个空间充满了张力。这样的设计不仅为孩子们提供了学校教室，解决了交通联系问题，而且为整个村带来了交流的中心。中国的农村正处于新时代建设时期，应提高农村社区的空间品质，更新农村住民的生活方式。桥上书屋这种以建筑实体来解决农村社区空间问题的案例或许可以为中国当下的新农村建设提供一个新的视角。

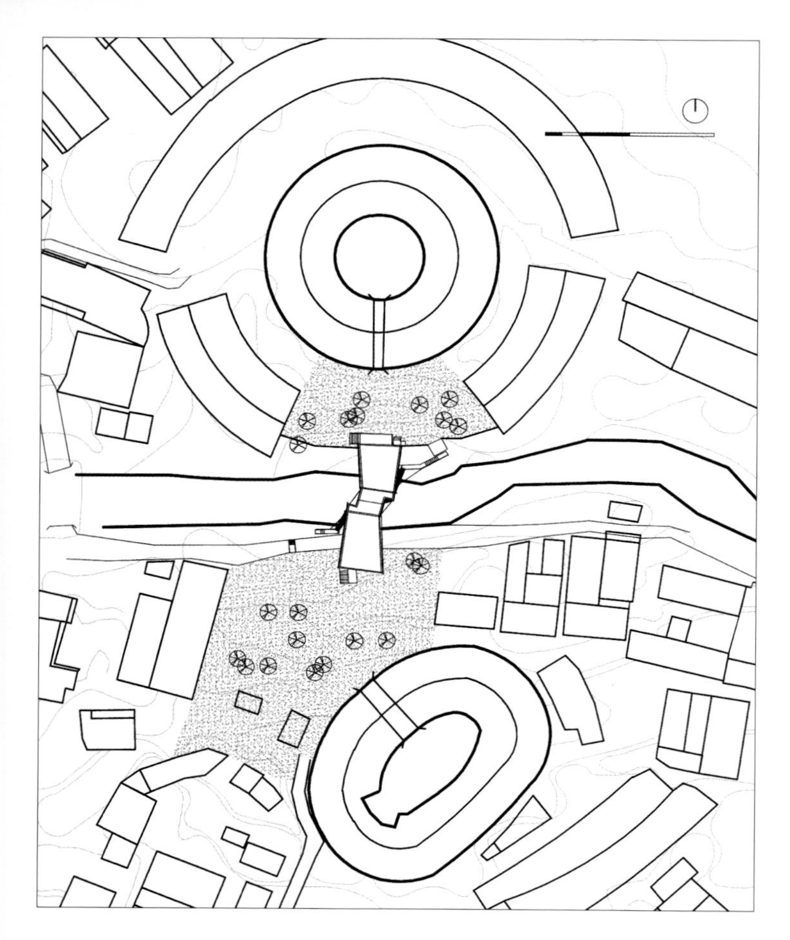

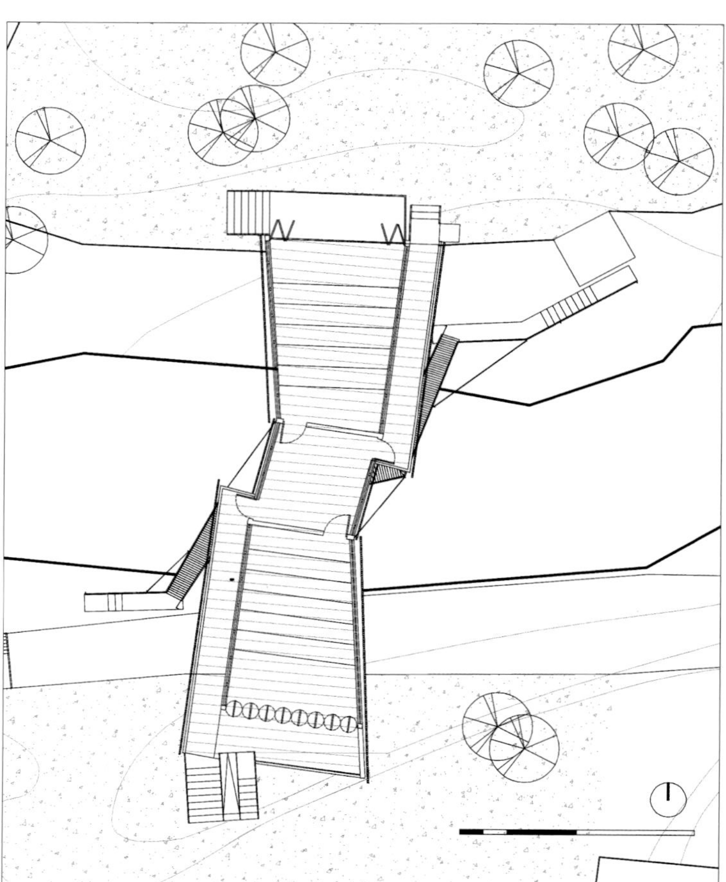

# *Kunst und Kultur im öffentlichen Raum*

# *Arts, Culture and Public Space*

# 艺术和公共文化中的可持续

Im Zuge der gesellschaftlichen Entwicklung sind auch Kunst und Kultur aus dem Leben nicht mehr wegzudenken. Verglichen mit den Herausforderungen der puren Existenz, dass jeder warm gekleidet sein und satt gegessen haben möchte, erscheinen Kultur und Kunst dagegen als unwichtig. Jedoch haben künstlerische Fähigkeiten von Anfang an den Entwicklungsprozess der menschlichen Gesellschaft begleitet und sind durch kreatives Schaffen in der Wirklichkeit des Lebens immer wieder aufgetaucht, haben Dinge und Vorgänge kritisch beurteilt und sind interveniert. Heute müssen Kunst und Kultur zu einer Triebkraft für das Voranbringen des Konzepts einer nachhaltigen Entwicklung werden.

Die hier ausgewählten Fallbeispiele sind deutlich in zwei Kategorien zu unterteilen. Die erste protokolliert und betrachtet die heutige Gesellschaft mittels künstlerischer Kritik und bewahrt stets einen vorsichtigen Abstand. Bei der zweiten Kategorie werden Kunst und Kultur als Werkzeug benutzt. Die Künstler mischen sich ein und versuchen die Wirklichkeit der Gesellschaft zu verändern. Die Werke von Wang Nanming, Ni Weihua, Qu Yan und Liang Yue gehören ohne Zweifel zur ersten Kategorie. Ihr Einfluss beruht auf einer Stärke der Ironie und des Wachrüttelns. Sie nennen die Dinge beim Namen und fragen nach den Gefahren und Schwierigkeiten der sich entwickelnden Gesellschaft von heute. Die übrigen drei Projekte intervenieren auf unterschiedliche Art und Weise in der Gesellschaft. Durch die Kraft ihrer Kunst tragen sie wohl auch etwas zur Erneuerung und Veränderung in der Gesellschaft bei. »Wasser des Taihu-Sees« und »Abreibung der Dürre« sind als Kunstprojekte zu verstehen, die auf heikle gesellschaftliche Vorgänge reagieren. Mittels einer unterkühlten Einstellung werden ökologische Desaster von heute beschrieben.

Schock weitergegeben, den die ökologische Katastrophe nun einmal mit sich gebracht hat. »Landschaftsmauer« und »Schlüsselworte« fragen mit einer ironischen Einstellung nach den heutigen Mainstream-Parolen »Entwicklung« und »Harmonie«, aber auch nach den Gefahren der anspruchslosen Bauaktivitäten von heute. Die Werke von Qu Yan beschäftigen sich mit Räumen der Macht und des Glaubens, um schließlich über Räume des Lebens nachzudenken. Mittels einer fast vollständig objektiven und alltäglichen Darstellung deckt er die tiefe Logik des Lebens der heutigen Gesellschaft auf, die über die Realität hinausgeht. »Keine Sorge« stellt die lächerliche gesellschaftliche Wirklichkeit im gegenwärtigen China auf theatralische Weise dar. Die Gesellschaft leidet unter mangelndem Vertrauen und befindet sich in einem Schockzustand. Der Bunte Fond ist eine Initiative des Künstlers Zhou Chunya und das Projekt »Holz.Baum.Wald« wird von Xu Bing angeleitet. Beide Künstler versuchen, durch ihre Kunst den Zustand von schwachen Gesellschaftsgruppen bzw. den der Umwelt zu verbessern. Beide versuchen, die Kunst mit Wohltätigkeit zu verbinden. Der erste Künstler macht Kindern, die zu Opfern einer Umweltkatastrophe geworden sind, mit seiner Kunst Mut und fördert deren eigene Fähigkeiten. Letzterer Künstler leistet anhand einer Art Wirtschaftskreislauf einen Beitrag zum Umweltschutz, indem er dazu ermuntert, Bäume zu pflanzen.
Im Rahmen einer begrenzten gesellschaftlichen Wirklichkeit möchte schließlich ein Kunstprojekt im Internationalen Flughafen Pudong in größtmöglichem Umfang die Kunst in das öffentliche Leben eindringen lassen. Die Stärke der Kunst soll hier im Flughafen als einem modernen non-place ihre maximale Wirkung entfalten.

*Li Xiangning*

The arts and culture were considered non-essentials in a period of China's social development stage. Compared to the challenges around survival as well as food and clothing, the attention to culture and arts had been pale and weak. Artistic ability, however, has always accompanied the process of human society and continued to reproduce, criticize and even get involved in the reality of social life through creative activities. Today's arts and culture should be an important driving force behind the concept of sustainable development.
The cases selected here can obviously be divided into two categories. One is to critically record and reflect on the contemporary social reality through the arts, while always maintaining a prudent distance. Another is to intervene and try to change social reality through the tools of arts and culture. The works of Wang Nanming, Ni Weihua, Qu Yan, and Liang Yue undoubtedly belong to the former category. Their images reveal the truth under the surface with a profound irony and admonitory power, questioning the crisis and predicaments faced by the current social development. By comparison, the other three projects get involved in society in different ways, contributing to the progress and improvements of society through the strength of arts, regardless of the extent. The Taihu Lake and Rubbing Drought reflect a high sensitivity to social events, accounting contemporary ecological events with a seemingly calm attitude, conveying shocks caused by ecological crises through works even with aesthetic tastes.
With an ironic tone, the Scenery Backboard and Key Words challenge the existing mainstream discourse about development and harmony as well as the underlying crisis behind massive mediocre contemporary construction activities. The works of Qu Yan directly confront power and faith space, ultimately reflecting on the life space, revealing profound surreal logic in contemporary social life with seemingly fully objective and routine records. By comparison, The Safe Series dramatically displays an almost ridic-

ulous social reality as well as the startling absence of trust in contemporary China. Zhou Chunya's Five Colors Foundation and Xu Bing's Forest Project are aimed at improving the status of vulnerable social groups or ecology through the arts. Both projects link the arts with the public interest perspective, with the former helping handicapped children affected by disasters face life by providing them with courage and skills, while the latter adopts a set of art – economy circle models, contributing to public tree planting and environmental protection.
The Pudong Airport Arts Project maximally integrates arts into public life under a limited framework of social reality, maximally manifesting the power of arts in the space of the airport, a contemporary non-place.

*Li Xiangning*

艺术和文化在一段时期的中国社会发展阶段被认为是可有可无的事物，相对生存和温饱的挑战，文化和艺术曾经显得苍白无力。然而艺术能力始终伴随着人类社会的进程，并持续地通过创造力的活动再现、批判甚至介入社会生活的现实。今天的艺术和文化也应当成为推动可持续发展理念的重要动力。

这里选取的案例明显分成两个类别，一种是通过艺术评判性地记录和思考当代社会现实，并始终保持一种审慎的距离；一种是以艺术和文化为工具介入并试图改变社会现实。

王南溟、倪卫华、渠岩和梁越的作品无疑属于前者，他们的影像以一种深刻的反讽和警世力量，揭开表象，质疑着当下社会发展中的危机与困顿。而其他三个项目通过不同的方式介入社会，并通过艺术的力量为社会贡献哪怕一点点的更新与改进。

《太湖水》与《拓印干旱》处于对社会事件的高度敏感，以一种看似冷静的姿态记述当代生态事件，在甚至具有美学意味的作品中传达生态危机所带来的震撼。《风景墙》与《关键词》则以反讽的态度质疑当下关于发展与和谐的主流话语，以及当代平庸的大量建造活动中蕴含的危机。渠岩的作品直面权力和信仰空间并最终回到对生命空间的思考，以一种似乎完全客观和日常性的记述揭示出当代社会生活中深刻的超现实逻辑。而《放心系列》则戏剧化地呈现了当代中国近似荒谬的社会现实以及信任的缺位的触目惊心的状态。

周春芽的五彩基金项目和徐冰的木林森计划都试图通过艺术改善社会弱势群体或生态的状态。两者都将艺术和公益视野联系起来，前者用艺术为受灾致残的儿童提供直面生命的勇气和技能，而后者则通过一套艺术——经济循环模式为公众植树和环保事业作出贡献。浦东机场的艺术展示项目则在有限的社会现实框架下，最大限度地让艺术介入公共生活，在机场这个当代的非场所空间中最大化艺术的力量。

李翔宁

# Kunst, Stadtraum, und Nachhaltigkeit

*Christa Reicher*
*Dekanin der Fakultät Raumplanung, Universität Dortmund*

Die Urban Academy hat mit ihrer Veranstaltung »Arts, Culture and Public Space« einen zentralen Baustein für eine nachhaltige Entwicklung aufgegriffen. Denn Kunst, Kultur und öffentlicher Raum gehen eine intensive Symbiose ein und bestimmen die Lebensqualität im Alltag in besonderem Maße. Sie beeinflussen sich gegenseitig, sowohl in ihrer Ausprägung als auch in der Form der Einflussnahme auf die Gestaltung der Stadt und der Umwelt.

Alle chinesischen Künstler haben mit ihren Projektpräsentationen gezeigt, aus welchem kulturellen Hintergrund ihre Kunstwerke bzw. ihre künstlerische Interventionen generiert worden sind. Projekte wie Harmony, Landscape Wall oder auch Power Space sind aus einer genauen Beobachtung des jeweiligen Raumes und seiner Aneignung entstanden. Prägnante Fotos zeugen von einer intensiven Analyse der jeweiligen Orte. Die Erläuterungen der Kunstwerke und des Kunstbegriffes erfolgen eher deskriptiv. Die Botschaft oder das Anliegen der Kunst bleiben zu großen Teilen verborgen oder haben sich denjenigen erschlossen, die einen intensiveren Einblick in die kulturellen Traditionen von China haben.

Die spannenden und entscheidenden Fragen haben sich in der Diskussion heraus kristallisiert: Inwieweit kann Kunst im Stadtraum, insbesondere im öffentlichen Raum, einen Beitrag für eine nachhaltige Entwicklung liefern? Und gibt es einen Weg des gemeinsamen Agierens aus Künstlern, Planern und Architekten, der sowohl die Autonomie der Kunst gewährleistet als auch zu innovativen Ansätzen und Konzepten zur Gestaltung der Umwelt führt? Auch wenn die Diskussion keine eindeutigen Antworten auf diese Fragen geliefert hat, ist zumindest die Einsicht gestärkt worden, dass diese interdisziplinäre Zusammenarbeit fruchtbar sein und herkömmliche Handlungsmuster überwinden kann, wenn sie räumlich und thematisch die richtigen Akzente setzt. Trotz der thematischen Ausrichtung der Veranstaltung auf den öffentlichen Raum, hat dieser in einigen Kunstprojekten nur bedingt eine Rolle gespielt, was sicherlich auch auf das unterschiedliche kulturell begründete Verständnis von öffentlichem Raum zurück zu führen ist. Der öffentliche Raum (in seiner europäischen Definition) spielt als Rückgrat einer jeden Stadt in einer Diskussion um deren Zukunft eine zentrale Rolle. Er ist die Plattform, in die sich das soziale Leben eingraviert, das wiederum stark durch den jeweiligen kulturellen Hintergrund geprägt ist. So wie sich das Leben der Menschen permanent verändert, wandelt sich auch der öffentliche Raum und zugleich die Form seiner Aneignung. Diese Erkenntnis ist im Rahmen der Urban Academy zutage gefördert worden. Die Kunst kann in prägnanter Form die gültigen Gesetze und gesellschaftlichen Anliegen artikulieren. Sie ist in der Lage, die unsichtbaren Ebenen sichtbar zu machen, sowie die sozialen und ökologischen Probleme anschaulich zu benennen. Die Lösungen zu einer gemeinsamen Gestaltung der Zukunft im Sinne von Visionen für eine nachhaltige Stadtentwicklung benötigen – über die Sichtbarmachung von Problemen hinaus – eine vertiefende Auseinandersetzung mit dem Thema, einen Dialog der Kulturen und Disziplinen wie ihn die Urban Academy in überzeugender Form begonnen hat.

*Christa Reicher*
*Dekanin der Fakultät Raumplanung, Universität Dortmund*

With the forum "Arts, Culture and Public Space", the Urbany Academy took up a central aspect of sustainable development. Arts, culture and public space enter an intensive symbiosis greatly influencing the quality of our daily life. They influence each other as well – both in their peculiarity and in the form of their influences on the creation of the city and the environment.

With their project presentations all of the Chinese artists revealed by which cultural point of view their art works and artistic interventions had been generated. Projects such as Harmony, Landscape Wall or Power Space have derived from the precise observation of the particular space and its adoption by the artist. Concise photographs attest to an intensive analysis of the places visited. The descriptions of the artworks and of the art term were mainly quite descriptive. For the most part, the message or the concern of the art remained hidden or only open to those who have profound background knowledge of cultural traditions in China.

The exciting and decisive questions were posed during the discussion: How can art in urban spaces, especially in public spaces, contribute to sustainable development? And does any way lead to cooperation between artists, urban planners and architects, that preserves the autonomy of art as well as the innovative quality of notions and concepts of environmental design? Even though the discussion did not produce any precise answers to these questions, it at least made us realize that this interdisciplinary cooperation would be fertile and could overcome old patterns of action if it is accentuates the appropriate spaces and topics. In spite of the public space orientation of the event, the public space was not central to a few of the artworks – partly due to the different cultural understanding of the term "public space" as I assume. Public space (according to its European definition) is the backbone of any city and thus, it plays a decisive role in any discussion about the city's future. Public space is the platform for the social life – which again is formed by its particular cultural background. As the life of the people is constantly changing, the public space and its interventions are changing as well. The Urban Academy quarried this realization. Art can precisely articulate valid laws and social concerns. It is able to make invisible levels visible as well as articulate social and ecological problems clearly. Solutions for a mutual designing of the future – in terms of a vision for sustainable urban development – need a deeper debate about the topic, a dialogue of cultures and disciplines. Of this, the Urban Academy has persuaded us.



克里斯塔·海希儿
多特蒙德大学空间规划系系主任

《都市论坛》通过举办名为"艺术，文化和公共空间"的活动抓住了可持续发展的一个中心组成部分。艺术，文化以及公共空间形成一个联系紧密的共生现象，并且在很大的程度上决定了日常的生活水平。不论是外在显示，还是在对城市以及环境形成所产生的影响方面，三者都是彼此作用，彼此影响。

所有中国艺术家都在项目介绍中展示了自己创作的艺术品或艺术干预来源于怎样的文化背景。案例项目，如《和谐与发展，《风景墙》或是《权利空间》就是通过对各自的空间以及对对这些空间的获得过程进行仔细观察和研究而形成的。确切精辟的图片验证了作者对于各个项目地点进行过深入的分析。而对于艺术品以及艺术概念的解释主要以描述为主。艺术的信息和诉求，大部分仍旧是隐藏着的，或者仅仅对那些对中国文化传统有更深入了解的人敞开了胸怀。

论坛过程中，所有的讨论最终集中到以下几个有趣同时也是决定性的问题上：在城市空间，特别是公共空间内，艺术可以为可持续性的发展做出怎样的和多大的贡献？有没有可能找到一种方法让艺术家、规划者和建筑师作为团队共同合作，而且在合作时，既能保证艺术的自主性，同时又能诞生规划大环境的创新思考模式和解决方案？尽管此次讨论并没有对这些问题做出明确的解答，但至少强调了这样一种观点：跨学科的合作有可能硕果累累，如果在空间上和选题上抓住要害，跨学科的合作模式可以战胜传统的行为模式。

这场活动的主题虽然是公共空间，其实，公共空间在一些艺术项目中只是扮演了一个无关痛痒的小角色而已。这种现象的产生一定也归因于对"公共空间"有着不同的文化理解。，"公共空间"（根据欧洲的定义）作为每个城市的支柱，在有关该城市未来发展的讨论中扮演着核心的角色。它是一个镌刻着社会生活的平台，而社会生活又留有相关文化背景的深刻印记。人类的生活永远在不停地变化，而公共空间和对它的获得也随之在不停地变化。

以上这一认识在《都市论坛》活动中得以获得发掘。艺术可以间接扼要地表达有效规则和社会诉求。艺术有能力将看不到的层面可视化，例如明确直观地表述社会和生态的问题。共同创造未来的解决方案，在这里具体指的是可持续城市发展的愿景。方案和愿景的实现需要——除了将问题可视化以外，——对于主题进行深入研究，需要不同文化和学科之间的对话，在最后一点上，《都市论坛》无疑是开了一个令人信服的好头。

*Hartwig Schultheiß*
*Stadtdirektur der Stadt Münster*

Um es direkt zu sagen: Konzept und Durchführung der Veranstaltung haben zu einem für mich unerwartet regen wie fruchtbaren Austausch geführt. Der unterschiedliche politische und gesellschaftliche Hintergrund war Auslöser für kontroverse Diskussionen über die Darstellung und Botschaften der einzelnen Arbeiten und führte zum gegenseitigen Verständnis. Aufgrund mangelnder Vorbereitungszeit auf Land, Menschen und Inhalte ging ich mit dem Eindruck eines Unvoreingenommenen in die Diskussionen. Der Verlauf der Veranstaltung hat gezeigt, dass intensive positiv-konfrontative Diskurse geführt wurden. Ich will die Arbeitsinhalte nicht im Einzelnen bewerten, sondern der Frage nachgehen, warum die Panel-Diskussionen so intensiv waren: Mir erschien die Vorstellung der einzelnen Arbeiten rein deskriptiv, fast oberflächlich, obgleich die »gedachten« Botschaften auf der Hand lagen:

Scheinwelt und »reale« Welt in der Plakat. Werbung
(Ni Weihua)

Umweltverschmutzung
(Nanmin Wang)

Warum ist »Sicherheit« so präsent?
(Liang Yue)

Lebensräume
(Qu Yan)

Obwohl das Forum gerade dazu gedacht war, ist ein klares Aussprechen der Intentionen meist unterblieben. Auch unsere anschließende interne Reflexion der Veranstaltung wurde bestimmt durch diese gemeinsame Erfahrung.

Eine zweite, für mich beim Einstieg in die Präsentationen unerwartete Facette des Tages, war die Diskussion um die unterschiedlichen Rollen der Planer und Künstler bezüglich ihrer Beiträge für den öffentlichen Raum. Auslöser dieser Auseinandersetzung waren zweifelsfrei unsere kurzen Referate mit Darstellung unseres jeweiligen (fachlichen) Hintergrundes.

Die gezogene Schlussfolgerung einer unterschiedlichen Verantwortung ist richtig: Der Künstler spürt Bemerkenswertes (im öffentlichen Raum) auf, der Planer entwickelt Lösungskonzepte und transformiert diese in den Plan. Eine intensivere Zusammenarbeit von Künstlern und Planern wäre eine Option.

Unsere anschließende Stadterkundung brachte allerdings die Erkenntnis, dass in beiden Ländern der öffentliche Raum (unabhängig vom Städtebau) unterschiedlich zu definieren ist (z. B. Nutzungsdichte, Grad der Privatheit etc.) Künstler und Planer müssen sich gemeinsam mit der Frage auseinandersetzen, was dem öffentlichen Raum – jenseits seiner gebauten Struktur – seine Identität verleiht.

Die Vorstellung der Arbeiten hat gezeigt, dass für diesen Schnitt eine wichtige Komponente bei der Weiterbearbeitung ergänzt werden muss: Die Reflexion der Reaktion der Bürger und die Partizipation der Bewohner (»Betroffenen«) bei der Umsetzung. Für die Einordnung der Arbeiten durch die Verfasser ist das insofern von Bedeutung, als dass die Arbeiten nicht reiner Selbstzweck, und damit nur selbstreflexiv sind. Das bedeutet Konfrontation, Kommunikation und Reaktion: Öffentlicher Raum ist anstrengend!

Mr. Eckstein, Mrs. Dong, Mr. Li Xiangning, danke für die fantastische Gelegenheit des Austausches, ich glaube, alle haben etwas mitgenommen. Ob Fragen oder Antworten, Erkenntnisse von Gemeinsamkeiten oder landesspezifischer Unterschiede. Für mich hat sich das Verständnis für die vorgestellten Arbeiten nochmals geschärft nach unserem Besuch des chinesischen Pavillons auf der Expo. Die Landessicht des Mottos »Better city-better life« erscheint in einem neuen Licht: Sie wird geprägt durch den uneingeschränkten Glauben an den technischen Fortschritt, der eine bessere, prosperierende Zukunft im Einklang mit der Natur bescheren wird.

*Hartwig Schultheiß*
*Stadtdirektur der Stadt Münster*

Let's put it this way: Concept and execution of the event led to an unexpected lively and fertile exchange. The different political and social background had worked as the catalyst for at times controversial discussion about the presentation and message of the single artworks and thus, resulted in mutual improved understanding. Due to a lack of preparation time for this country, its people and the topic of the event I had an open mind before the discussions. The course of the event showed me later that maybe just because of my missing preparation intensive positively confrontational dialogues were held. I will not evaluate each of the artworks but much rather explore the question why the panels where so intense: To me the presentations of the artworks sounded only descriptive, almost superficial, even though the "thoughts", their message was obvious:

Imaginary versus "real" World of poster advertisement
(Ni Weihua)

Environmental pollution
(Nanmin Wang)

Why is "safety" all around?
(Liang Yue)

Living spaces
(Qu Yan)

Even though this, for me, was the purpose of the Forum, a clear wording of the artists' intentions remained missing. Our subsequent discussion and internal reflection of the event was shaped by this mutual impression.

A second, for me unexpected aspect of the day was the discussion about the different roles of the planners and the artists concerning their contribution to the public sphere. Beyond doubt, the four presentations of the German guests' working background triggered this controversy.

I agree with the conclusion that was drawn from the different responsibility: The artists detects remarkable subjects (for example in public space), while the planner – as well – develops remarkable solutions and transforms these into plans. As an option, more intense cooperation between artists and planners would be desirable.

Our subsequent exploration of the city provided us with new insights into the different approach to the public sphere in China compared to our approach in Germany: Public spaces (independently from urban planning) have to be defined differently (e.g. density of utilization, degree of privacy etc.). Artists and planner have to discuss the question what it is that actually gives public sphere its identity – beyond its building structure.

The presentation of the artworks and the German approach has shown that a very important aspect has to be added to any future projects: A reflection of the reaction of the citizens and (when it comes to the implementation of a project) the participation of the inhabitants (the "public member who is aggrieved"). For the classification of the projects by their author this is espacially important because it detaches the works from pure ends in themselves, from being only self-reflexive. That implies confrontation, communication and reaction: The public sphere is exhausting!

Mr. Eckstein, Mrs. Dong, Mr. Li Xiangning: Thank you so much for this fantastic opportunity for intercultural exchange. We have benefitted greatly from it – I got many questions and answers as well as impressions of similarities and regional differences. Especially under the impression of the Chinese pavilion at the Expo 2010, I could understand the presented artworks much better. The Chinese view on the Expo's motto "Better city. Better life." shines in a new light now: This motto is shaped by an unlimited believe in technical progress that will provide a better, prospering future in accordance with the nature.

哈特维希·舒特海斯
明斯特市政长官

直截了当地说：此次活动的策划与举行带来了一种我意料之外的热烈而富有成果的交流。不同的政治与社会背景触发了关于个别案例描述与信息的某种程度上具有一定争议性的讨论，但讨论最终还是促成了双方的相互理解。

由于缺乏对这个国家、国民和内容的准备时间，我不带成见地参与了讨论。而活动过程显示，也许恰恰由于之前目的性不强的准备而带来了积极对抗的深入讨论。

这里我不对案例内容作个别的评价，而是想继续讨论一个问题，那就是"为什么讨论会如此热烈？"：在我看来，发言人对各项案例的介绍纯粹是描述性的，甚至几近表面的，虽然这些"思考所得"的信息清晰可见：

- 海报中的虚假与"现实"世界——广告（倪卫华）
- 环境污染 (王南溟)
- 为什么"放心"成为当下热点？ (梁越)
- 生命空间 (渠岩)

尽管论坛的初衷便是如此，但大体上没有很明确地表达出它的意图。这在我们会后内部对活动进行反思时，也是大家共同的感觉和经验。

案例报告刚开始的时候，论坛上演了一场关于在为公共空间创作作品时设计师和艺术家所担当的不同身份角色的讨论，这场讨论是我这一天第二次始料不及的体验。辩论无疑是由我们的短小报告以及对各自（专业）背景的阐述所引发的。辩论最后得出了一个关于不同责任分工的正确结论：艺术家（在公共空间里）发现值得注意的东西，设计者对此提出解决方案，将其列入规划。艺术家与设计师之间的紧密合作不失为一种选择。

接下来的城市考察让我们了解到两国对于"公共空间"（与城市建筑无关）有着不同的定义。（比如使用率、私隐度等等。）
艺术家与设计师必须一同来研究问题，探讨究竟什么——在公共空间建筑结构之外——能够赋予公共空间一种身份。

对案例的介绍表明，在进一步分析探讨该主题的时候必须补充以下重要组成部分。

- 对于市民反应的思考
- 在实施过程中居民（相关者）的参与程度

由于案例不单纯为目的本身，因此具有自身反射性。在这点上，作者对案例进行分类是有意义的。

这也意味着对抗、交流与反应。

公共空间是费劲的事！

*Christiane Brosius*
*Chair of Visual & Media Anthropology, Heidelberg University*

Im Mittelpunkt des 4. Urban Academy Workshops stand die Auseinandersetzung mit der Beziehung von öffentlichem Raum, Kunst und Kultur. Dieses Thema ist höchst und zunehmend relevant, nicht nur für Städte der nördlichen Hemisphäre, sondern auch für ein besseres Verständnis der Städte des Globalen Südens. Diese folgt anderen Einflüssen, entwickelt sich entlang anderer Linien – und fordert so auch die westliche Wahrnehmung eines Zentrum-Peripherie-Modells entlang der Achse zwischen »dem Westen« und »dem Rest« der Welt heraus. Stattdessen müssen wir uns vielmehr mit einer multizentralen Urbanisierung und Verflechtungen auseinandersetzen.

Ein Aspekt, den es zu erwähnen gilt, ist die zunehmende Wahrnehmung von »Kontaktzonen« (J. Clifford), in denen und durch die Kräfte, beispielsweise des Kunstmarkts und der sich verändernden Infrastruktur, die Rolle staatlicher oder privater Investoren für die Förderung von Kunstproduktion und –konsum emergieren. Aber auch die Rolle von Kunst als einem kritischen Instrument der Zivilgesellschaft und des Feldes kultureller Produktion (P. Bourdieu) ermöglichen uns über nachhaltige Stadtentwicklung nachzudenken. Ein weiterer Aspekt ist die Kreativindustrie und mit ihr verbunden die Idee, dass zunehmend die »creative classes« (R. Florida) zum entscheidenden Faktor für den Erfolg einer Weltstadt bei ihrer touristischen Selbstvermarktung und der Anziehung anderer Investoren werden. Eine Stadt wie Shanghai beruft sich sicherlich ebenfalls auf diese Auffassung!

Zu einem solchen Zeitpunkt sind Debatten, die von der Urban Academy angeregt werden, sehr produktiv . Sie beziehen sich auf Momente der Transformation und Aushandlung des »Öffentlichen« hinsichtlich Fragen ziviler Partizipation (z. B. Wessen Stadt ist es? Wessen »Öffentlichkeit« ist es?), die Machart der Kunstwelt und ihre Beziehung zu unterschiedlichen Öffentlichkeiten oder die Transformation der Stadt in eine Topografie der Kunsträume – sei es beim »white cube« oder auf städtischen Wandflächen. Tatsächlich ist es für zukünftige Debatten eine Herausforderung, Themen wie den durch Kunstwerke entstehenden Raum des Erinnerns im Städtischen zu diskutieren und unsere Aufmerksamkeit auf Konzepte der kreativen Stadt (C. Landry) und kreativer – in diesem Falle proaktiver – Öffentlichkeiten zu lenken. Diese bringen sich selbst in sich drastisch wandelnde Stadtlandschaften ein. Aus meiner Perspektive als Stadtanthropologin hätte ich mir eine differenziertere Diskussion, einen schärferen Blick auf den ausgesprochen heterogenen und komplexen öffentlichen Raum chinesischer Städte gewünscht. Zudem hat mich die relativ statische Verwendung von der Begriffe von »Kultur« und »Öffentlichkeit« überrascht – als wären die beiden Begriffe einfach unveränderbar und gegeben. Diese Denkweise klang auch in vielen Bemerkungen der Künstler an, die sich selbst als Sprecher »des Volkes« und »die Gemeinschaft« als Adressat ihrer Arbeit bezeichneten. Dennoch wurde dieses »Publikum« oder die »Öffentlichkeiten« an keinem Punkt der Diskussion eigentlich definiert, ja noch nicht einmal beschrieben oder verortet. Sie wurden als »selbstverständlich« angenommen.

Doch aus den Präsentationen der geladenen Künstler habe ich den Eindruck gewonnen, dass es sich um eine Vielfalt von Öffentlichkeiten, von unterschiedlichen Qualitäten öffentlicher Partizipation und Aktivitäten sowie unterschiedlicher Wege der Künstler, ihre eigene Rolle darin zu definieren, handeln muss. Wie etwa nehmen die Künstler ihren eigenen Einfluss wahr, wenn sie sich über ihre Arbeit in öffentlichen Raum und in die kollektive »Imagination« einbringen? Wird der Raum in diesem Zusammenhang reinskribiert, werden bestimmte Erinnerungen des Raum, der Gesellschaft und der Macht hervorgerufen, von »früheren Zeiten«, wie wir in der faszinierenden Präsentation von Qu Yan sehen konnten? Was passiert, wenn die in höchstem Maße globalisierte »Imagination« einer Weltstadt, wie Ni Weihua sie auf seinen Fotoleinwänden präsentiert, auf Wanderarbeiter trifft? Wie mag dies deren Vorstellungen vom »guten Leben« verändern und die daraus entstehenden Sehnsüchte? Warum wurde das Konzept von »Sicherheit« zum Mythos für den Verbraucher in China, wie Liang Yue in seiner Sammlung von Schildern, Plakaten und Reklamen für unterschiedliche Gebrauchsgegenstände zeigt? Zeigt sich hier nicht die Wahrnehmung der Sehnsucht einer neuen, viel komplexeren und anonymen Gesellschaft, die ein starkes Verlangen nach Sicherheit verspürt – und das in einer Zeit, in der soziale und wirtschaftliche Sicherheit ebenso auf dem Prüfstand steht wie die Wahlfreiheit und das Recht auf fundierte Information? Steht hinter diesem Verlangen nach Sicherheit nicht die Sehnsucht nach Vertrauen und ist es nicht die Enttäuschung durch die dubiose Politik der Markenproduzenten, die der Künstler adressiert?
Öffentliche Kunst bedarf des über einen langen Zeitraum hinweg bestehenden Engagements mit den Gemeinschaften. Jeder Anspruch auf öffentlichen Raum ist ein Anspruch auf die öffentliche »Imagination". Was kann man sich gemeinsam vorstellen? Gibt es kollektive Fantasien? Was ist die öffentliche »Imagination"? Ist die Öffentlichkeit ein Raum, in dem nach Alternativen gesucht

werden kann, oder ein Ort der Konformität? Manche Räume in einer Stadt sind weniger mit Bedeutung geladen. Und: Der öffentliche Raum ist nicht immer ein Gemeinschaftsraum. Für mich wäre die künstlerische Sensibilität gegenüber lokaler Diversität und lokaler Hoffnungen eine Diskussion mit Mehrwert gewesen. Zum Beispiel: Was haben die Arbeiten der drei erwähnten Künstler mit der Erfindung von Tradition, mit der nostalgischen Sehnsucht nach den »guten alten Zeiten«, zu tun? Wie schaffen sie gleichzeitig utopische Räume für ein wunderbares Leben, zu dem alle den gleichen Zugang zu haben scheinen? Wie wird das Motto der Expo »Better city. Better life.« in den Arbeiten der Künstler, im öffentlichen Raum, in kulturellen Praktiken ausbuchstabiert – wenn auch nur metaphorisch? Mir ist bewusst, dass die offene Ansprache von Problemen wie die kontroverse Praxis der Selbstpositionierung, von öffentlichen Vorbehalten und Ängste, für die Künstler schwierig sein könnte. Doch ich hatte den Eindruck, dass es sich dabei um ein zentrales Thema in ihren Arbeiten handelte und das regt uns an darüber nachzudenken, wie Deterritorialisierung, Zerrüttung, Wieder-Inbesitznahme und erneute Prägung eines Raumes und eines Volkes sich im Lauf der Zeit verändert und damit auch das Verständnis von »öffentlich« und »Kultur« beeinflusst haben. Eine letzte Erwähnung transkultureller und komparativer Aspekte, die aus den Präsentationen über Deutschland und Indien hervorgegangen sind, an dieser Stelle: Kann die Perspektive der südlichen Hemisphäre überhaupt anhand westlicher Maßstäbe gemessen werden – funktioniert das Konzept von »Öffentlichkeit« überhaupt, kann es übersetzt werden? Wie können chinesische und indische Großstädte miteinander verglichen werden und unter welchem Aspekt würde dies Sinn machen? Für mich wäre ein möglicher Ansatz der Blick auf die Rolle des Staates, der nicht mehr der einzige Akteur städtischer Entwicklung ist; es sind die neuen Kräfte des Kapitalismus am Werk, durch die die Sehnsüchte der Menschen komplexer werden. Es wäre von den Künstlern zu viel verlangt, ihre Arbeiten mit denen indischer Kollegen im öffentlichen Raum zu vergleichen. Aber für die Eröffnung weiterer Forschungsprojekte im Bereich des öffentlichen Raums, Kunst und Kultur, könnte diese Idee eine Option für zukünftige Urban Academy's sein – vielleicht mit weiteren Partnern in anderen Ländern, wie Indien, Singapur, Nepal oder Indonesien.

Alles in allem: Es war eine bemerkenswerte Erfahrung an dieser Urban Academy teilgenommen zu haben, die Künstler bei der Präsentation ihrer Werke und ein Publikum, das fünf Stunden lang engagiert zu hören kann, zu erleben.

## Public imagination

*Christiane Brosius*
*Chair of Visual & Media Anthropology, Heidelberg University*

The focus of this 4th workshop of the Urban Academy was to explore the crucial relationship of public space, art and culture. This is a highly and increasingly relevant topic, not just with respect to cities of the Global North but also for a better understanding of cities in the Global South as they work along different force fields and lines, also challenging western notions of a centre-periphery model along the axis of "the west" versus "the rest" of the world and look at multi-centred urbanisation and entanglements instead.

One particular aspect to mention is the growing notion of "contact zones" (J. Clifford) in and through which forces such as the art market and changing infrastructure, the role of the state or private investors in sponsoring/facilitating art production and consumption, but also the role of art as a critical instrument within civil society and the field of cultural production (P. Bourdieu), allow us to think about urban sustainable development. Another aspect is that of the creative industries, and with this, the idea that more than before, the creative classes (R. Florida) have become a crucial factor of world class cities' success to market itself to tourism and attract other investors. Surely, a city like Shanghai, is drawing upon such notions too!

At this particular point in time, such a debate as the one organised by the Urban Academy here, such themes are bound to stir important debates as they put their finger on moments of transformation and contestation of "public" in terms of civil participation (e.g. "Whose city is it? Whose public is it?"), the fabric of the art world and their relationship to different publics, the practice of turning the city into a topography of art places – whether in the "white cube" or on city walls. In fact, for future debates, it might be challenging to discuss issues such as the space of memory in the urban and enforced through art works, turning our attention to the concepts of creative city (C. Landry) and creative – that is – proactive publics, as they insert themselves into and reflect upon the drastically changing urban landscape. From my perspective as an urban anthropologist, I would have appreciated a more differentiated discussion of, view on and recognition of the obviously very heterogeneous and complex public space that exists in Chinese cities. Moreover, I was surprised about the relatively static use of "culture" and "public" as if they were unchangeable givens. This is also reflected in many of the artists' expressions that they considered themselves as speakers of "the people", "communities", that their works addressed but the "audiences" or "publics" were never defined or at least described or localised. They seem to have been taken "for granted".

Yet, from what I saw, and heard, in the presentations given my the invited artists, I gained the impression of having to deal with a multitude of publics, of different qualities of public participation and activities, and of manifold ways of defining their own role by the artists. How, for instance, do the artists perceive themselves as having an impact, as inserting themselves, with their work, into a public space and imaginary? Is place, in this course, reinscribed, are certain memories of space, society and power invoked, of "older times", as we could learn in the fascinating presentation by Qu Yan? What happens when the highly globalised imaginary of the world class city, presented on Ni Weihua's photo canvasses, clash with migrant workers in the cities, redefining their own notion of a "good life" and the thereof emerging aspirations? Why does the concept of safety emerge as such a consumer's myth in China, as Liang Yue has shown in his collections of signboards, hoardings and advertising of different commodities? Is the notion not a desire of a new, much more complex-anonymised, society, that shares a strong desire for safety at a time when social and economic safety are as much at stake as their freedom of choice and right for proper information? Is not trust intimately tied to the desire for safety, and the disappointments accompanying the foul politics of safety brands addressed by the artist? Public art necessitates a sustained and long-term engagement with communities. Every claim on public space is a claim on public imagination. What can be imagined together? Are there collective fantasies? What is the public imaginary? Is the public a site of searching for alternatives, or is it a site for conformity? Some spaces are less invested in within the city. Public space really is not always a community space.

To me, the artistic sensitivity to local diversity and aspirations would have been a value-added discussion. For instance: how do the works of the three artists' mentioned relate us to the invention of tradition, to the nostalgia for a "good past", at the same time also generating utopian spaces for a beautiful life to which all seem to have equal access? How does the Expo slogan "better city, better life" spell itself out in the art works, in public space, in cultural practices, even if just metaphorically? I understand that the open addressing of issues such as controversial practices of locating oneself, of public fears and anxieties might be a difficult undertaking for the artists, but I have gained the impression that this is a key topic in their works, and makes us ponder how deterritorialisation, disruption, reappropriation and reinscribing of place and peoples have changed over time, also impacting notions of "public" and "culture". One last mentioning of transcultural and comparative aspects that have emerged from the presentations on Germany and India: can the global south perspective be measured with western concepts – does the concept of "public" work at all, can it be translated? How can Chinese and Indian megacities be compared and in what way would this make sense? To me, one reason would be to look at the state's role as stopping to play the role of being the only player in the city's development; it is the new forces of capitalism, which also work to make peoples desires more complex. It would be too much to ask artists to compare their works to their Indian counterparts. But for the opening up of possible cross-fertilising research on the topic of public space, art and culture, this might be a thinkable option for future Urban Academy's – maybe with partners in other countries such as India, Singapore, Nepal, or Indonesia.

In sum: it has been a remarkable experience to participate at this Urban Academy and to listen to the artists presenting their works, as well as to the audience which kept engaged over the period of about five hours.

克里斯蒂娜·布罗西乌斯
海德堡大学

第四届都市论坛研讨会的重点在于探索公共空间、艺术和文化间的关系。这一主题的重要性与日俱增，不仅关系到北半球的众多城市，也为了能更好地了解南半球的城市。南半球的城市所受影响与北半球城市不尽相同，其发展轨迹也相差甚远，这就挑战了西方人一直以来根深蒂固的观念，那就是西方是世界的中心，其他地区都是世界的边缘。取而代之地，我们应更多地研究和讨论世界的多极化城市进程与城市间愈加密切的相互联系。

值得一提的是，“接触区域”（J. Clifford）这一理念正在越来越多地为大家所认知。在“接触区域”中，通过各方力量，如艺术市场和不断在完善的基础设施，国家或私人投资者在赞助艺术品生产和消费中的角色正显现出来。并且，艺术在人类文明社会及文化生产领域（P. Bourdieu）中作为一个批判性工具的地位，也促使我们对城市可持续发展的思考。另一个方面是创意产业，与此相关，创意阶层„creative classes“（R. Florida）已经成为决定世界级大城市旅游产业宣传和招商引资成败关键的一个因素。当然，像上海这样的城市也在充分利用这一理念。
在这个时间节点，都市论坛上引发起来的讨论自然让人受益匪浅。讨论话题从转型的此时彼刻到对“公众”——即市民的参与问题——的理解（城市是谁的？公众是谁的？），从艺术世界的百家争鸣到艺术世界与不同公众的关系，抑或把城市转变为艺术区域——不论在“白立方”或在城市的墙上。事实上，对于今后的争论，这将是一个挑战，比如讨论由艺术作品产生的供人们寻觅回忆的空间，比如将我们的注意力引向创新城市（C. Landry），引向更具创造力、更有前瞻性的公众。这所有的一切将使得城市面貌的变化愈加剧烈。

作为城市人类学家，我希望可以看到一个不一样的讨论，以一种更加犀利的视角，来探讨中国城市千差万别且错综复杂的公共空间。而且，我很惊讶的发现，对“文化”和“公众”这两个概念的应用几乎都是静态化的，仿佛它们是一尘不变似的。这一点也反映在了许多艺术家的表述中，他们把自己当做是“人民”、“组织”的发言人。但讨论中却不见任何对“听众”或“公众”两个词的定义、解释或定位。仿佛它们的含义是不言而喻的。

但是，通过在受邀艺术家们的演讲中的所见所闻，我留有这样一个印象，那就是“公众”是多元化的，公众的参与和活动的质量是不尽相同的，艺术家的路也是南辕北辙的，艺术家们在艺术之路上定位自己的角色。那么，当艺术家把他们的作品带入公共空间和集体“想象”之中时，他们怎样感受自己的影响呢？公共空间能被重新注册吗，“过往岁月里”有关空间、社会和权力的特定记忆——正如我们在曲岩精彩的演讲中看到的——能被唤起吗？正如倪卫华在其照片中展示的那样，如果关于一个高度全球化的世界级城市的印象遭遇，在，农民工时，会发生什么呢？农民工对于“好日子”的期许会有怎样的改变？他们又会有什么新的渴望？像梁越在他收集的不同商品的广告中体现的那样，为什么对于中国消费者来说“安全”竟然会变得遥不可及？这难道不是表现了这样一个崭新的、匿名的、纷繁复杂的社会对于安全的一种强烈的渴望？——而且正是在这样的一个时代，社会和经济安全正接受考验，选举自由和权利也徘徊在触底边缘。在这种诉求背后隐藏的难道不是一种对信任的渴望？这难道不是艺术家所传递出来的、对品牌生产者那些不靠谱的政策的一种失望？

公共艺术需要大家持续的、长期的共同投入。对公众空间的诉求即是对公众“想象”的诉求。有什么东西是大家能一起想象的？有没有集体幻想？什么叫公众“想象”？公众是一个寻求不同选择还是寻求一致的地方？城市里的一些地方相对还欠开发。公众空间不总是公共空间。对我来说，对区域的多元化、对各个地方不同的希望而产生的艺术家的敏感性是相当有讨论价值的。譬如：前文提到的三位艺术家的作品跟传统的创造、跟对“美好的旧时光”的怀念有什么关系？他们是如何为美丽生活创造一个乌托邦式的空间，在这里似乎所有人都有同等权利？上海世博会“城市，让生活更美好”这一标语如何在艺术作品中、公共空间里、文化实践中被表现出来——哪怕仅仅是隐喻性的？我明白，公开暴露一些问题，诸如与自我定位相左的一些实践、诸如公众的一些保留态度和恐惧，对于艺术家来说有些困难。但他们给我的印象是，这些是他们作品的基调，以此引发我们的深思，譬如，一个空间与一些民众的去领土化、分裂、再度私有化以及新的特征是如何随时间而变迁的，并且又是如何冲击对“公众”与“文化”的理解的。

最后要提到从有关德国与印度的演讲中体现出的跨文化和比较性的方面：南半球的方方面面能用西方人的观念来衡量吗——“公众”这一概念在南半球有用吗，能这样翻译过来吗？如何比较中国和印度的超大城市，在哪些方面才能使其有意义？对我来讲，这是对国家的角色的新的审视，因为国家不再是城市发展舞台上的唯一一个演员了；资本主义新的力量使得人们的渴望越发复杂了。如果要求艺术家把自己的作品和印度的同行在公众空间里做比较就过分了。为了能打开更多关于公共空间、艺术和文化研究项目的大门——可能的话还有合作效果——这也许能成为今后城市论坛的可行的方案——也许可以邀请来自印度、新加坡、尼泊尔或者印度尼西亚等国家的合作伙伴。总结：参加城市论坛是一个令人难忘的经历，聆听艺术家展示他们的作品，听众们在五个多小时里全情投入。我非常感谢能受到邀请，希望我的评论能有所帮助。

*Matthias Böttger*
*raumtaktik*

Updates kennt man von Softwareanwendungen: Von Zeit zu Zeit ergänzen Updates neue Funktionen, modernisieren die Benutzeroberfläche oder korrigieren alte Fehler, und bringen meistens mit diesen Verbesserungen auch neue Probleme. Die meisten Änderungen bauen auf Altem auf und stellen Optimierungen dar, manchmal jedoch ist ein Neustart notwendig und man muss von Vorne anfangen.

Für die Ausstellung »Updating Germany« auf der Architekturbiennale in Venedig haben die Kuratoren Friedrich von Borries und Matthias Böttger dieses Konzept der kleinen und weniger kleinen Schritte, die zusammen drastische Änderungen herbeiführen auf die Entwicklung eines nachhaltigeren Lebensstils angewandt. Zumindest in der wohlgenährten und gesättigten westlichen Gesellschaft wird es Wandel nur auf diesem Weg geben. Es wird keine Revolution geben, die von heute auf morgen alles auf einmal umkrempelt.

Und dieser eine Schritt wäre auch nicht wünschenswert, denn mit dem Konzept der Updates erkennen wir an, dass es keinen singulären »richtigen« Weg gibt, dass die Folgen heutigen Handelns und zukünftiger Veränderungen nicht definitiv voraussehbar sind. Wir werden diese Unsicherheit aushalten müssen, eine instabile Balance halten und die Zukunft auf vielen parallelen Pfaden erkunden: Zwei Schritte vorwärts, einen Schritt zurück, wie bei der Software.

Ich freue mich sehr, dass unsere Version des »Updating« vom Goethe Institut nach China gebracht wurde und nun seine Fortsetzung findet. Die von Li Xiangning kuratierte Ausstellung »Updating China« zeigt eine großartige Auswahl von Best-Practice Beispielen aus China und kombiniert sie mit Kunstwerken, die neue Perspektiven eröffnen.

Geniale technische Lösungen werden ohne kulturelle Anpassungen nicht funktionieren. Künstler können mit subjektiven Erkenntnissen Aufmerksamkeit auf aktuelle Phänomene lenken und kulturelle Integration anschieben. Von Künstler können jedoch keine Lösungen für Probleme erwartet werden an denen alle anderen Professionen gescheitert sind. Künstler sollten sich nicht als Problemlöser in Not und letzte Updater instrumentalisieren lassen. Stattdessen sollte ihnen erlaubt sein Fragen zu stellen, langfristig existierende Schemen zu durchbrechen und neue Optionen sichtbar zu machen.

Westliche Kunst ist sehr verschieden zu ihrem in ihrem Selbstverständnis von Kunst in China. Trotzdem muss Kunst im Sinne der obigen Unabhängigkeit und Autonomie als riskant und unbequem akzeptiert werden und nicht als dekorativ und stabilisierend verflachen. Kunst im öffentlichen Raum im speziellen muss kommunizieren und die Öffentlichkeit teilhaben lassen so unterschiedlich Öffentlichkeit auch definiert ist. Es war sehr erhellend die verschiedenen Ansätze von u. a. Qu Yan, Ni Weihua and He Chongyue aus China und Julika Gittner und Ina Weber aus Europa zu sehen. Kunst und Kultur können einen Unterschied machen und sie werden es in einer besseren Zukunft … Schritt für Schritt.

*Matthias Böttger*
*raumtaktik*

Updates are commonly known from software applications: From time to time, updates add new functions, revamp the interface or patch up old flaws, while doing good often introducing new bugs. Mostly it is a mere continuation and refinement, sometimes though you need to reboot and start from scratch.

For the exhibition "Updating Germany" at the Biennale of Architecture in Venice, the curators Friedrich von Borries and Matthias Bottger adopted the concept of accumulating small and not so small steps that add up to massive change for the development towards a more sustainable way of life. At least in the well-fed and saturated western societies, changing the world will not be possible any other way. There will not be a revolution tomorrow changing everything in one step.

This one step is also not desirable since, with the concept of updates we acknowledge that there is not one right path forward and it is impossible to predict all the future implications oftoday's actions or tomorrow's changes. We will have to endure this condition of unpredictability, debug an ever-unstable balance and explore the future on many parallel branches: Two steps forward one step back, as in computer software.

I am very happy that our concept of "Updating" was brought to China by the Goethe Institut, and that it now finds its continuation. "Updating China" curated by Li Xiangning shows a great selection of the best practice examples from China and combines them with art projects opening up new perspectives.

Arts and culture playa crucial role in conveying changes and making them accessible for everyone in very different cultural contexts. Ingenious technical solutions will not be enough without an accompanying cultural shift. Artist can develop subjective insights on actual phenomenon to raise awareness and to pave the ground for cultural integration. What artist cannot do is provide solutions on demand when other professions no longer see feasible options. Artists should not let themselves become exploited as problem solvers or up daters of last resort. Instead, artist should be allowed and supported to ask questions, subvert longstanding algorithms and open up new fields of options.

Art in western context is very different from art in Chinese circumstances; nevertheless art in the above-mentioned independent, autonomous way has to be accepted as risky and inconvenient, not as decorating or stabilizing. Art in public spaces especially has to communicate and let the "public" participate in whatever way "public" is defined in each specific situation. Therefore, it is very enlightening to see the different approaches by to name a few Qu Van, Ni Weihua and He Chongyue from China as well as the works of Julika Gittner and Ina Weber from Europe. Art and culture can make a difference and they will in a better future ... Step by step.

马蒂亚斯•伯特格尔
空间策略

更新一词一般用于软件操作：通过不时的更新添加新的功能，翻新用户界面或是修补旧的漏洞，但在更新过程中也常常会带来新问题。大多数的更新都是在原有的基础上进行优化，有时候则必须重新启动，从头来过。

小流可以汇聚成大海。在威尼斯国际建筑博览会"更新德国"的展览中，策展人弗里德里希·冯·博里斯和马蒂亚斯·伯特格尔把这种概念应用到了通往可持续生活方式的道路上。至少在发达稳定的西方社会中，变化之路别无他法。不可能有一场一夜之间就能颠覆一切的革命。

这一步也并非人们所希望的，因为根据更新的原则我们必须承认，"正确的"道路并非只有一条，今天的行动与未来的变化无法全部预测。我们将必须忍受这种不安定性，必须要在不稳定中保持平衡，在不同的道路上探索未来：就像更新软件那样，向前两步，后退一步。

我们的"更新"概念通过歌德学院引入中国并在此发展，对此我感到很欣喜。由李翔宁策划的"更新中国"展览精选了中国最佳实践案例，将其与艺术作品联系到一起，开启了新视角。其中，艺术与文化是关键，它传达着变化，而且不同文化语境中的人们都能理解。不适应当地文化，再绝妙的技术成果也无用武之地。艺术家可以通过自己的主观理解，引导人们聚焦当下的现象，为文化融合铺平道路。

如果问题在各自的专业领域内尚不能得以解决，艺术家自然也无法提出解决之道。艺术家不应该是紧急情况下的问题解决者，也不该是最终更新者。而是要允许他们提出问题，打破定势，带来新的选择。

对于艺术的理解中西方的差异很大。尽管如此，在上文所提到的独立自主意义上，艺术必须是冒险的，有些不合时宜的，而非用来装点或是粉饰太平。尤其是公共空间内的艺术必须能够言之有物，还要让公众参与进来，尽管在各种情况下对"公众"定义不同。因此，不论是从曲岩，倪卫华，何崇岳等中国艺术家的尝试中还是在尤里卡·盖特那和伊娜·韦伯等欧洲艺术家的作品里，我们都深受启迪。艺术与文化能够带来改变，一步步地通往更好的未来。

***»Landschaftsmauer« und »Schlüsselworte: Entwicklung und Harmonie«.*** *Die Werke der Fotografie und Videokunst sowie ihre sprachlichen Ausdrücke in der Serie »Schlüsselwörter« sind »Landschaftslogans«, die mit unserer heutigen Gesellschaft zu tun haben. Sie sind aber auch Abschnitte des Mainstream-Diskurses und ihrer Schauplätze. Mit dem Ausdruck »Entwicklung ist die harte Wahrheit« (Deng Xiaoping) wurde z. B. unter dem Einfluss eines neuen ideologischen Diskurses die nationale Kampagne des energischen Wirtschaftsaufbaus schriftlich festgehalten. Und mit dem Begriff »Harmonie« erfährt momentan jeder von uns die »derzeitige Geschichte«. Dieser Begriff ist ein weiteres Kapitel der »Entwicklung«, weshalb er in den gleichen Kontext mit »Entwicklung« zu stellen ist. »Harmonie« ist ein weiteres klassisches Beispiel eines sprachlichen Ereignisses. Vielmehr noch, er hält die derzeitigen gesellschaftlichen Probleme Chinas aufrecht, stellt zugleich aber auch eine »Taktik« dar, diese Probleme zu lösen. Die »Landschaftsmauer« ist eine natürliche Landschaft, die als Werbefläche im Freien fungiert. Sie stellt bestimmte Anblicke dar und entfernt Details der Szenerie. Gleichzeitig hält sie alle möglichen Szenen, die sich unmittelbar vor der »Landschaftsmauer« abspielen, mit einem Schnappschuss fest, wodurch Umbau und Wandel in einer betriebsamen Stadt dargestellt werden, was für das normale Volk ein gewöhnlicher Zustand in seinem Lebensraum ist. In der Serie »Landschaftsmauer« wird eine Reihe von Räumen gezeigt, die sich gegenseitig durchlaufen. Im Rahmen dessen, was sich in den wirklichen Szenen abgespielt hat und auf dem Foto festgehalten wurde, ist ein Teil der Werbefläche in der Nähe ausgeschnitten und abgespielt. So wird der Betrachter in einen fiktiven Raum fallen gelassen, und es entsteht eine zeitliche und räumliche Fehlkopplung.* ***"Scenery Backboard" and "Keywords: Development and Harmony".*** *"Keywords", a series of photographs, is a type of photography concerned with contemporary society's "slogan landscape", or to put it another way, with core mainstream discourse and their record of a moment in time. "Development is the absolute principle" describes a vigorous campaign of economic development nationwide under the new ideology. "Harmony" is the "benefits" every one of us is experiencing and the next stage of development; thus is put under the same context as "development". As another typical "language event", "harmony" is more connected with social problems in today's China along with some "strategies" to solve the problems. "Scenery Backboard" will be used as large landscape of outdoor print advertisements by selecting partial views, removing details of the surroundings and taking shot of what is taking place in real time in front of various backboards to illustrate the living space of ordinary people in the vigorous urban reconstruction and changes. The mix-up of a number of spaces is displayed on "Scenery Backboard". The activities taken on site and the landscape advertisements on the photos make those characters "fell" in the mismatch of time and space in another virtual space.* 《风景墙》和《关键词：发展与和谐》。摄影和摄像作品《关键词》所呈现的与其说是一种关于当今社会的"标语景观"，也是对主流核心话语及其现场的片断记录。"发展是硬道理"记述了一场在新的意识形态话语影响下全国性轰轰烈烈的经济建设运动。而"和谐"是我们每个人正在经历的"当下历史"，它是"发展"的下文，因而也与"发展"置于同一个语境。"和谐"作为另一个典型的语言事件，更多地维系于当下中国的社会问题，以及解决问题的一些"策略"。而《风景墙》将作为户外平面广告的大幅风景进行局部取景，去除四周环境细节，同时将各类风景墙前即时发生的情景抓拍定格，呈现了在轰轰烈烈的城市空间再造和更迭中，作为普通民众的生活空间的状态。《风景墙》里呈现了一系列的空间互涉。在真实的拍摄地发生的活动和照片所记录的取景框中广告风景画而使得主人公"跌落"进了另一个虚构空间而产生的时空的错接。

和

CCECC

***»Wasser des Taihu-Sees« und »Abreibung der Dürre«.*** *Die zwei Werke von Wang Nanming zeigen mittels Kunst reale Bilder von schockierenden Umweltkatastrophen. In seiner Sensibilität gegenüber des Verlangens der Gesellschaft nach Zeit und Neuigkeiten, ist der Künstler gleich nach der Katastrophe vor Ort gefahren, um seine Werke zur Vollendung zu bringen. »Das Wasser des Taihu-Sees« ist ein Werk, das von der Wasserverschmutzung des Taihu-Sees durch Blaualgen erzählt, wobei der Schwerpunkt darauf gerichtet ist, dass das verschmutzte Wasser durch Zuführung einer bestimmten Substanz festgehalten werden soll. Der Künstler lässt einen weißen Stoff in den See, welcher durch die Blaualgen grün gefärbt wird. »Abreibung der Dürre« ist ein Kunstwerk, das sich mit dem Problem der Austrocknung des Xiliu-Sees in Zhengzhou (Provinz Henan) beschäftigt. Unter Anwendung der traditionellen chinesischen Tusche-Abreibungstechnik bildet der Künstler die Rissbildung im trockenen Flussbett auf dem Reispapier ab. Beide Werke wirken wie abstrakte Bilder, aber das Abstrakte ist lediglich ein Ergebnis – ein Abdruck. Es handelt sich nicht um bewusst abstrakt gestaltete Kunst. Mit seinen Werken konzentriert Wang Nanming sich auf gesellschaftliche Probleme, er ist ein sehr kritischer Künstler.* ***"Taihu Lake" and "Rubbing of Drought".*** *Two works of art of Wang Nanmin disclose the shocking scenes of ecological disasters. Sensitive to social events and news, the artist went to the site in the first place to create his work. "Taihu Lake" is about the water pollution caused by blue algae in Taihu Lake. The key is to record the polluted water with some physical materials. This has been achieved by putting a white cloth in Taihu Lake, which will turn green because of the blue algae in the water. "Rubbing of Drought" is about the drought at the Xiliu Lake in Zhengzhou. It presents the dried and cracked ground in an abstract style by means of Chinese traditional ink rubbing. The two works look like abstract paintings but abstraction is only the result – mark, which is not based on abstract formalism. As this post-abstraction involves social problems, it is also a critical art.* **《太湖水》和《拓印干旱》。**王南溟通过两个艺术作品揭示了触目惊心的生态灾难的现实场景。出于对社会实践和新闻的敏锐性，艺术家在第一时间赶到现场完成自己的作品。《太湖水》是一件有关太湖蓝藻造成的水污染的作品，重点是要将污染水通过某种物质材料固定下来。实施方法是用白布放到太湖中，然后让蓝藻将白布染成绿色。《拓印干旱》是一件有关郑州西流湖干旱的作品，采用中国传统的水墨拓印的方法将干旱开裂的地表形态以抽象的形式呈现出来。这两个作品看上去像抽象画，但是抽象只是它的结果——痕迹，它的来源不是形式主义抽象。由于这种后抽象聚集了社会问题，所以它又是批评性艺术。

***»Räume der Macht, Räume des Glaubens, Räume des Lebens«.*** *Bei einer Fotogruppe der »Räume der Macht« handelt es sich um Büros in weit abgelegenen Dörfern der Provinz Shanxi. Dort wird an schriftlichen Auszeichnungen, Parolen, Fahnen und sonstigen als Sinnbilder eines Machttotems nicht gespart. Im Büro der Dorfvorsteher werden diese sogar Zeugen darüber, dass das Büro selbst ein Symbol für einen Raum der Position und Würde ist. In der anderen Fotogruppe sind Büros von Beamten einer Regierungsbehörde in einer Großstadt sowie von verschiedenen Unternehmern zu sehen. Diese repräsentieren wieder eine andere Form von chinesischen »Räumen der Macht« und sind für die Dorfvorsteher sicher eine Utopie. In der Serie »Räume des Glaubens« richtet der Künstler Qu Yan den Fokus auf »versteckte« Kirchen, die sich in weit abgelegenen Dörfern befinden. Dabei handelt es sich oft um zerfallene Häuschen, im Innern übereinander gestapelte Bänke mit Sitzkissen und einer für Kirchen typischen Ausstattung (Kruzifix, Jesus und hängenden Schriftrollen). Das sind die einzigen Zeichen christlicher Heiligkeit. In der Serie »Räume des Lebens« drückt der Künstler mittels der Gegenwart von Menschen die Abwesenheit und Untätigkeit der Macht aus. Gleichzeitig bringen diese präzise beschriebenen Räume aufgrund ihrer reichlich und vollständig vorhandenen Details das Gefühl von Machtlosigkeit des Menschen zum Ausdruck. Diese Serie bringt die Existenzlage bezüglich Macht, Glauben und Leben der Menschen in diesen weit entfernten Winkeln Chinas in all ihrer Wirklichkeit hervor.* ***"Power Space", "Religion Space" and "Life Space".*** *One of the "Space of Power" is taken in some rural office in a village of Shanxi, where certificates, posters, flags, etc., the symbol of the power is not parsimonious. In the family village office, these are even for the witness as a symbol of dignity and property; the other one of "Power Space" is taken in the governmental officials' and business bosses' offices in big cities. No doubt, this is another end of the "power space" in China, which is a utopia of the space of power in rural areas. In the series "Religion Space", Qu Yan features the "underground" churches in remote villages, some are also located within dilapidated cottages. The stacked benches and the interior decorations (the cross, Jesus and the scroll) are the only religious sacred representations. In the series "Life Space", she highlights the absence of power and its inability by showing the presence of people. At the same time, people's feelings of powerlessness are silhouetted against his precise description of space, especially the fine details. This series displays the real living status of people in remote areas relating to power, religion and life.* **《权力空间、信仰空间、生命空间》。**《权力空间》一组拍摄的是山西乡下的乡村办公室，在这里，奖状、标语、旗帜……象征着权力的图腾并不俭省，在那些家庭村长办公室，这甚至成为空间身份的见证物和空间尊严的象征；另一组拍摄的是大城市中政府机构官员和企业老板们的办公室，毫无疑问，这正是中国"权力空间"的另一极，是乡村权力空间的乌托邦。在《信仰空间》系列作品中，渠岩关注的是边远地区乡村的"地下"教堂。它们往往是破败的村舍，层叠的条凳（及上面的坐垫）和室内的装饰（十字架、耶稣像和条幅），是宗教的神圣性的仅有表征。在《生命空间》这个系列中，他通过人的在场来突现权力的缺席与不作为。与此同时，他所精确描述的空间，却以其充足、充分的细节表现反而衬托出人的无力感。这一系列真实地展现在这些偏远的地区有关权力、信仰和生命问题的人的生存状态。

神手神药神效

华佗在世

若有人要跟從我就當括己
背起他
背起他的十字架来跟從我
跟從我就當舍己
因为天国是他们的。
为他们必得安慰。温柔
他们必承受地土。饥渴慕
因为他们必得饱足。

天上救主降人間
愛

山西
人口学校
運籌帷幄

山西省阳高县种子公司
奖给 白庄村
二〇〇四年度
红旗单位
中共广灵县委
广灵县人民政府
二〇〇五年一月
先进集体
16

***»Der Bunte Fond«.*** *Der »Bunte Fond« wurde auf Initiative des Künstlers Zhou Chunya ins Leben gerufen und wird von mehreren Künstlern gemeinsam getragen. Abgesehen davon, dass durch diesen Fond grundlegende finanzielle Unterstützung geleistet werden kann, sammelt er künstlerische Ressourcen und ruft zu Spenden auf. Er vereinigt die Mittel und das Kapital der Wohltätigkeit der Gesellschaft. Der Fond bietet Menschen mit Behinderungen die Möglichkeit, eine Schule zu besuchen, in Ausstellungen zu gehen oder sich mit Künstlern auf entsprechenden Plattformen auszutauschen. Mit Hilfe der Kunst wird Trost gespendet, wird der Schaffensgeist dieser Menschen angeregt, wird die Existenzfähigkeit verbessert und ganz allgemein ein Bewusstsein für den Wert des Lebens geschaffen. Das erste künstlerische Hilfsprojekt ist vor allem auf Schüler gerichtet, die durch das Erdbeben am 12. Mai 2008 körperliche Schäden davon getragen haben. Mit Hilfe der Kunst wird diesen Schülern psychologische Unterstützung angeboten. Eine große Betonung liegt auch auf der Förderung der künstlerischen Fähigkeiten dieser Schüler, weshalb den Lehrern unentgeltlich Fortbildungen angeboten werden und den Schülern das Material zum Lernen. Darüber gibt es für Schüler mit Behinderungen auch Stipendien, die sie beim Leben und Lernen unterstützen. Einige hervorragende Schüler, die mit Hilfe dieses Fonds unterstützt wurden, haben es bereits geschafft, an verschiedenen Kunsthochschulen Chinas aufgenommen zu werden, um dort eine qualifizierte Ausbildung zu bekommen. Der Fond unterstützt sie während der Studienzeit mit einem Stipendien und Zuschüssen zum Lebensunterhalt.*
***5 Colours Foundation.*** *The artist Mr. Zhou Chunya with the co-operation of other professionals, launched “5 Colours Foundation”. Besides the fund provided by Mr. Zhou himself, the foundation also has the collection of arts resources, rational social contributions, and the charitable resources from the community. The foundation creates a communication platform for disabled people in the areas of education, exhibitions and arts. Art soothes their soul in order to stimulate the creative spirit of people with disabilities, as well as their survival skills and the pursuit of human values. The first art-aided initiative is focused on students who became disabled in the 5.12 earthquake to treat them through psychological rehabilitation by means of art. The emphasis is put on the development of their artistic skills, the offering of education and school supplies for free, etc. and financial aid to facilitate their studies and life. In the initiative of 5 Colours Foundation, the disabled students who succeed in the study will have accesses to higher education in various art colleges. During their study in college, 5 Colours Foundation will offer them scholarships and living subsidies.* **五彩基金 。**“五彩基金”由艺术家周春芽先生发起，并与其他专业人士共同组成。基金由周春芽先生提供基本捐助资金外，集合艺术资源，通过合理募集社会捐助，聚集社会资源及慈善资本，为残疾人士提供教学、展览以及艺术交流的平台。以艺术抚慰心灵，激发残疾人士的创作精神，掌握生存技能，追求人生价值。 首期艺术助残计划特别针对5.12地震致残学生。以艺术形式为地震致残学生提供心理康复治疗，着重培养地震残疾学生艺术技能，为其无偿提供教师教学、提供学习用具等，并为残疾学生提供助学金，帮助其更好的学习和生活。残疾学生在“五彩基金”助残计划中学习优异者考入国内各类型艺术院校，进行高等教育专业学习。“五彩基金”在学习期间提供奖学金和辅助生活的相关费用。

***»Holz. Baum. Wald«.*** *Durch das Projekt »Holz. Baum. Wald« soll auf künstlerische Weise das Bewusstsein der Menschen für den Umweltschutz geschärft werden. Es handelt sich dabei um ein zirkulierendes Fondsystem zur Erholung des Waldbestands auf unserem Planeten. Bei diesem Fondsystem wird ein Teil der Gelder aus relativ reichen Gegenden permanent in ärmere Gebiete geleitet, um damit Bäume zu pflanzen. Es geht dabei um das Überleben der Menschen und der Tiere, um Bodenerosion, Gesellschaftspolitik und Gestaltung der Politik. Unter Anleitung haben Schüler aus verschiedenen Ländern der Welt Bäume gemalt. Die Bilder wurden nummeriert und in einer Internet-Galerie ausgestellt, sodass sie weltweit käuflich erworben bzw. ersteigert werden können. Der Künstler hat selbst anhand der Bäume, die die Schüler gemalt haben, ein großes Bild mit einer Baumlandschaft geschaffen und auf diese Weise die Sammlung und systematische Zirkulation gefördert. Denn Gelder aus Spenden werden in die Gegenden transferiert, wo Wälder aufgeforstet werden. Die Bäume auf den Bildern können so sinnbildlich zu echten Bäumen werden. Diese gegenseitige Wechselwirkung der systematischen Zirkulation besteht in folgenden Punkten: 1.) das Internet kann kostenlos genutzt werden, 2.) Ausnutzung des wirtschaftlichen Gefälles von verschiedenen Gegenden, 3.) alle an diesem Projekt Beteiligten ziehen einen Vorteil daraus. In diesem Kreislauf sind Wissensvermittlung, künstlerisches Schaffen, Liebe und Anteilnahme sowie Kommunikation alles Elemente, die einen gegenseitigen Nutzen haben und die eine Vorstellung verwirklichen.* ***Forest Project.*** *"Timber, Tree, Forest" aims to improve local people's awareness of environmental protection. It is a self-circulation system of fund-raising for forest restoration on the earth. The system drives constant cash flow from more affluent areas to poorer areas for the planting of trees. It involves the existence of human beings and animals, soil erosion as well as social policy and political ideology. Students from different places in the world are taught to draw trees. Their drawings are numbered and then shown in online galleries and collected by people all over the world through an online shop and auction. The artist draws a series of large landscapes on forests, based on the students' drawings to promote the collection and system circulation. The funds will be transferred to the forestation areas to fund planting. The trees in the drawings will turn into real trees growing on the earth. The rationale of the circulation system lies in these: 1) free functions on the web are made use of to minimize costs; 2) the gap in economy between areas is made use of; 3) all parties involved in the project benefit. The running of this system involves knowledge transfer, art creation, love and care, communication, mutual benefit and ideal fulfilment.* **《木•林•森》计划 。** 《木•林•森》计划用艺术的方式提高当地人对环境的保护意识。它是一个为地球恢复森林集资的自循环系统，这个系统将部分资金从相对富裕的地区不断地流到贫困的地区，为种树所用。涉及到人的生存，动物的生存，水土流失以及社会政策和政治形态。通过教授世界不同地方的学生画树，这些画经编号后，通过网上画廊展出并被世界各地的人们通过网上购物、拍卖和转账功能购藏。艺术家本人根据学生画的树，创作大幅系列森林风景画，从而促进收藏和系统循环。善款将汇入造林地区的植树款项中。这些画在纸上的树将变成真的树，生长在大地上。此系统循环往复的根据在于：一、利用当今网络系统的免费功能，达到最低成本消耗；二、利用不同地区之间的经济落差；三、所有与此项目运转有关的部分都获得利益。在这个运转过程中，包含着知识传授，艺术创造，爱和关怀，沟通互利和理想实现的因素。

TREE
ROOT

Miti ni uhai
Miti ni dawa

Mti

好好学习 天天向上

***»Keine Sorge«.*** *Der Künstler Liang Yue fotografiert unentwegt Werbeanzeigen und Slogans, die in unserem Leben mit solchen Produkten zu tun haben, über die wir uns »Keine Sorgen« zu machen brauchen (solche Produkte werden offiziell von chinesischen Behörden als »Keine Sorge-Produkte« deklariert, Anm. Übers.) Er sammelt aber auch Bilder und Überschriften mit dem Spruch »Keine Sorge« aus Zeitungen und dem Internet. Die Fotos und Bildersammlungen werden nun in einer Ausstellung gezeigt »Keine Sorge – Öffentliche Bilder von Liang Yue«. Der Künstler weist direkt auf den Milchpulverskandal hin und zeigt das angespannte Verhältnis zwischen Anbieter, Qualitätskontrollbehörde und Konsumenten, indem er beide Schilder »Keine Sorge« und »ohne Kontrolle« zusammen ausstellt und somit auch den Missstand in der Staatlichen Administration. Aber die Ausstellung an sich soll auch eine Funktion des Medienkritikers haben. Die in der Ausstellung gezeigten Schilder »Keine Sorge« suggerieren uns, dass wir uns keine Sorgen machen müssen – aber die Sorgen bleiben dennoch. Keine Sorgen bei einem Produkt oder hinsichtlich der Produktherstellung zu haben, ist für den Verbraucher äußerst wichtig, aber der Spruch »Keine Sorge« wurde zu einem Werbespruch. Es mag sein, dass wirkliche »Keine Sorge«-Werbung nunmehr Ironie hervorruft, jedoch spiegelt das den Mangel an öffentlichem Vertrauen sowie die Missstände hinsichtlich der Rechtschaffenheit des Systems der modernen Gesellschaft Chinas wider.* ***The Series Safety.*** *Artist Liang Yue persistently takes photos of advertisements and banners about "safe shop" and "safe products" in daily life. He also searches and collects pictures and articles related with "assurance" on the internet and newspapers. "Safe Advertisements – the public images of Liang Yue", which are made up by these "safe", was exhibited. Referring to the "milk powder" event, the exhibition not only Exposes the tensed relationships between suppliers, Institute of Inspection on Quality and Technology, and consumers, moving "safe" signboard and the disadvantages of "Exemption from Inspection" to the public, but also emphasizes the critique character of the press. All the images in "Safe" are implying the "unsafe" behind "safe". "Safety" which should have been an obligation of producers to consumers becomes a slogan to the extent that a real "safe" advertisement becomes an irony against "safety". This reflects the absence of a basic credible system and public confidence in Chinese society at the moment.* **《放心系列》。**艺术家梁越持续地拍摄生活中有关"放心店"和"放心产品"的广告、标语，还从网上搜索和报刊上收集到与"放心"相关的图片和文字。将这些《放心》组成"放心广告——梁越的公共图像"展出，不但直指今日的"奶粉"事件，将这种供货商、质量技术监督部门和消费者之间的紧张关系，"放心"招牌和国家"免检"的行政弊端都搬进了展览现场，而且展览本身也强化了新闻批评的性质，展览中的《放心》图片都在向我们暗示着——"放心"下的不放心。"放心"这个产品生产原本对消费者是必须履行的义务，但也被做成了广告词。以至于变成哪怕不虚假的"放心"广告也构成了对"放心"的反讽，反映了当代中国社会基本诚信体系和公信力的缺失。

放心配货
67211625

放心燃具店
雨点美发

水泥
放心水泥

吃双汇肉 灌放心
双汇香肠调料

八批城市放心粮油销售店

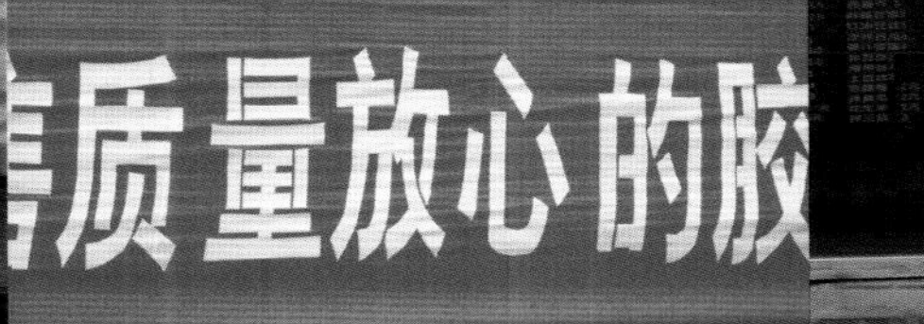
质量放心的

放心糖

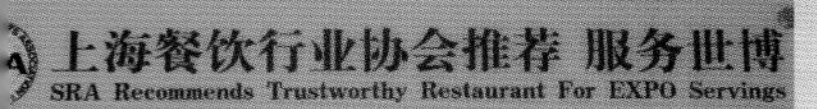
上海餐饮行业协会推荐 服务世博
SRA Recommends Trustworthy Restaurant For EXPO Servings

放心留学
专业留学

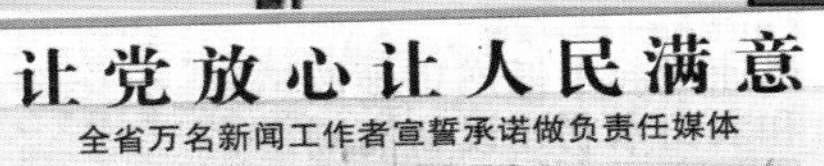
让党放心让人民满意
全省万名新闻工作者宣誓承诺做负责任媒体

社论

放心
河南电视台 3.15

***Internationaler Flughafen Pudong – Humanes Umweltkunstprojekt.*** *Einen Flughafen permanent als eine Kunsthalle zu nutzen, war der Ausgangspunkt für dieses Projekt. Das Humane Umweltkunstprojekt im Internationalen Flughafen Pudong wird derzeit in China mit seiner charakteristischen Gesellschaft und Politik verwirklicht. Dieses Projekt strebt mit allen Kräften danach, die Verbindung der Kunst mit dem öffentlichen Raum zu fördern. Das »humane Umweltkunstsystem« ist ein Bauprojekt, bei dem in vielerlei Hinsicht Untersuchungen und Evaluationen durchgeführt werden müssen. Sein Hauptziel ist, die ursprüngliche Gebäudefunktion zu garantieren, zur gleichen Zeit aber auch Kunstwerke in angemessener Weise in den Raum und die Umgebung zu integrieren, sodass sich der Reisende zwischen ihnen befindet und Kunst erleben kann. Dieses Projektsystem soll die Umgebung des Flughafens verschönern. Mit Hilfe einer Reihe von Ausstellungen wird auf einer breiten Ebene Kunst im Raum in der besonderen Umgebung des Flughafens dargestellt. Dabei geht es auch um das Bemühen, die Vorlage für die Implementierung von humaner Kunst in einer öffentlichen Umgebung, wie z. B. einem großen Verkehrsdrehkreuz, zu kreieren.* ***Pudong Airport Arts Projects.*** *To turn the airport into a moving fine arts museum was the original purpose of this project. "Shanghai Pudong Airport Arts Projects" seek a maximum combination between art and public space under the characteristic social and political reality in China. "Cultural environment art system" is an environmental system project that requires considerations from all angles. Its ultimate goal is to properly integrate artworks in the spatial environment to involve passengers in it to experience arts while ensuring the integrity of the original building functions. The project will improve the spatial environment of the airport in a systematic way; fully display the cultural and artistic images of the unique airport space through a series of shows, with an attempt to set up an example of implanting culture and art in the public space of a large transport terminal.* 浦东国际机场人文环境艺术项目。把机场变为流动的美术馆本身是本项目的出发点，"上海浦东国际机场人文环境艺术项目"在中国特有的社会政治现实中，力求最大限度促进艺术与公共空间的结合。"人文环境艺术系统"是需要多方位考量的环境系统工程。它的最终目的是：既要保证原有建筑功能的完整，同时又能让艺术品恰当的融合到空间环境中，让旅客参与其中，感受艺术。该项目系统改善机场的空间环境；用一系列展览，全方位展示机场独特空间的文化艺术形象，力图打造大型交通枢纽公共空间环境人文艺术植入的范本。

# *Ausstellungs-projekte*
# *Proposals for Exhibition*
# 可持续艺术项目

Collecting Rubbish/收集垃圾

**Ina Weber/伊娜·韦伯**

Das Fahrrad ist mein Hauptfortbewegungsmittel in Berlin, für den Weg von der Wohnung ins Atelier und zum Einkaufen, aber ich benutze es auch für zahllose Transporte meiner Arbeitsmaterialien und Werkzeuge. Der Rückweg vom Baumarkt stellt oft eine ziemliche Herausforderung dar. Kein Wunder, dass ich die Transporte der Müllsammler in Shanghai mit großem Interesse betrachtet habe. Die Anhäufungen, Stapelungen, Verzurrungen haben an sich schon eine skulpturale Qualität und sind nicht selten monumentale Versuche, die Schwerkraft in Griff zu bekommen. Aber auch die sozialen Gefüge sind bemerkenswert. Bei meinen ausgedehnten Spaziergängen fing ich an, genauer zu verstehen, wie dieser Prozess des Einsammelns und Weiterverwertens funktioniert, an welchen Orten er stattfindet, wer die Protagonisten sind, und wie ihre Beziehungen zueinander, und durch wie viele Hände wiederverwertbarer Abfall geht, beim Sammeln, Sortieren und Weiterverkaufen. Es gibt die Überreste des Konsums, die beseitigt werden, und sich in einer längeren Kette von Austauschaktionen in wertvollen Rohstoff verwandeln. Recycling ist hier kein hochtechnisierter, dafür aber ein enorm kommunikativer Prozess, bedeutsamer Teil der Interaktion im Leben eines Stadtviertels. Seit der Moderne dient Müll als Rohmaterial der bildenden Kunst, und Sammeln wurde zu einer Grundtechnik. Gleichzeitig sind beide, Müll und Sammeln, wichtige Themen der Kunst geworden. Die Ergebnisse künstlerischer Arbeit rufen regelmäßig Unsicherheiten hervor: Sind sie das Produkt von Dilettantismus oder Genie, gekonnt oder Augenwischerei, ein faules Ei oder eine clevere Investition, sind sie Müll oder Wertstoff? Kunst ist ein unsicheres Terrain mit einer Ambivalenz der Werte. Dass sich Werte nicht allgemeingültig sind, können wir vom Müll lernen. Die Müllsammler gehen ihrer Tätigkeit ohne eine besondere ökologische Intention nach, und trotzdem ist das Müllsammeln mit dem Fahrrad ist eine der konsequentesten nachhaltigen Praktiken: Manchmal entscheiden sich Wertigkeiten im Tun.

The bike is my main means of transport in Berlin – on the way from my apartment to my studio and to shopping, but also for my various transports of working materials and tools. The way back from the hardware store often poses quite a challenge. No wonder, I watched Shanghai's rubbish collectors with such great interest. The heaps, piles, frappings have an almost sculptural quality to themselves, even though they commonly are efforts to get gravity under control. But the social structures are noteworthy as well. During one of my extensive walks, I started to understand this process of collecting and recycling, where the important places are, who gets involved, how the relationships between the rubbish protagonists are structured and how many hands are busy collecting, sorting out and re-selling the recyclable rubbish. The material, that is disposed, consists of the remains of consumption that are transforming into a valuable resource along a long chain of exchange mechanisms. Recycling is no high-tech, but high-communicative process – an important part of interaction within the life of an urban district. Since modernity, rubbish serves as a raw material for visual arts. Collecting became one of the basic techniques. At the same time rubbish and collecting have become important themes for artwork. The results of an artist's work will often raise uncertainties: Is it dilettantism of genius, skilful or window-dressing, a rotten egg or a smart investment, is it rubbish or resource? Art is an uncertain terrain with highly ambivalent values. Rubbish can teach us, that values are not universally valid. Rubbish collectors hold down their job without any special ecological intention and still, collecting rubbish by bike is one of the most consequent sustainable practices: Sometimes, significance is a matter of action.

自行车是我在柏林的最重要的代步工具，从住处到工作室，去购物。我也一直用它来搬运创作材料和工具。往往从建材市场回来的路是一个不小的挑战。这也就不足为奇了，为什么我在上海会饶有兴趣地观察拾荒人员运货。收集、堆放、折叠这些动作本身就有雕塑的品质，也是一种掌控重力的伟大尝试。社会结构也值得关注。我的活动半径开始逐步扩大，为了去更好地了解从收集到再使用这一过程是怎么运作的，在何处进行的，主人公有哪些，他们之间的关系如何，从收集、分类到转卖经过多少次转手。消费品的剩余物处理后，进入交易链，最后转化为有价值的原材料。这里的垃圾回收科技含量不高，但是一个奇妙的人际间交流的过程，在城区互动生活中有意义的部分。在现代艺术中，垃圾被当作造型艺术的原材料，收集成了基本功。两者，垃圾加收集，同时成为艺术的重要主题。艺术创作的成果往往会遭到质疑：是外行还是天才的作品？是真才实学还是招摇撞骗？不名一文还是价值连城？是垃圾还是艺术品？艺术是一个难以定论的领域，它的价值充满矛盾。价值不是普遍有效，那么我们能从垃圾中学到点东西。垃圾收集人员从事他们职业的时候，没有带着特别的生态意图。尽管如此，用自行车收集垃圾是一项始终不渝的可持续的做法：有些时候价值在实践中体现。

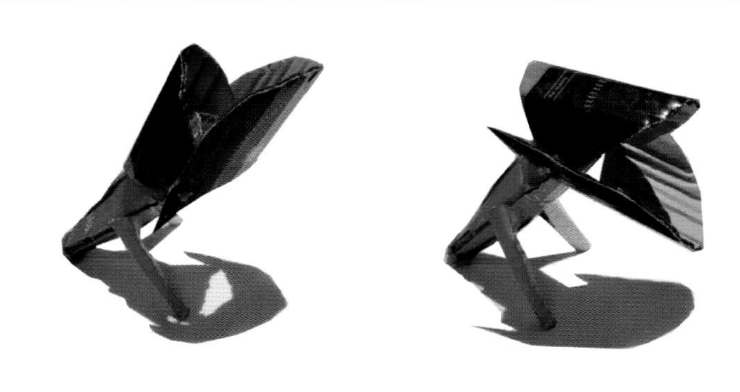

Konkrete Arbeit/Concrete Labour/具体劳动

**Julika Gittner / 尤莉卡·吉特娜**

Das Projekt Konkrete Arbeit zieht den Vergleich zwischen zwei Extremen des Energieverbrauchs: Energie, die für körperliche Arbeit benötigt wird, wird der Energie, die für Kulturreflexion aufgewendet wird. Die Energie, die die Struktur des Museumsgebäudes verkörpert, wird mit der Energie der körperlichen Arbeit im informellen Müllsammlungs- und Recyclinggewerbe Shanghais gleichgesetzt. Das Projekt vergleicht die individuellen Handlungen beim Sammeln von Abfällen, für die sehr einfache Geräte verwendet werden, mit dem riesigen Raum für künstlerische Kontemplation, der mit neuster Technik und mit Hilfe großer Maschinen gebaut wurde. Informelles Müllsammeln ist immer noch die wichtigste Art des Recycling in der Stadt. Müllsammler verwenden typischer Weise ein Fahrrad, an dem ein Karren befestigt wird, um das Material einzusammeln – von Papier bis Pappe, Plastikflaschen, Holz, Teppich oder Styropor – und verkaufen es zu den Fabriken, die aus dem recyclebaren Materialen neue Waren produzieren. Für dieses Projekt wurde einem Müllsammler das Material, das er an einem Arbeitstag zusammengetragen hat, abgekauft und in eine Skulptur verwandelt. In Interaktion mit dem Objekt kann das Publikum nun die typischen Arbeitsabläufe eines Sammlers, das Aufheben, Hochheben und auf dem Karren ziehen der Materialien, vorführen. Ein Gebiet, das dem durchschnittlichen Aufwand physischer Energie (8300kJ) eines Müllsammlers am Tag entspricht, wird auf dem Boden des Ausstellungsraums markiert, sodass die Besucher die Energie, die die Arbeitabläufe benötigen, mit der Energie, die im Gebäude verkörpert ist, vergleichen kann. Um die Energie, die das Gebäude enthält, zu messen, wurde die neue Methode des Sturgis Carbon Profiling angewandt. (Information zu Sturgis Carbon Profiling at www.sturgis.co.uk) Durch diese Methode gelingt es zu messen, wie viel Energie verbraucht und wie viel Kohlenstoffdioxid in die Atmosphäre freigesetzt wurde, um die Nutzung des Raumes zu ermöglichen.

The project Concrete Labour compares two extremes of energy consumption: the energy involved in physical labour versus the energy spent for the purpose of cultural reflection. The energy embodied in the physical structure of the museum is equated with the energy consumed in the physical labour of Shanghai's informal waste collection and recycling trade. The project compares the individual act of collecting scraps using very basic tools to the abundant space of cultural contemplation built with the latest construction methods and large machines. Informal waste collection still constitutes the most important mode of recycling in the city. Waste pickers typically use a bicycle cart to collect the material which ranges from paper to cardboard, plastic bottles, wood, carpet or polystyrene and sell it on to factories that produce new goods from the recycled materials. For this project the material collected during one waste picker's working day was bought and turned into a sculptural object. By interacting with the object the audience can perform the collector's daily work movements of picking up, lifting and pulling material. An area equivalent to the average amount of physical energy (8300kJ) spent by a waste picker per day is marked out in the exhibition space so that the audience can compare the energy used performing the work movement to the energy embodied in the building. In order to establish the energy held in the structure the new method of Sturgis Carbon Profiling1 was used. This method establishes how much energy was used and how much carbon dioxide has been put into the atmosphere to enable the use of a space.

"具体劳动"项目比较的是能源消耗的两个极端：体力劳动中的能源消耗与文化反思中的能源消耗。在一座博物馆的物理结构中所蕴藏的能量与上海日常废品回收交易中所消耗的能量相等。这个项目将使用简单设备回收垃圾的个体行为与使用最新建筑方法与大型机器的文化沉思空间相比较。日常废品回收仍是城市废品回收中的主要方式。废品回收人员一般都是骑着自行车去进行回收，材料主要包括硬纸板、塑料瓶、木料、地毯或者聚苯乙烯，然后把这些东西卖给加工回收材料的工厂。根据这个项目，从废品回收人员处买来的材料将被做成一件雕塑作品。通过与之互动，参观者可以体验回收人员的日常工作，包括收集、搬运与拖动材料。展览空间里，相当于一个废品回收人员每天平均体力消耗（8300千焦）的一块场地被标识出来，这样参观者可以比较在操作这件作品运动过程中消耗的能量与这座大楼中所蕴藏的能量。为了确定这个建筑所蕴含的能量，我们用了一种名为Sturgis碳测评 的方法。这种方法可以测定能源消耗量以及空间所产生的二氧化碳排放量。

Allianz

Design with Nature / 设计自然

**Markus Heinsdorff / 马尔库斯·海音斯道尔夫**

Für die die Ausstellung der Urban Akademie in Shanghai zeigt Markus Heinsdorff einen Pavillonbau als begehbares Kunstobjekt und Ausstellungsraum. Unter dem Titel »Design with nature« setzt sich diese Installation mit nachhaltiger Architektur und Design auseinander. Bisher entstanden in dieser Werkreihe 22 Bauten aus fünf Grundtypen bei denen jeweils die Fassade unterschiedlich bespannt werden kann. Sie wurden zwischen 2007 und 2010 zur Präsentation Deutschlands in China in fünf Mega-Citys aufgebaut. In der Gestaltung wurden westliche und asiatische Stilelemente verwendet und Bambus als Symbol für nachhaltige Urbanisation eingesetzt. Dabei wurden mit diesen Experimentalbauten auch technische Innovationen für die Verwendung von Naturmaterialien ausgelotet und neue Verbindungstechnologien gemeinsam mit Universitäten in Deutschland und China entwickelt. Gewobene oder glatt bespannte Wände ermöglichen den Membranbauten sich verändernde Fassaden und Farben bis hin zu völlig transparenten, gläsernen Erscheinungsformen. Aus dieser Serie entwickelte sich auch das deutsch-chinesische Haus für die Expo 2010 in Shanghai. Das Auseinandersetzen mit Natur und Raum ist zentrales Thema der Arbeiten des Installationskünstlers Markus Heinsdorff. Es entstanden dazu Arbeiten wie der selbstnachwachsende Bambusturm und der Experimentalbau »Living Dome« oder ein Baumhaus in Form eines Kokons auf einem Urwaldriesen und weitere Installationen mit dem Naturbaustoff Bambus. Für die Urban Academy zeigt Heinsdorff einen gläsernen Navette-Pavillon als Hightech- und Kunstbau, in dessen Inneren eine Werkschau seiner »Naturbauinstallationen«. Im direkten Anschluss wird ein weiterer Bambusbau eines chinesischen Künstlers entstehen, der das Raumthema aus seiner asiatischen Sicht, aufgreift. Der so entstehende Dialog zwischen West und Ost setzt sich in den Materialien, Formensprache und an dem Standort fort.

Markus Heinsdorff presents within the program of the Urban Academy in Shanghai a high-tech pavilion style building, being art piece as well as exhibition space at the same time. Titled as "design with nature" this art installation looks into sustainable architecture and design. In the interior of the pavilion Heinsdorff exhibits an interesting collection of his "natural construction installation" works. 22 buildings by Markus Heinsdorff made up from five basic pavilion types have been set up so far. The façade of these buildings can be covered in many different ways as weaved or plain stringed walls enable altering façade structures and colours. Until now they have been successfully deployed to present Germany in China in several Chinese megacities between 2007 and 2010. Western and Asian style elements were used for the design and bamboo was employed as the symbol for sustainable urbanization. At the same time technical innovation in the usage of nature material has been fostered while German and Chinese universities jointly developed new connection methods. The hallmark of "design with nature" the German-Chinese House on the Expo 2010 in Shanghai, incorporates these learning's and emphasizes the kernel of Markus Heinsdorff's works in the field of "nature and space". Previous projects concerning this topic by Markus Heinsdorff include the self- renewing bamboo tower, the experimental construction "Living Dome" as well as a tree house on a giant rainforest tree. Architecture, design and installation art are combined to a new art form drawing on future oriented urban solutions in environment and human living space. In parallel a further bamboo construction of a Chinese artist will be build, who addresses the topic from the Asian perspective. The resulting fascinating dialog between east and west progresses in material, stylistic elements and location.

马尔库斯•海音斯道尔夫先生在上海"城市都市论坛"上展示了一个被称为可行走的艺术品以及展示厅的展馆建筑。在"设计自然"这一主题下，这种布置方式展示了持久建筑与设计的融合。至今为止，在这个建筑表里已经建造了五个种类的22所建筑，他们的不同点在于各个建筑装修的门面不同。2007至2010年之间，在中国百万人的大城市建成的这些建筑代表了德国。这些建筑在造型上融合了东西方元素。建筑师们运用竹子象征持久的城市化。同时在这些实验性的建筑中也融合了科技元素，建筑运用了使用自然材料的科技发明。并且同时发展了和中国以及德国大学关联科技。经过编织或是建造成平板的墙面使得建造一种拥有透明的，玻璃质地外观的建筑成为可能。它是通过铺设一种薄膜，这种薄膜的外形以及颜色都会自己改变，直到变成透明，玻璃状。在这一系列中，也发展出了为了2010上海世博会而建造的中德之家。 深入研究自然，空间也是建筑设计大师马尔库斯• 海音斯道尔夫此次工作的主题。他设计了许多有趣的建筑，比如能够自己生长的竹塔，名为"生活的圆顶"的一个实验性建筑，也有像是在那里原始森林的滑道中建造的外形像蚕茧的竹屋。或是像在印度尼西亚的巴厘岛的一艘巨大的汽艇以及其他运用自然原料竹子布置的建筑。在城市都市论坛的一个活动中，海音斯道尔夫展示了一个玻璃质地的展亭作为高科技艺术建筑的样板，在这个展厅中举办了他的一场"自然建筑装饰"的成果展。同时他也认识了一位中国艺术家，在不久的将来，这位艺术家也将要建成一个竹建筑，他从他本人的东方视角出发，抓住整个展览的主题。这种东西方间产生的对话内容一直延伸到到材料，形式，环境方面。

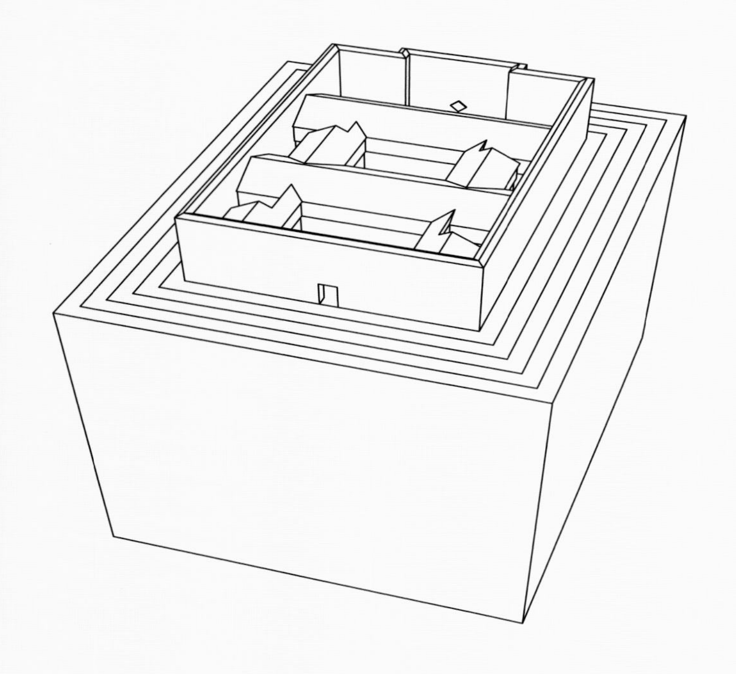

Reset/重设

**Michael Krenz/米夏埃尔•克伦茨**

Das wohl Bemerkenswerteste am gegenwärtigen China ist die Geschwindigkeit seiner Entwicklung. Mit beeindruckender Konsequenz wird das alte China buchstäblich ab- und beiseite geräumt und durch ein Neues ersetzt. In diesem der Zukunft zugewandten China wirken Spuren, Überbleibsel oder Zeugnisse der Vergangenheit umso stärker. Ein eindrucksvolles Beispiel für die Schärfe des Kontrastes zwischen Moderne und Vergangenheit bietet der Blick auf die von den in die Höhe strebenden, neuen Bauten umgebene Altstadt von Shanghai. Dort eingebettet, befindet sich eine ehemalige Bibliothek. Erbaut wurde die Anlage im 18. Jh. Von einer hohen Mauer umgeben, lässt nichts von Außen darauf schließen, was sich im Innern verbirgt. Wenn man durch das unscheinbare Tor gelangt, erschließt sich einem eine eigene Welt. Ein Vorwärtskommen verbindet sich schnell mit einem Gefühl von Eintauchen. Analog der geistigen Bewegung im Reich der Bücher bedeutet ein Nach-Vorne so ein In-die-Tiefe. In der Draufsicht offenbart sich die Struktur der Anlage. Eine Symmetrieachse führt durch sämtliche Gebäude und Innenhöfe bis zum Endpunkt an der Mauer. Dann steht man davor, wie am Ende eines Parcours, und der Blick gleitet entlang der Mauer nach oben in Richtung Himmel. Die Bücher sind seit etwa 100 Jahren schon verschwunden. Mit Ausnahme eines kleinen Wohnraumes der Besitzerin, stehen heute die Gebäude leer und verfallen. Die Bibliothek findet sich wieder als Maßstabsmodell. Das Modell befindet sich auf einem Sockel. Per Knopfdruck fahren einzelne Elemente teleskopartig aus dem Sockel in die Höhe. Im Ergebnis erscheint an Stelle der Bibliothek die Anmutung eines Wolkenkratzers. Entgegen dem Willen zur Höhe kehren die Elemente nach einiger Zeit in ihre Ausgangslage zurück und geben den Blick auf die Bibliothek wieder frei. Von da an kann die »Neubebauung« wieder von vorn beginnen.

The most remarkable aspect of contemporary China is the great pace of its development. With impressive consistency the old China is literally put aside and away and substituted by a new one. In this China, aligns itself to the future, traces, remains or proofs of the past appear even more impressive. A spectacular example of the strength of this contrast between modern reality and the past is the view from the top of one of the ever rising, new buildings that are surrounding Shanghai's old town. Embedded in the old town, you will find a former library. Built in the 18th century and enclosed by a high wall there are no outside clues what you can discover on the inside. Entering through the ordinary door, you enter a world of its own. Suddenly, though walking ahead, the feeling of diving in prevails. Comparable to the mental movement in the realm of books the "ahead" means a "into the depth". The top view only reveals the structure of the site. A symmetric axis runs through all the buildings and patios up to its final point at the wall. Standing at it, you feel like standing at the end of a show-jumping course and you let your eyes wonder up the wall towards the sky. The books have disappeared since 100 years. But a little vestibule of the owner, all the buildings are empty and decayed. The library restores itself as a scale model. The model is standing on a socket. At the push of a button single elements are telescope-like moving out of the socket and up towards the user. As a result the impression of a skyscraper appears in place of the library. Contrary to the urge for height the elements will return to their starting position into the socket after some time, thus, clearing the view on the library again. At this point the "reconstruction" can restart.

当今中国最为引人注目的是发展速度。显著的发展成果下古老中国确实在瓦解和消失，取而代之的是一个新的中国。在这个面向未来的中国，历史的遗迹、残留或是过去的见证产生着越来越重要的影响。看一眼被新建高楼大厦所包围的上海老城区，就可知现代与过去的鲜明对比。一个从前的图书馆就嵌入在那里，它建造于18世纪。由于被高墙包围，从外面不能知晓里面隐藏了什么。如果从不起眼的门里走进去，则将看到另一个世界。往里面走就会马上产生一种沉浸下去的感觉。与书中的精神运动一样，越往里意味着越深入。从高处向下可以看到这座图书馆的结构。直到围墙，所有大楼与大院都呈现对称的结构。然后就像在跑道结尾一样，视线随着墙的延伸看向天际。历经百年那些书已经散落。除了女主人的一个小起居室，这些空空的楼房如今看上去很凋敝。这座图书馆再次成为了比例模型。这个模型位于一处墙角。按一下电钮，近似望远镜的装置从墙角向上驶去。借此在图书馆的位置上就可以看到一幢摩天大楼的全貌。与对更高的向往相对的是，这些装置过会儿又回到起点，呈现图书馆全貌。自起，“重建”再次从头开始。

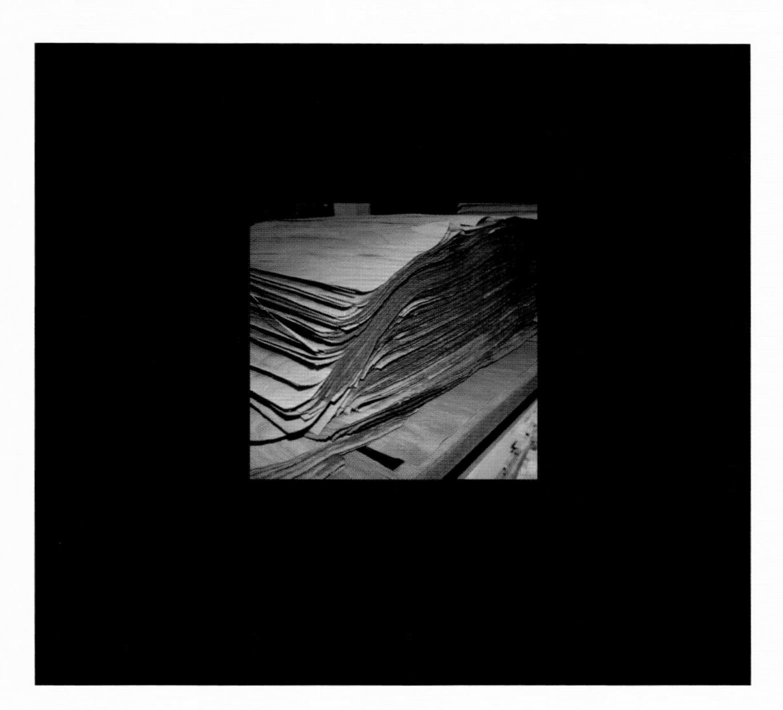

Tailor those veneers and bind them into a number of books. Two kinds of books and two kinds of reading: Writing activities in various languages, words, and characters are carried out in the whole world, resulting in knowledge accumulation, which takes the form of a “tree”. Numerous books come from a single tree. Similarly, a tree can also be read as many books. Books carved with annual rings and wood scars are not necessarily less profound than books filled with texts.

第一棵树：收集各种国家和文字的各种书籍，把每本书籍沿着书页的一边切割成树桩的外轮廓。保留书脊装订的一边不加切割。这样，这些书籍一本本沿着垂直方向摞起来以后，成为一棵树。第二棵树：把一棵树木的各段木料，用木材削皮机切削为木皮，（木皮厚度0.5毫米）。将旋切下来的木皮剪裁、装订成许多本书籍。两种书和两种阅读：全世界以各种语言和文字所进行的写作活动，知识的生产最终累积成为一棵树。无数的书，来自同一棵树。同样，一棵树也可以作为很多本书来阅读。写满年轮和木材的疤痕的书，未必没有写满文字的书深奥。

## Zwei Bäume/Two Trees/两棵树 装置

*Qiu Zhijie*/邱志杰

Der erste Baum: Dafür sammelt der Künstler sämtliche Bücher aus verschiedenen Ländern und mit verschiedenen Schriftsystemen. Einschnitte entlang der Seiten in jedem Buch bilden die Konturen der Äste. Die Buchrücken werden nicht eingeschnitten, sondern bleiben verschont. Auf diese Weise werden die Bücher vertikal aufeinander gestapelt und bilden in dieser Form einen Baum. Der zweite Baum: Hierfür werden alle Teile des Holzmaterials, das zur Herstellung für Bücher gebraucht wird, verwendet. Mit Hilfe einer Holzschälmaschine wird die Rinde dünn abgeschält (mit 0,5 mm dünn). Die abgeschälte Rinde wird anschließend zurechtgeschnitten und zusammengebunden, sodass sie die Form eines Buches erhalten. Es geht dabei um zwei verschiedene Bücher und zwei verschiedene Lektüren: Auf der Welt gibt es so viele verschiedene Sprachen und Schriftsysteme, durch die die Menschen sich schriftlich mitteilen können und das erzeugte Wissen, das dadurch angehäuft wird, bildet schließlich einen Baum. Zahllose Bücher stammen von dem gleichen Baum ab. Auf eine ähnliche Weise kann aber auch ein Baum die Lektüre vieler verschiedener Bücher sein. Doch haben Bücher, die voller Jahresringe und Holznarben sind, kaum Platz für Schriften tiefgründigen Inhalts.

Tree No. 1: Collect various books from different countries and in different languages, and then cut every book on the non-bounded side into shapes alike to outer contours of tree stumps. Preserve the binding side of the books without cutting. In this way, these books will appear to be a tree after being piled up in vertical direction. Tree No. 2: Use veneer peeling machine to peel each section of a tree into wood veneers, (veneer thickness of 0.5 mm).

## Pause und Nachhaltigkeit/Pause and Sustaining./暂停与持续

*Xu Tan*/徐坦

Das Unternehmen Qingdao Zhongrui ist ein in China ansässiges schwedisches Joint-Venture-Unternehmen, das Gepäckwagen für Flughäfen, Einkaufswagen für Supermärkte und Koffertransportwagen für Hotels sowie andere Anwendungen produziert. Das Kunstwerk von Xu Tan hat also eine Struktur, die mit von diesem Unternehmen verworfenen »wrong products« aufgebaut worden ist. Innerhalb dieser Struktur sind Aufnahmen von Interviews und Diskussionen in der Ausstellung zu hören, möglicherweise enthalten diese aber auch Interviews und Diskussionen von Architekten und Künstlern, die einen Entwurf für den Bambuspavillon planen. Wenn es möglich ist, werden die Aufnahmen in beiden Räumen präsentiert. Möglich ist, dass folgende Fragen diskutiert werden: 1. Fragen bezüglich nachhaltiger Entwicklung, 2. China oder andere Entwicklungsländer als globale Werkbank im Kontext der Globalisierung, 3. der Einfluss der Entwicklung Chinas als globale Werkbank auf das Bewusstsein der Menschen in China und auf China selbst, 4. die Auffassung bezüglich einer nachhaltigen Entwicklung der Ästhetik und 5. Meinungen bezüglich Entwicklung und der schöpferischen Kreativität.

As a subsidiary of a Sweden-based company in China, Qingdao Zhongrui Logistics Equipments Co., Ltd. manufactures carts and baskets for storage and handling purposes, which are widely used at airports, supermarkets, hotels, etc. The structure of such is built with wrong products disposed by the company. Video interviews of this structure will be played. If possible, the interviewees would include architects that design and produce bamboo pavilions as well as other architectural artists. It would be great if the videos could be played in two spaces. Questions that may be raised: 1. On sustainable development; 2. The impact on local environment from the development of China or other developing countries as global manufacturing powerhouses against the backdrop of globalization; 3. The impact on China and consciousness of its population from the development of global processing factories; 4. Views on sustainable development of aesthetics; 5. Views on development and creativity.

青岛中瑞公司是一家瑞典在华的外资企业，生产如机场，超市手推车，酒店及其他盛物和搬运的车和框，这个结构由这个公司废弃的、不合格的产品(wrong products)搭建。在这个结构里将展示访谈的录像。有可能的话，访谈包括制作设计竹结构pavilion建筑师和其他建筑师艺术家。如果有可能希望能在两个空间里展示录像。有可能谈到的问题:1关于持续性发展；2全球化环境下,中国或者发展中国家作为全球加工厂,发展对当地环境的的影响；3全球加工厂发展对于中国及当地社会人群意识的影响；4对于美学持续发展的看法；5对于发展的看法,对于创造性的看法。

### Landpreise/Land Prices/地王 图片作品

*Liu Guangyun*/刘广云

In China, wo es kein privates Landeigentum gibt, lassen menschliche Aktivitäten wie die Wirtschaftsentwicklung einen ursprünglich gewöhnlichen Standort zu einem Aufsehen erregenden Grundstücks hinsichtlich seines ökonomischen Wertes werden. In der Tat verändern sich von Menschen gestaltete Landschaftsräume unaufhörlich. Es gibt ein unaufhörliches Auf und Ab von manipulierten Marktpreisen. Unaufhörlich lösen sich die Nutzer eines Stück Lands ab, obwohl ein bestimmter Landschaftsraum als geografischer Standort ewig unverändert seiner natürlichen Welt bestehen bleibt. Zieht man Erkundigungen anhand verschiedener Materialien zu Grundstückspreisen ein, die chinaweit zwischen 2009 und 2010 zusammengetragen wurden, so erhält man konkrete Daten. Legt man die Welt als Koordinate zugrunde und nimmt man die Längen und Breiten als Einheit, können die verkauften Grundstücke mittels technischer Methoden sehr genau ausgemessen werden, und zwar auf jedem Zentimeter der Erde. Auf diese Weise kann eine große Anzahl von Koordinaten gewonnen werden. Und mittels dieser Koordinaten können die konkreten Standorte mit hohem Landstückpreis geortet werden.

In China where no private land ownership is allowed, social activities such as economic development and urban restructuring have made a common location in this country a land myth that tests the nerve of its people in terms of economic value. As a matter of fact, it is the feature of manmade landscape that has been constantly changing, the manipulated market value constantly fluctuating, and users of this land being constantly replaced. But in the nature world, a land is just a permanent geographical location. Search the information on several land sales in China that broke price records from 2009 to 2010 so as to acquire the specific data. Take the earth as coordinates, with latitude and longitude serving as units. Map out latitude and longitude for the lands in question with highest precision through technical means, with every inch of concerned land covered. A huge amount of latitude and longitude figures will be available. The exact location of these lands with rocketing prices can be identified with these figures.

在土地并不属于私有的中国，由于经济的发展和城市结构的调整，这些人为社会活动使原本地球上的某一普通的位置在经济价值上成为一处牵动人们神经的土地神话。事实上，不断变迁的是地面上的人工景观，不断涨落的是被操纵的市场价值，不断更替的是使用这块土地的风流过客，而在自然界里它却永远仅仅是一个恒久不变的地理位置。查询自2009至2010年间在中国范围内产生的几家地王资料。获取其具体数据。以地球为坐标，以经纬度为单位，通过技术手段对其圈购的地块做极尽精确的经纬度丈量，涵盖其每一寸土地。由此可获得巨量经纬度数字。通过这些数字可还原这些高价地面的具体位置。

### Endlos schöne Landschaft – Fotografie und Reflexionen/ Magnificent Scenery, Photography and Imaging/ 风光无限好 摄影及影像

*Jin Jiangbo*/金 江波

Mit den herausgeputzten Straßen und Gassen dieser Metropole wurde in bislang nicht gekannter Art und Weise für die Expo 2010 eine künstliche grüne Kulisse geschaffen, die durch faktische Maßnahmen den Beweis für den klangvollen Expo-Slogan »Better City, Better Life« erbringt. China bietet uns abgesehen von den ständig aktualisierten Meldungen hinsichtlich seiner wirtschaftlichen Entwicklungsgeschwindigkeiten stets neue äußere Eindrücke und erstaunliche Anblicke, um damit unser Gedächtnis aufzufrischen. Diese »missbrauchten«, an öffentlichen Orten künstlich geschaffenen grünen Kulissen sind längst zur Dekoration von Lobgesängen auf das Leben in der Stadt geworden. Und die Lobgesänge geben ihnen eine klare Definition: es sind in Mode gekommene narzistische und heuchlerische Objekte der Politik. Sie sind Ausdruck einer neuen Form der Machtdemonstration von politischer Kultur in der Öffentlichkeit. Und das in einem Moment, in dem die Suche nach dem Geist und dem Glauben an die öffentliche Kultur deutlich erkennbar hinter den Bedürfnissen der Regierungsmacht zum Stillstand kommt. Kann man sich noch an das Herz fassen und sich fragen, ob die Zeit einer Richtungsänderung (updating) der öffentlichen Kultur gekommen ist?

As the Shanghai Expo is under way, each street of the metropolis is festooned with an unprecedented density of manmade green landscape, supporting the slogan "Better City, Better Life" with visible actions. Today, in addition to breaking the world records of development speed for numerous times, China has always been able to provide us with brand new spectacular visual effect to update our visual experience and cultural memory. These "abused" man-made landscape features in the public domain have become the decoration of our city life "carol". They can be clearly defined as narcissistic, self-mannered, and better-than-nothing political fashion objects, demonstrating new public, political, and cultural power. When the proposition for spiritual pursuits and public cultural beliefs significantly lag behind the needs of political power, isn't it a high time to reflect on the direction for updating public culture?

世博会召开之际，这个巨大城市的街头巷尾正以前所未有的密度妆点着人造绿化景观，以实际行动来佐证“城市，让生活更美好”这个无比响亮的口号。今天的中国除了无数次的刷新世界发展的速度记录之外，他总能不断提供给我们崭新的视觉奇观来更新我们的视觉经验与文化记忆。这些公共领域内“滥用”的人造景观，已成为我们城市生活“颂歌”的摆设,可以很明确地给它们定义为：自恋的、自我矫饰的、聊胜于无的政治时尚物体，它们意味着新的公共政治文化权力的彰显。当精神与公共文化信仰的诉求明显滞后于政治权力需要的此时，是否可以叩心自问，该是更新公共文化的方向时候了？

New Mountains and Waters / 新山水
**Yao Lu / 姚璐**

Baumaterialien und Müll von Baustellen sind die wesentlichen Elemente dieses Kunstobjekts. Kleine Pavillons und andere Gebäude wie auch kleine Boote werden hinzugefügt und bilden zusammen eine akkurat konzipierte Bildszene, die der traditionellen Landschaftsmalerei ähnelt. Wenn man aber genau hinschaut, kann man erkennen, wie zeitgenössische Bauarbeiter mit Sicherheitshelmen diese grüne Berg-Wasser-Landschaft durchschreiten und somit eine gewisse Disharmonie in Zeit und Raum erzeugen. Was auf dem Bild dargestellt ist, zeigt, dass das Grün einerseits obskur ist und sich andererseits nicht verstecken kann. Beides zusammen verursacht ein sehr angespanntes Verhältnis. Dabei handelt es sich um eine Spannung zwischen Verdecken und Aufdecken, denn beide wollen in ihrem Punkt nicht nachgeben. Eine solche Spannung kann auch heute in China wahrgenommen werden.

Take the building materials and waste from a construction site as the main elements of the work, with a few pavilions and boats added, making it look like a well-conceived landscape painting. Through careful observation, people can see that some contemporary migrant workers wearing helmets are walking in the mountains and waters, highlighting some kind of disharmony in terms of time and space. The picture shows that there is a kind of tension between what the green covers and what it can not shelter. This is a lasting tension between concealment and Exposure. This status seems to be exactly reflecting the current reality of China.

以建筑工地上的建筑材料和垃圾作为作品的主要元素，添加少许亭台楼阁与小舟，拼凑成一个个看似精心构思的青绿山水画面。仔细观察会发现还有头戴安全帽的当代民工行走于青山绿水间，显示出某种时空上的不和谐。画面中所显示的是，绿色所遮掩的以及它所无法掩蔽的，这两者所形成的一种紧张关系。这是一种掩盖与暴露相持不下的张力状态，而这种状态，似乎正好是中国目前的现实。

Erneuerung und China / Updating and China. / 更新和中国
*Linyi Lin* / 林一林

Zunächst wird ein Senior gesucht, der den Namen »Gengxin« (Erneuerung) hat und ein Kind mit Namem »Zhongguo« (China). Über beide wird ein Video gedreht, in welchem die »Erneuerung« »China« fest im Arm hält und über Lebenserfahrungen spricht.

Production process: Shoot a video with an old man named "Update" and a kid named "China" with the plot showing "Update" telling his life experiences while holding "China" in his arms.

录像投影制作过程：寻觅一个名叫“更新”的老年人和一个名叫“中国”的小童，拍一部录像，画面是“更新”抱着“中国”并叙说他的人生经历。

Spritze/Syringe Device/针筒装置
*Yin Jia*/阴佳

Die Spritze ist ein Symbol der Medizin. Im gegenwärtigen China jedoch hat sich die Spritze mittlerweile zu einem Sinnbild für skrupellos gepanschte Produkte, das Leben der Menschen gefährdende sowie in heftigem Ausmaß umweltverschmutzende Substanzen gewandelt. In diesem Sinne wird die ursprüngliche Funktion einer Spritze vollständig unterminiert. Dreh- und Angelpunkt dieser Installation ist, dass die Spritze ein wesentlicher gestaltender Faktor ist. Im Kontext der Rekonstruktion wird ihre Wortbedeutung transformiert, und zwar in der Hoffnung, dass der Betrachter zum Nachdenken angeregt wird. Er soll über die Probleme des sich entwickelnden Chinas der Gegenwart und die sich daraus ergebenen Probleme hinsichtlich des eigenen Lebens nachdenken.

The syringe, as a symbol of healthcare, has its function of saving lives through injection. However, in contemporary China, syringe has become a symbol of counterfeiting, reminding people of unscrupulously manufactured shoddy products that jeopardize human lives and severely pollute the environment, a sharp divergence from its originally designated function. The theme of this project takes syringe as an image element, with its semantics converted in a regenerated context, in an effort to guide the viewers to reflect on many issues involving their own lives against the backdrop of development of contemporary China.

针筒作为医学的符号——其注入的功能是为了治病救人。但在当代中国，针筒已演变为不择手段制造伪劣产品、危及人们生命、重度污染环境的造假符号，与原所具功能本意背道而驰。本方案的主题以针筒作为形象要素，于再造的语境中将其语义转换，以期引导观者思索当代中国发展中诸多涉及自身生活的问题。

Schwimmende Seife – Leichtfertigkeit/
Floating Soaps – Impulsiveness/浮皂•浮躁
*Han Tao*/韩涛

Die halbtransparente Seife hat eine Dichte von 1,6. Durch Aufheizen schmilzt die Seife und es kommen verschieden große Luftbläschen in die Seife hinein. Nach Abkühlung bekommt die Seife wieder eine feste Form und bildet verschieden große kristallförmige Körper, die eine durchschnittliche Dichte von kleiner als 1,0 haben. Die Seifenstücke werden dann in ein normales Waschbecken gelegt und sieht darin aus wie Eisberge im Wasser. Deshalb wird sie »Schwimmende Seife« genannt. Die verschiedenen Seifenstücke haben unterschiedliche Dichten, deshalb reichen sie auch unterschiedlich tief ins Wasser hinein. Dadurch, dass sich die Seife im Wasser auflöst, verschwinden die Eisberge. Wenn das Wasser jedoch verdunstet ist, dann kann man die Seife am Rand des Beckens wieder erkennen. An diesem Punkt hat sie sich wieder in einen gewöhnlichen Gebrauchsgegenstand unseres Alltags verwandelt. Dieser Veränderungsprozess ist eine Metapher auf die sogenannten Seifenopern, die der Konsumentenkultur in den Städten zueigen ist. Aufgrund der rasanten Entwicklung unserer Städte entstehen viele Blasen, die sich in den schönen Eisbergen verstecken. Es besteht ein ständiges Auf und Ab der Blasen, die mal im Dunst verborgen, dann wieder sichtbar sind. Jedoch das, was sichtbar ist, ist relativ gesehen immer nur ein kleines Stück. Ich bezeichne dieses Phänomen, das durch die Begierden in den Städten entsteht, als »Leichtfertigkeit«.

The density of the translucent soap base is about 1.6. It is melted with heat, and added with bubbles in varying proportions before being re-solidified and molded into crystalline soaps of varying sizes. The average density is controlled at less than 1.0 to enable it floating in a sink filled with water with a size similar to that of a common hand-washing sink. As a result, an image with an iceberg floating on water will appear. I name it the "floating soaps". The different density of the floating soaps results in different floating degree of soaps. The soaps gradually disappear with the dissolution process. When the water is completely evaporated, the floating soaps will eventually be restored as soap attached to the walls of the sink, in a re-conversion into real-life daily supplies. The process of the changes is just like the urban consumer culture characterized by "soap operas". The foams arising from the rapid development of cities are hidden behind the aesthetic image of icebergs, up and down, dim and clear, though the visible proportion is always very small. I call this kind of atmosphere arising from the overwhelming desires in urban world as "Impulsiveness".

半透明皂基的密度约为1.6，将其加热熔解置入不同比例气泡，重新凝固后塑形为大小不一的晶状皂体，控制平均密度小于1.0，使其漂浮于公共洗手池比例的静水池之中，形成水上冰山之意象，我将其命名为"浮皂"。这些浮皂的密度差别使得在水中的漂浮比例深浅变化，并因为溶解过程逐渐消失，水完全蒸发后，这些浮皂将最终还原为肥皂附着在水池壁面上，重新转化为成为现实生活中的日常用品。这个变化的过程隐喻了类似"肥皂剧"一样的都市消费文化，城市急速发展催生的泡沫隐匿在唯美意象的冰山之中，起起伏伏，朦胧隐现。但是，看得见的相对整体比例永远只是极小的一部分。我将这种由城市欲望催生出来的气息称之为"浮躁"。

Kun-Café/Kun-Coffee/困
*Liu Heng/刘珩*

Das Schriftzeichen »kun« 困 (stellt als solches ein verlassenes Haus dar, in dessen Innern Bäume wachsen) Die Form eines Schriftzeichens lässt auf dessen Bedeutung schließen. Das Verlassen eines Lebens bedeutet oft auch das Werden eines anderen Lebens. Dieses Werden eines neuen Lebens kann möglicherweise aber auch den Tod eines wieder anderen Lebens mit sich bringen. In der chinesischen Philosophie wurde bereits vor langer Zeit anhand des Systems der Fünf Elemente, die sich gegenseitig hervorbringen und zurückdrängen, der Kreislauf der Zehntausend Dinge (d.h. die Gesamtheit der Dinge auf unserer Erde) als ein Gesetz der natürlichen Selektion erklärt, wodurch das ökologische Gleichgewicht aufrecht erhalten wird. Eine solche Selektion bringt natürlich auch Verwirrung mit sich, aber auch Hoffnung: Die Natur ist immer imstande, sich nach jeder Katastrophe auf hartnäckige Weise zu erholen und Platz zu machen für wieder neue Landschaftsszenen, die mitunter noch schöner sind. Der Ursprung meiner Kunstwerke liegt in der ungewöhnlichen Vorstellung von Bauschutt und Müll auf Baustellen: in der Ausstellung sind verbrauchte Schallungen von einer Baustelle zu sehen, die zu einem Bodenbalkengitter (FORM WORK) zusammengesetzt wurden. Die Größe dieser FORM WORK beträgt 4,50 x 4,50 m und soll als Platz zum Ausruhen genutzt werden. Da, wo sich die Balken kreuzen, wurde Erde aufschüttet, und es wachsen Pfeiler mit einem Durchmesser von 25 cm aus Beton (oder Betonstahl) bis an die Decke. Das Material stammt aus Bauabfällen. Aus der Erde wachsen Kletterpflanzen, die sich an dem Pfeiler hochschlängeln. Aspekte des Lebens kreuzen sich hier und wachsen, ohne sich gegenseitig zu stören. Die Dinge sind unbeständig. Deshalb muss man sich keine großen Sorgen machen. Man wird weiterhin im Kun-Café einen erfrischenden Becher Kaffee genießen können.

The Chinese character 困 (as if an abandoned house with trees growing all around and inside) The meaning of this character is reflected in its form. The surrender of one life often means the rebirth of another life, which may also bring the end of another life. In Chinese philosophy, the five elements system has long been used to interpret the natural selection rule that helps strike an ecological balance among the earthly beings. While this kind of selection causes confusion, it also brings about hopes. The nature has always managed to recover tenaciously after going through disasters, resulting in alternative scenes of the great nature. My inspiration for this piece of work derives from contrarian imagination about construction waste and construction sites. The exhibition site is a grid formwork 450 (W) X 450 (H) made of abandoned wooden forms from a construction site. Functioning as seats for visitors, the cross-sections of the grid formworks are partly filled with soil. The concrete column (or reinforced steel bar) with a diameter of 25CM, which is made with abandoned formworks, sticks to the bottom of the floor. The plants growing out of the soil gradually climb up along the column (or reinforced steel bar) … A variety of life forms here, growing robustly without disturbing each other … All things are impermanent, but there is no need for people to worry too much. You can still enjoy a cup of refreshing coffee inside the 困.

困 [废弃的房屋，但它的四周和里边是成长的树木] 字如其形。一个生命的放弃常常意味着另一个生命的重生，而这个生命的重生又可能带来了另一个生命的灭亡。中国哲学里早以用相生相克的五行体系解释了万物间这种自我循环以维持生态平衡的自然选择法则。这种选择带来困惑，但也带来希望：自然总能够在灾难之后顽强地恢复过来，衍生出大自然另类的景象。我的作品来源于对建筑废料和施工现场的反常想象： 展览现场是一个用建筑工地废弃的木模板扎成的网格状地梁FORM WORK，450（宽）X 450（高）， 作为参观人们休憩用的坐凳， 网格状地梁交叉部分盛上泥土， 种出来的是直径25CM的用废弃模板浇筑的混凝土柱子(或钢筋)顶到楼板底； 泥土里逐渐长出来的植物沿柱子(或钢筋)攀援而上……多种生命在这里交叉，互不干扰的茁壮成长…… 万物无常，但也无需过分担忧，依然可以在困中享受一杯提神的咖啡。

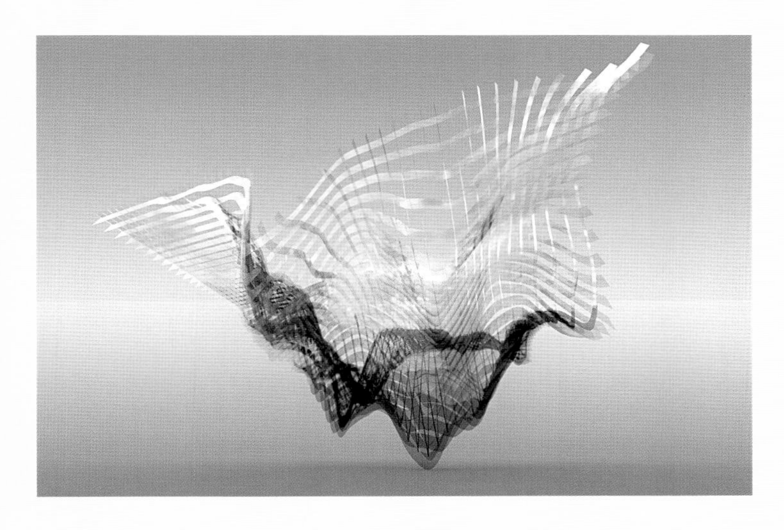

Invertierter Himalaya/Inversed Himalaya/反置喜玛拉雅
*Yuan Feng*/袁烽

Bei diesem Werk wurde das Design-Verfahren der Parametrisierung angewendet. Anhand von Querschnitten des Himalayas, so wie sie in der geomorphologischen Geografie vorgenommen werden, und deren Analysen sowie dessen Wiederzusammensetzung wird der Versuch unternommen und zugleich der Appell gegeben, über die Natur und Umwelt zu reflektieren. Der Himalaya ist ein symbolisches Highlight der Natur. Er ist eine einzigartige und individuelle, gleichzeitig aber auch eine geistige Skulptur. Durch das Umdrehen und Invertieren wird bewirkt, dass das Objekt zwei Charaktere bekommt. Zum einen kann weiterhin die äußere Dimension des Himalayas und ihre symbolische Zuordnung herausgelesen werden. Zum anderen bringt das Aufblicken auf den umgekehrten Himalaya hinsichtlich Analyse und Verständnis gegenüber dieses Ausstellungsobjekts eine Stimmungslage hervor, die über die Realität hinausgeht. Dieses Objekt versucht, eine Landschaft zu schaffen, in der Illusion und Realität ineinander verschwimmen. Im Hintergrund dieser Illusion tritt aber auch eine strenge Kontrolle über den Aufbau der Konstruktion zutage: Verschiedene Bretten, die von unterschiedlichen Kurven kontrolliert werden, sind an Schnittstellen genau zusammengebunden. Diese exakte industrielle Zimmerungstechnik und millimetergenaue Bestimmung der Schnittstellen veranlassen jeden Betrachter zu Überlegungen über die Bedeutung und Relation zwischen menschlicher Tätigkeit und Natur.

This work applies parametric design tools to evoke reflections on the nature and ecology through morphological and geographical interpretation and reconstruction of the Himalayas. As a symbolic assembly of natural scenes, the Himalayas is not only an independent entity, but also a kind of spiritual sculpture. The reversal and inversion treatments have endowed the exhibit with dual characters. On the one hand, it can still illustrate the contours and symbolic properties of Himalayas. On the other hand, such an upward view of inversed Himalayas brings a surreal touch to the meaning of the work. The work attempts to create a blended image of illusions and reality. Behind the illusory images, the strict control of construction structures is also performed. Various battens controlled by different curves are closely interlocked. Perfect industrial curve lofting and identification of incision locations allow every viewer to reflect on the significance and relationship between workmanship and nature.

本作品运用参数化设计手段，通过对喜马拉雅山在形态地理学上的切片式解读与重构试图唤起的是一种对自然与生态的反思。喜马拉雅作为自然景象的一种符号化的概括，它既是独立个体，同时又是精神雕塑。反转与倒置的处理使得展品具有了一种双重性格，一方面它仍然可以读取出喜马拉雅的外廓与其符号属性，另一方面对这样一种倒置后的喜马拉雅的仰视又使得对作品的解读带有了一种超现实的色彩。作品试图打造出一种虚幻与现实交融的景象。在这一重虚幻影像的背后，严格的建造结构控制也在上演：不同曲线所控制的各种条板，彼此以接口进行咬合，不差毫厘的工业曲线放样以及切口位置的确定，让每一个观者反思人工与自然之间的关系和意义。

Sieben Erosionen/Seven Erosions/七蚀
*Chen Xudong*/陈旭东

Die Vorstellung »Zu Stein werden« geht auf die Verbindung des klassischen Quadrats mit dem rationalen Würfel zurück. Das Quadrat kann sich auf verschiedene Weise darstellen – wie ein Tangram. Ein Tangram kann auf endlose Weise immer wieder neu zusammengesetzt werden. Der Würfel hingegen als Repräsentant eines dreidimensionalen Körpers, demonstriert die großen Vorteile, die Industrie-Maschinen mit sich bringen. Wenn das Quadrat als eine zweidimensionale Fläche geteilt wird, dann wächst es allmählich zu einem dreidimensionalen Körper heran und verändert seine Form schließlich zu einem künstlich geschaffenen Stein mit einer unregelmäßigen Form. Das Quadrat durchläuft eine Transformation und nimmt verschiedene Rollen ein und ist mal

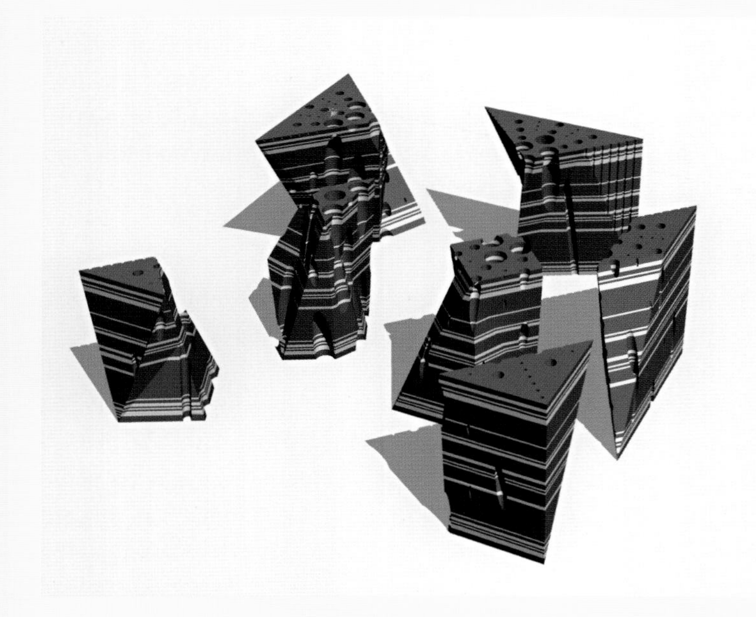

Tangram, künstlich geschaffener Stein und dann wieder ein Würfel. »Erodierter Hohlraum« ist ein hohler Raum, der, während der Stein sich bildet, unter Beeinflussung von Unwetter wie »Wind und Regen« und anthropogenen Faktoren an unterschiedlichen Stellen entsteht, mal mehr, mal weniger. Zum einen tritt dadurch die die natürliche Anmut des Steins deutlicher hervor, gleichzeitig wird dadurch aber auch die Schwere des Steins zurückgenommen. Gefertigt sind diese aus Dekor-Papier und Melamine-Harz. Dabei werden viele Lagen schwarzen oder braunen Backpapiers in Phenolharz getränkt und alle Lagen werden aufeinander gelegt. Anschließend werden sie mittels Stahlblech bei 150°C unter einem Druck von 1430 psi (Pfund pro Quadratzoll, etwa 98.5949 Bar bzw. 9859.4851 kPa) gepresst und sind kohlenstoffarme umweltfreundliche recycelte künstliche Materialien.

The concept of "Complete Stone" derives from the combination of classic square and rational cube. Tangram is a classic Chinese puzzle consisting of 7 pieces cut from a square. The seven pieces can be manipulated in a nearly infinite number of combinations. The cube is a representative of three-dimensional shapes, displaying the huge advantages of large-scale production through industrial machines. Following an inorganic 2-D segmentation of the square, gradual layer volume growth along the third dimension in vertical direction is created, ultimately resulting in seven "irregular" artificial stones with different forms, which shift between different roles, namely square, tangram, artificial stone, and cube. Affected by "wind & rain" and other natural and human factors in the process of stone growth, "corroded cavities" take shape more or less at different parts of a stone. The cavities increase the permeability and etherealness of a stone and reduce its weight. Having colored decoration paper impregnated with melamine resin, multi-layer black or brown kraft paper impregnated with phenolic resin, before stacking them for compression under high temperature (150 °C) and high pressure (1430 psi) with steel plates, you will have the recyclable low-carbon environment-friendly man-made materials at your disposal.

"成石"概念源自于经典的正方形和理性的立方体的结合。正方形在东方的分体语言-七巧板，有无穷尽的变化组合方式；立方体是三维形体的代表，展现了工业化机器大生产的巨大优势；将正方形在平面二维无机的分割后，在竖向三维的方向进行渐变的层积生长，最终迭成七块形态各异的"不规则"的人造石，在正方形-七巧板-人造石-立方体的不同角色中转变。"蚀孔"在石生长的过程中，受到"风雨"等自然因素以及后天人为因素的影响，不同部位或多或少的形成"蚀孔"，一方面增加了石的通透空灵，同时又减轻了石的重量。是由装饰色紙含浸美耐皿树脂，加上多层黑色或褐色牛皮紙含浸酚醛树脂，层叠后，再用钢板经由高溫(150°C)高压(1430 psi)的环境压制而成，是可回收的低碳环保型人造材料。

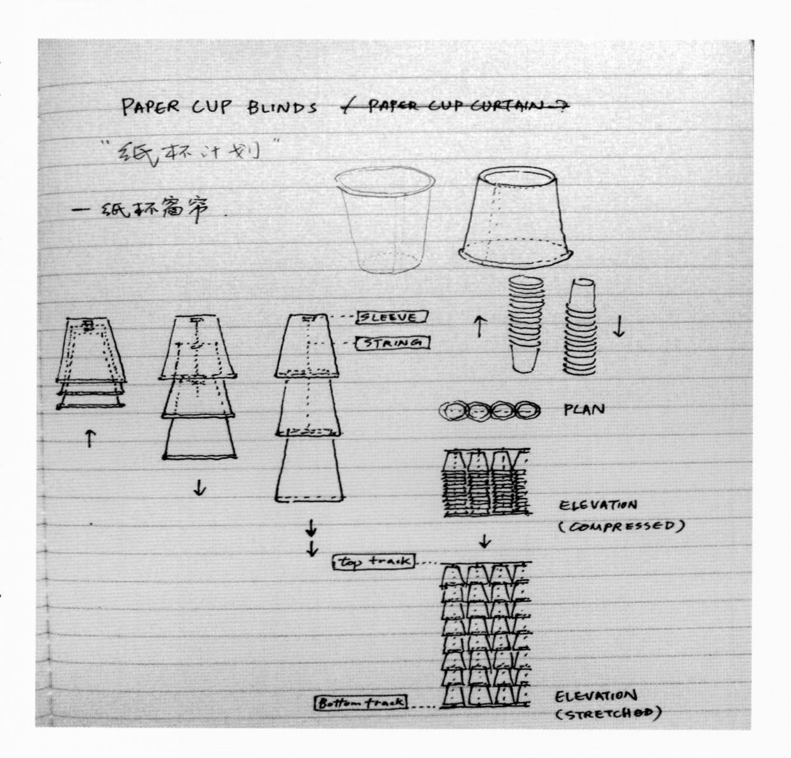


Pappbecher-Vorhäng«/Paper Cup Blinds/纸杯窗帘
*Zhu Xiaofeng*/祝晓峰

Nimmt man einen benutzten Einwegbecher aus Pappe und hält diesen gegen das Sonnenlicht oder eine Lampe, so kann man das sanfte Licht im Innern des Bechers bewundern. Diese alltäglichen Gebrauchsgegenstände, die in einem Büro vorhanden sein sollten, sind exzellente »Lichtfilter«. Jedes Mal, wenn man sie mit einer lockeren Handbewegung wegwirft, fühlt man im Herzen eine leise »Klage«. Weitere wichtige Utensilien in einem Büro sind lichtschützende Vorhänge oder Jalousien. Deren Besonderheit einer flexiblen Nutzung trifft sich gut mit der Möglichkeit, die Pappbecher ineinander stapeln zu können. Warum sollte man also nicht einmal ein Bild »Pappbecher-Vorhang« gestalten? Einerseits können die Kosten für das Recyclen solcher Einmal-Verbrauchsartikel gespart werden, anderseits wird die Schönheit des Sonnenlichts in diesem Becher noch besser hervorgebracht.

Picking up a used disposable cup and looking it against sunshine or light, one can appreciate the soft glow both inside and outside the cup. This office consumable is really an excellent "optical filter". Every time I throw away a disposable cup, there will be some kind of pitiful sentiment in my heart. The most common sun shield in an office environment is blinds, whose flexible properties for up and down movements are consistent with that of stacked paper cups. Then why not make "Paper Cup Blinds"? It not only eliminates recycling costs for the disposable consumable, but also presents the paper cup's semi permeable beauty.

拿起一只用完的一次性纸杯，对着阳光或灯光看，可以欣赏到纸杯内外柔和的光晕。这件办公室里必备的日常消耗品实在是一种上佳的"滤光器"，每次随手扔掉，都会在心里"可惜"一下。同样是办公室，最常见的遮光器具就是百叶窗帘，而它上下伸缩的特性正和纸杯的叠摞方式不谋而合。于是，何不制作一幅"纸杯窗帘"？既免去这种一次性消耗品的回收成本，更将纸杯的光韵半透之美呈现出来。

Wetterpavillon/Weather Pavilion / 气候亭
*Xu Tiantian*/徐甜甜

Auf einer Plattform werden gerade und dünne Balken/Pfeiler aufgestellt, von deren oberen Ende ein feiner Wasserschleier herausgesprüht wird. Dadurch entsteht eine Dunstwolke, die oben ein Dach bildet. Dieses Dach schützt vor Sonneneinstrahlung, kann die Temperatur senken und sorgt für eine saubere Luft. Diese natürlichen Pipelines bilden eine Grenze um den Raum der Plattform. Am Boden können dann geeignete Rasenfläche ausgelegt werden, die neben Abdeckung der Anlagen gleichzeitig eine grüne Oase zum Verweilen schaffen. Und der von oben herabgesprühte Wasserschleier kann die Grünfläche berieseln. Gebäude reflektiert die Beziehung zwischen Mensch und Natur, beeinflusst die Natur mit der Entwicklung der Gesellschaft und nicht zuletzt führt zu Veränderungen der Natur. Aber auch die Form von Gebäuden und ihren konkreten Funktionen verändern sich. Mit Hilfe heutiger Techniken und deren Möglichkeiten ist solche Dunstschleier natürliche Elemente, aber auch charakteristische Merkmale des Klimas. Sie können aber eine Form des Gebäudes bilden. Wir hoffen, dass wir mit dem Wetterpavillon dazu anregen können, über unsere Methoden und Ziele des Bauens nachzudenken.

A group of slim PVC water pipes (2.5–3.5 m tall) will be installed on the roof terrace. With pressure applied, each pipe will spray mist at top, shaping up some kind of misty canopy, which functions as a rooftop for blocking sunlight, reducing the temperature, and cleaning up the air. Natural enclosed pipelines define a spatial platform. Some undulating lawn covering devices could be appropriately installed on the ground, while forming an oasis for people to have a rest. Spray mist can also be used for lawn irrigation and maintenance. Architecture reflects the relationship between humans and nature. As social development affects and changes nature, the forms and specific functions of architecture are also changing. Leveraging on existing technologies, we can make water mist a natural element, a feature of the climate, and a building form. We wish that Weather Pavilion could help us reflect on our construction tools and building purposes.

在平台上布置一片细直柱子,通过压力在每个柱子顶端喷射细水雾,在柱子顶端连成一片云雾,形成顶棚,遮挡阳光,降低温度,净化空气。自然围合的管路限定了一个空间平台，地面可以适当布置一些起伏草坪遮盖设备同时形成休憩的绿洲。喷射的水雾还可以浇灌维护草坪。建筑反映人类和自然界的关系。随着社会发展影响自然改变自然， 建筑的形态和具体功能也在发生变化。通过现有的技术处理,水雾既是自然元素,又是气候存在特征,又可以形成一种建筑形式。我们希望通过气候亭反思我们的建筑手段和建筑目的。

Reisegegend und Subway City/
Travel Belt and Subway Ring City/旅行带和地下城
*Zhang Ke*/张轲

## Markus Heinsdorff
## 马尔库斯• 海音斯道尔夫

Natur und Raum sind die zentralen Themen der Arbeiten des Installationskünstlers Markus Heinsdorffs. Seine Auseinandersetzung mit der asiatischen Kultur begann 1997. Im gleichen Jahr eröffnete er auch seine erste große Ausstellung in Hangzhou am West Lake in China. 2002 realisierte er in Ubud, Bali erstmals ein 28 m langes Luftschiffobjekt aus Bambus. Installationen und Ausstellungen, unter anderem im Rahmen des UNESCO Aschberg Programms folgten in Thailand, Indonesien, Vietnam und China. 2007 entwickelte Heinsdorff für die Präsentation Deutschlands in China völlig neue Bauformen mit Bambus in Gestalt von Pavillons, die in fünf Megacitys aufgebaut wurden. Diese Reihe fand ihren Abschluss mit dem Deutsch-Chinesischen Haus auf der Expo Shanghai 2010.

Nature and space are the main topics of the works of the installation artist Markus Heinsdorff. His examination of the Asian culture and the material bamboo began in 1997. In the same year he opened his first big exhibition at the West Lake in Hangzhou, China. In 2002, a 28 m long airship in Ubud on Bali, has been realized. Installations and exhibitions, amongst others in line with the Aschberg programme of the UNESCO succeeded in Indonesia, Thailand, Vietnam and China. In 2007 Heinsdorff developed for the presentation of Germany in China several completely new types of pavilions made of bamboo, which have been presented in five Chinese megacities. This series concluded with the German-Chinese House on the Expo Shanghai 2010.

自然与空间是国际艺术家海音斯道尔夫先生的工作的中心。
他与亚洲文化的联系最早开始于1997年。同年他在中国杭州西湖畔举办了他的第一场展览。2002年他在巴厘岛的Ubud建成了一艘长28米的竹制汽艇。同年在国际教科文组织的框架下的阿什贝尔格项目在印度尼西亚，泰国，越南以及中国进行了展览，装饰等活动。2007年为了在中国展示德国，他运用一种全新的竹条建筑形式建成了在中国五个大都市展出的竹制展馆。这一系列展示以2010上海世博会的"中德之家"作为结尾。

## Michael Krenz
## 米夏埃尔•克伦茨

Michael Krenz wurde 1974 in Eisenhüttenstadt geboren. Die Schulausbildung beendete er 1993 mit dem Abitur. Nach dem Zivildienst absolvierte er von 1997 bis 2000 eine Ausbildung zum Metallgestalter in der Kunstschmiede Langhoff in Stolpe auf Usedom. Sein Kunststudium an der HKD Burg Giebichenstein Halle (Saale) beginnt er im Jahr 2000 und beendet es 2007 mit Diplom bei Frau Prof. Andrea Zaumseil. Er erhält dafür den Kunstpreis der Stiftung der Stadt-und Saalkreissparkasse Halle. Danach absolviert er von 2007–2009 ein Aufbaustudium bei Frau Prof. Andrea Zaumseil. Michale Krenz lebt und arbeitet in Halle (Saale).

Michael Krenz was born 1974 in Eisenhuettenstadt. He completed school with the A levels in 1993. From 1997 to 2000 he has done a training as a designer in the wrought metal Langhoff in Stolpe on the island Usedom, after he had finished the civil service. He began his art studies at the castle Giebichenstein HKD Halle (Saale) in 2000 and completed it in 2007 with a diploma with Prof. Andrea Zaumseil. For his diploma work he has been awarded with the Foundation prize of the City and Saalkreissparkasse Halle. From 2007 to 2009 he completed his postgraduate studies with Prof. Andrea Zaumseil. Michael Krenz lives and works in Halle (Saale).

米夏埃尔•克伦茨于1974年9月29日生于艾森许滕施塔特。1993年结束高中学业。社区服务结束后，他于1997–2000年间在朗霍夫铁艺学校学习成为铁艺师。2000年至2007年进入布尔克吉比辛斯坦设计学院跟随安德列娅•曹姆塞尔教授开始系统学习并获得硕士学位，其间获得哈勒市艺术奖学金。结束硕士阶段学习后，他在安德列娅•曹姆塞尔教授指导下继续进修两年。米夏埃尔•克伦茨在哈勒市（在萨勒河畔）工作和生活。

## Ina Weber
## 伊娜·韦伯

Ina Weber (geb. 1964 in Diez a. d. Lahn) in den Jahren 1989–1994 an der Kunsthochschule Kassel, u. a. bei den Lehrern Friedrich Salzmann, Harry Kramer und Martin Kippenberger. Sie lebt und arbeitet in Berlin. Innerhalb der letzten 16 Jahre wurden viele ihrer Arbeiten in Deutschland und Europa gezeigt. In letzter Zeit nahm sie an Gruppenausstellungen, wie 2010 an der Triennale der Kleinplastik, Fellbach, und an Ausstellungen am ZKM Karlsruhe teil. Ihre Außenraumprojekte, wie *KölnSkulptur 5*, wurden 2007 bei *Sichtweisen Wuppertal* und 2009 im Skulpturenpark Köln gezeigt. Auch Einzelausstellungen in der Kunsthalle Nürnberg (2007) und dem Wenzel-Hablik-Museum, Itzehoe (2008) widmeten sich Ina Webers Werk.

Ina Weber was born 1964 in Diez, Germany. She studied Fine Arts at the Hochschule für Bildende Kunst Kassel, amongst others in the classes of Harry Kramer and Martin Kippenberger. She now lives in Berlin. In the last 16 years she has widely exhibited in Germany and Europe, lately she has participated in Group shows like the Triennale of Kleinplastik, Fellbach, 2010, and several shows at the ZKM in Karlsruhe. Outdoor projects include *KölnSkulptur 5* 2009 at the Sculpture Park Cologne and *Sichtweisen Wuppertal* in 2007. Numerous solo shows include exhibitions at Kunsthalle Nuremberg (2007) and Wenzel-Hablik-Museum, Itzehoe (2008).

伊娜·韦伯于1964年生于德国迪茨。在卡塞尔造型艺术学院哈利·克拉莫和马丁·基彭博格的班中学习美术。现居于柏林。在过去的十六年间，她在德国和欧洲广泛地举办展览，最近她参加的合作展览有小雕塑三年展，　费尔巴赫2010以及卡尔斯鲁厄ZKM的若干活动。户外项目包括：2009年在科隆雕塑公园举办的“克隆雕塑5”及2007年的“观点乌珀塔尔”。为数众多的个人展览包括了纽伦堡艺术厅的展出（2007年）及伊策霍的文策尔—哈布里克博物馆的展出（2008年）。

## Julika Gittner
## 尤莉卡•吉特娜

Julika Gittner is an artist, curator and architect. She uses sculpture, performance and video to investigate forms of artistic production and display outside the purpose built gallery space. Her art works have been shown internationally, including: S1 artspace, Sheffield (2010), Arnolfini Gallery, Bristol (2010), Paradise Row Gallery, London (2009), Updating Germany, La Biennale di Venezia (2008), Cabaret Voltaire – Dada Haus, Zürich (2008). She is also the curator of a number of exhibition projects including “The Stones of Menace” (2010) which explore the social role of art and architecture. Her design practice includes the commission of an interior design for the Palmach Museum in Tel Aviv and the design of a mobile gallery space n East London.

Julika Gittner ist eine Künstlerin, Kuratorin und Architektin. Mit ihren Skulpturen, Performances und Videos erkundete sie Formen der künstlerischen Produktion und Darstellung außerhalb etablierter Galerieräume. Ihre Werke wurden international gezeigt, u. a. S1 artspace, Sheffield (2010), Arnolfini Gallery, Bristol (2010), Paradise Row Gallery, London (2009), Updating Germany, La Biennale di Venezia (2008), Cabaret Voltaire – Dada Haus, Zürich (2008). Sie war zudem häufig als Kuratorin tätig, u. a. für »The Stones of Menace«, das sich mit der sozialen Rolle von Kunst und Architektur beschäftigte. Die Designerin Julika Gittner gestaltete unter anderem den Innenraum des Palmach Museum in Tel Aviv und einen mobilen Galerieraum im Osten von London.

尤莉卡•吉特娜是一位艺术家，策展人及建筑师。她将雕塑，表演以及影像等作为艺术表现形式，并将其展示在特定的艺术场馆空间之外。她的作品在全世界范围内都有展出，其中包括：S1艺术空间，谢菲尔德（2010），Arnolfini画廊，布里斯托（2010，Paradise Row 画廊，伦敦（2009），更新德国，威尼斯双年展（2008），伏尔泰酒店，　苏黎世（2008）。她同时也是众多展览的策展人，比如2010年的“威胁之石”（The Stones of Menace）就致力于探索艺术和建筑的社会角色。她的设计包括特拉维夫的帕尔马博物馆内部的设计委托以及一处位于伦敦东部的移动画廊。

## Zhijie Qiu
## 邱志杰

Zhijie Qiu hat das Studium an der Fakultät für Druckgrafik der Zhejiang Academy of Fine Arts absolviert und lehrt derzeit an der China Academy of Art. In seinen Werken werden unterschiedliche Kunstformen wie Fotografie, Imaging, Kalligrafie, Malerei, Installation und Performance integriert, damit die ästhetischen Grenzen des einzelnen Mediums gebrochen werden. Seine Werke implizieren die chinesische Parapsychologie und den Geist der chinesischen Gelehrten. Dabei kommt auch der Freiheitsgeist der Avantgarde zum Ausdruck.

Qiu Zhijie graduated from China Academy of Art, Printmaking department. He is now a professor of the China Academy of Art. His works combine photography, video, calligraphy, painting, installations and performance art, which break the boundaries of single media aesthetics. His works include the spirit of Chinese parapsychics and scholars as well as embodies the avantgarde spirit of liberty.

邱志杰毕业于浙江美术学院版画系，现任教中国美术学院。在其作品中融合了摄影、影像、书法、绘画、装置和行为艺术，以打破单媒介美学的界限。他的作品包含了中国灵学和文人的精神，同时也体现了前卫派的自由精神。

## Tan Xu
## 徐坦

In den Neunzigerjahren war Tan Xu Mitglied der Arbeitsgruppe für experimentelle Kunst »Big-Tail-Elephant«. Bis heute lebt er wie ein Wanderer. Er ist den Wandlungen im gesellschaftlichen Leben und in der Kultur gegenüber sensibel und fragt ununterbrochen nach den Grenzen der zeitgenössischen Kunst nach. Manche seiner Werke ließen sich zur Zeit ihrer Entstehung nicht definieren und zeigen heute aber eine noch stärkere Bedeutung von ihrer Existenz.

Xu Tan has been the core member of the Big Tailed Elephant Group since 1993. He is sensitive to the changes of social life and culture and insists on looking for the edge of contemporary art. Some of his works were hard to define at that time but show its value for today.

在九十年代，徐坦是实验艺术工作小组“大尾象”成员。他敏感于社会生活和文化的变化，不停地追问当代艺术的边界何在。他的一些作品在产生的当时尚无法定义，在今天更显其存在的意义。

## Guangyun Liu
## 刘广云

Guangyun Liu hat 1987 an der Central Academy of Fine Arts and Design Beijing den Abschluss gemacht. Seine Werke präsentieren sich in vielfältigen visuellen Formen. Das Handeln und das Denken von Herrn Liu als einem in Deutschland lebenden chinesischen Künstler schwanken zwischen Tradition und Moderne, zwischen Ost und West. Die Frage nach der kulturellen Identität ist ein durchgehendes Thema in seinen Werken geworden.

Liu Guangyun graduated from the Central Academy of Fine Arts & Design with a Bachelor of Arts in 1987. His works show the diversity of visual forms. Living and working in Germany as a Chinese artist, his actions and thoughts hang between tradition and modern, East and West. Questioning the cultural identity has become a theme of his works.

刘广云1987 年毕业于北京中央工艺美术学院，他的作品呈现出多样性的视觉形式。作为生活在德国的中国艺术家，他的行动和思维游移在传统和当代，东方和西方之间，对文化身份的追问成为围绕在他作品中的一个主题。

## Jiangbo Jin
## 金 江波

Jiangbo Jin lehrt derzeit am Academy of Fine Arts der Shanghai-Universität und zählt zu den ersten zeitgenössischen Künstlern in China, die sich mit der Schaffung und Forschung im Bereich der Neuen-Medien-Kunst befassen. Seit mehreren Jahren hat er an verschiedenen großen internationalen Ausstellungen teilgenommen, wie z. B. Biennale von Venedig, Shanghai Biennale und Nanjing Triennial. In den letzten Jahren hat er mit seinen großformatigen fotografischen Werken u. a. den goldenen Preis vom Lianzhou International Photo Festival gewonnen.

Jin Jiangbo is now a lecturer of the Academy of Fine Arts of Shanghai University. He is one of the contemporary artists who were of the first to be engaged in the creation and study of new media arts. He has participated in international exhibitions such as Venice Biennale International Art Exhibition, Shanghai Biennial and Najing Triennial etc. He has won the Gold Medal in the 4th Lianzhou International Photo Festival.

目前任教于上海大学美术学院，是国内最早从事新媒体艺术领域创作和研究的当代艺术家之一，多年来曾参加过威尼斯双年展、上海双年展、南京三年展等国际大展，近年来创作的大画幅摄影作品获得连州国际摄影节的金奖。

## Lu Yao
## 姚璐

Lu Yao lehrt derzeit im Fotostudio am Institut für Design von der China Central Academy of Fine Arts. Durch technische Möglichkeiten verbindet er die Tradition und die Realität und schafft damit Werke, die zwischen der Malerei und Fotografie stehen. Er führt zwar Dialoge mit der Tradition, beabsichtigt damit aber die Bedeutung für heute. Seine Werke deuten darauf hin, dass das traditionell humanistische China im Moment von der Verstädterung sowie ökologischen Veränderungen mit der Gefährdung der Umwelt bedroht wird.

Yao Lu is a lecturer of the School of Design, Central Academy of Fine Arts. He connects traditional and modern technology between painting and photography. His works are intended to illustrate the suffering of traditional humanistic China from the urbanization and the ecological changes threatening the environment.

姚璐目前任教于中央美术学院设计学院摄影工作室,他把传统与现代实用技术的手法连接起来，介于绘画和摄影之间，他的作品指向传统人文中国正在遭受城市化以及危及环境的生态变化的威胁。

## Linyi Lin
## 林一林

Linyi Lin hat 1991 die Arbeitsgruppe »Big-Tail-Elephant« gegründet. Durch Darstellung, großformatige Installation, Bildhauerei, Fotografie, Videoclips und Ölmalerei versuchen seine Werke zu erforschen, wie Veränderungen und Wandel in großem Umfang mit dem Individuum auf persönlicherer Ebene verbunden sind. Jetzt lebt und arbeitet Herr Lin in New York und Guangzhou.

Lin Linyi is the co-founder of the "Big-Tail-Elephant Group" in 1991. His works explore a wide range of changes and how those changes connect with individual humanity through performance, large-scale art works sculpture, photography, video and painting. Presently he lives and works in New York and Guangzhou.

林一林曾在1991年组建了"大尾象工作组"。他的作品通过表演、大型装置、雕塑、摄影、视频和油画探索大范围的变化与变迁是如何与更具人性层面的个人联系在一起的。现在，林一林在纽约和广州两地生活和工作。

## Jia Yin
## 阴佳

Jia Yin ist Vize-Direktor vom »Labor für Plastische Kunst« am Institut für Architektur und Stadtplanung (College of Architecture and Urban Planning) von der Tongji-Universität und Mitglied von China Artists Association. Jahrelang war er mit der Tafelmalerei beschäftigt. Im Jahr 1985 hat er mit der Forschung von Environmental Art angefangen: Wandmalerei, Relief, Monument sowie Gestaltung der Environmental Art. Bislang hat er schon über Hundert Werke, einschließlich Wandmalerei, Reliefs sowie Monumente, im Bereich der Environmental Art fertig gestellt.

Yin Jia is now the vice director of the "Formative Arts laboratory" in the College of Architecture and Urban Planning of Tongji University and a member of the China Artists Association. He has taken on easel painting for years. He has studied environmental art – fresco, relief sculpture, monument and design of environmental arts since 1985. He has completed over a hundred pieces of work in fresco, relief sculpture and monuments.

阴佳现任同济大学建筑城规学院"造型艺术实验室"副主任，中国美术家协会会员。他多年从事架上绘画创作。1985年开始研究环境美术—壁画、浮雕、纪念碑及环境艺术设计，已完成壁画、浮雕、纪念碑等环境艺术作品约百余件。

## Tao Han
## 韩涛

Tao Han lehrt derzeit am Institut für Architektur von der China Central Academy of Fine Arts und ist der leitende Architekt bei ThanLab. Er übernimmt mehrere Rollen gleichzeitig und gestaltet seine Arbeit in vielfachen Dimensionen bezüglich der Architektenausbildung/Stadtforschung/Baupraxis/künstlerischen Schaffung. »Than« hat die Implikation von »Relevanz« und »Vergleich« und spielt auf die mehrfache Wechselbeziehungen zwischen kultureller Haltung/Standpunkt des Designs/Arbeitsweise im komplexen Kontext des heutigen Chinas an.

Han Tao is now a lecturer of the College of Architecture, Central Academy of Fine Arts, Beijing. He is also the founder and leader of the Thanlab Studio. His studio worked on a very wide scope of Architecture such as architectural education/urban studies/architectural practice /art projects etc.

韩涛目前任教于中央美院建筑学院，ThanLab主持建筑师。以多重身份展开建筑教育/城市研究/建筑实践/艺术创作等多向度工作。

### Doreen Heng Liu
### 刘珩

Doreen Heng Liu hat ihren Doktortitel für Design an der Harvard-Universität erhalten und ist die leitende Architektin/Gründerin des Architektenstudios Nansha Original Design (NODE) in Hongkong. Seit Jahren agiert sie aktiv in der Region von Nansha und Perlfluss-Delta und führt dort Forschung für pluralistische Städte und Gestaltung sowie Praxis vom Architekturentwurf durch. Sie hat mehrere Werke sowie wissenschaftliche Arbeiten hinsichtlich des Architekturentwurfs in unterschiedlichen in- und ausländischen Fachzeitschriften veröffentlicht und ist mehrfach ausgezeichnet worden.

Doreen Heng Liu received a Doctor of Design at Harvard Graduate School of Design and she is now the principal of NODE (Nansha Original Design). She and her office focus on contemporary urbanism in the Pearl River Delta, and the specific impact of urbanization on design and practice in the Pearl River Delta today. Her articles and architectural works have been published in many international and domestic professional magazines.

刘珩哈佛大学设计博士，香港南沙原创建筑设计工作室主持建筑师/创建人。多年來以南沙和珠三角为根据地，开展着多元化的都市研究，建筑设计创作和实践活动，有关建筑设计作品和学术文章于多家海内外的专业杂志上发表并获奖。

### Philip Yuan
### 袁烽

Philip Yuan ist Associate Professor am Institut für Architektur und Stadtplanung von der Tongji-Universität, Rubrikredateur bei »Time+Architecture«, Designdirektor von Shanghai Archi-Union Architecture Design Co., Ltd.

In 2003 Yuan Philip graduated with a Ph. D from Tongji University. Now he works as Associate Professor of the Architecture and Planning Institute of Tongji University, Column Editor of "Time+Architecture" and Director of Shanghai Archi-Union Architecture Design Co., Ltd.

2003年于同济大学获工学博士学位。现任上海同济大学建筑城规学院副教授，《时代建筑》专栏编辑，以及上海创盟国际建筑设计有限公司设计总监。

### Xudong Chen
### 陈旭东

Xudong Chen hat sein Studium an der Tongji-Universität sowie am Institut für Architektur der TU Berlin abgeschlossen. Er war bei mehreren europäischen Architektenbüros, u. a. auch dem schweizerischen Herzog & De Meuron, tätig und ist Gründer und Partner von DAtrans Architecture Office. Herr Chen hat auch als Gastdozent an verschiedenen chinesischen sowie ausländischen Forschungsinstitutionen und Universitäten gelehrt und ist der Autor des neulich veröffentlichten Buches »Modern aus Zweiter Hand«, das umfangreiche positive Resonanz erhalten hat.

Chen Xudong graduated with Bachelor degree in Archecture at Tongji University and Dipl.–Ing. Degree of TU Berlin. After practicing in German architecture offices he cooperated with Herzog & de Meuron for the national Olympic stadium and also taught in Tongji University, TU Berlin and SIVA. Since 2004 he became a partner of DAtrans Architects. He is also the main author of the recently published book "Secondhand Modern".

陈旭东毕业于同济大学和柏林工大建筑系，曾在包括瑞士赫尔佐格德梅隆等多家欧洲建筑事务所任职，为德默营造建筑事务所创始人和合伙人，并曾在国内外研究机构和大学讲学，是最近出版并广获好评的《二手摩登》一书的作者。

### Xiaofeng Zhu
### 祝晓峰

Xiaofeng Zhu hat 1999 den Master-Titel für Architektur an der Harvard-Universität erworben, nachdem er 1994 mit Bachelor für Architektur an der Shenzhen-Universität absolviert hatte. 2004 gründete er in Shanghai das Scenic Architecture Office. Seine Werke sind von den chinesischen und ausländischen Fachmedien, u. a. auch Taschen, Phaidon, Domus, Area, Time+Architecture, IW und Perspective, vielfach veröffentlicht worden. In den vergangenen Jahren hat er an mehreren wichtigen Ausstellungen für Architektur in China und Ausland teilgenommen.

Zhu Xiaofeng graduated with a master of architecture from the School of Design, Harvard University in 1999, and gained bachelor degree in Architecture from Shenzhen University in 1994. In 2004 He founded the Scenic Architecture Office in Shanghai Mr. Zhu's works were widely published by international and local professional media, which include Taschen, Phaidon, Domus, Area.

祝晓峰1999年哈佛大学建筑学硕士，1994年深圳大学建筑学学士，2004年在上海创办山水秀建筑事务所。祝晓峰的作品为国内外专业媒体广泛关注和刊载，其中包括 Taschen，Phaidon，Domus，Area，时代建筑，IW，Perspective等。

Tiantian Xu
徐甜甜

Bachelor für Architektur vom Institut für Architektur der Tsinghua-Universität, Master für Architektur in der Stadtplanung von Graduate School of Design der Harvard-Universität; derzeit leitende Architektin von DnA_Beijing. Ihre Praxis betrifft alle Ebenen der heutigen Gesellschaft. Auszeichnungen u. a. »Design Vangard 2009« vom New Yorker Magazin »Architectural Record«, im Jahr 2008 »Honourable Mention«-Preis von der englischen Zeitschrift AR (The Architectural Review) und den Preis für junge Architekten von Architectural League of New York.

Xu Tiantian is founding principal of the DnA _Design and Architecture Beijing Office. She received her master of Architecture in Urban Design from Harvard Graduate School of Design, and her bachelor in architecture from Tsinghua University in Beijing. She has received numerous awards including: 2008 Young Architects Award from The Architectural League New York and an honorable mention from AR awards 2008. She was selected as Design Vanguard 2009 by Architectural Record New York.

清华大学建筑学院建筑学学士,哈佛大学设计研究学院建筑城市设计硕士；DnA _Beijing工作室主持建筑师，她的实践触及当代社会的各个层面。入选纽约建筑实录评选的2009设计先锋,2008年英国AR建筑奖和纽约建筑联盟青年建筑师奖等。

Ke Zhang
张轲

1996 Master für Architektur- und Stadtplanung vom Institut für Architektur der Tsinghua-Universität, 1998 Master für Architektur der Harvard-Universität. Haupttätigkeiten in Architektur- und Landschaftsgestaltung, Stadtplanung sowie Produktdesign. 1999 Mitgründer des Architektenbüros standardarchitecture in New York. 2001 Rückkehr nach China und Verlegung der Arbeitsschwerpunkte vom Architektenbüro nach China.

Zhang Ke is the principal designer of Standard Architecture. 1996 he graduated with a Master of Architecture and Urban Design from the School of Architecture, Tsinghua University. 1998 he graduated with a Master of Architecture from School of Design, Harvard University. 1999 he participated in founding Standard Architecture in NY. After he returned to China in 2001, the focal points of his office also transferred to China.

1996年获清华大学建筑学院建筑与城市规划硕士，1998年哈佛大学建筑学硕士，主要从事建筑设计、景观设计、城市设计及产品设计。1999年于纽约参与创办标准营造建筑事务所。2001年回国将事务所工作重点放在国内。

# *Architecture Projects*

Page 124: Xixi National Wetland Park,
WSP Architects, 2007
Page 128: Shanghai Hongqiao Business Center,
SBA Consulting, 2008
Page 134: Yulong New Town,
ISA Internationales Stadtbauatelier, 2004
Page 146: Beijing 798 Art Zone,
Beijing Sevenstar Science and Technology Co., Ltd., 2000
Page 154: Jiangsu Software Park,
Atelier Deshaus, 2008
Page 166: Ningbo Museum,
Amateur Architecture Studio, 2008
Page 176: Shanghai Bund,
Shanghai Xiandai Architectural Design Group, 2010
Page 182: North Xinjiao Street, Taizhou,
Chang Qing Studio, 2005
Page 188: Tangshan City Exhibition Hall,
Urbanus, 2006
Page 192: Tian Zi Fang,
Benjamin Wood/Carlos Zapata, 1998
Page 196: Wen Yuan Building,
Architectural Design & Research Institute of Tongji University, 1953/2007
Page 208: Apple Elementary School Tibet,
Wang Hui/Limited Design, 2004
Page 216: Maosi Ecological Demonstration Primary School,
Edward Ng Yan-Yung, Gansu Maosi, 2005
Page 228: Rural Architecture Studio/Building with united Energy,
Hsieh Ying Chun, 2005
Page 230: Hu Huishan Memorial House,
Liu Jiakun, 2009
Page 232: Rebirth Brick Proposal,
Liu Jiakun/Cai Kefei, 2008
Page 238: Urban Tulou,
Urbanus, 2008
Page 244: Yaluntzangpu Boat Terminal,
Standardarchitecture, 2008
Page 252: Tibet Namchabawa Visitor Center,
Standardarchitecture, 2008
Page 262: Bridge School,
Li Xiaodong, 2009

The *Deutsche Bibliothek* lists this publication in the *Deutsche Nationalbibliografie*. Detailed bibliographical data available on the internet at *http://dnb.ddb.de*.

ISBN 978-3-86922-128-1 (*Contemporary Green Buildings*)
ISBN 978-3-86922-129-8 (Catalogue *Updating China*)


*www.dom-publishers.com*

**Translation**
Enter Consulting (Shanghai) Co. Ltd.

**Proofreading**
Mandy Kasek

**Graphic Design**
Christian Dubrau

**Printing**
Dami Editorial & Printing Services Co. Ltd., Shenzhen

**Photo Credits**
Baan, Iwan: 231, 334–338; Bluepath Engineering Consulting: 91; Chen, Su: 245–251; Cown Global: 318; Dubrau, Christian: 117, 118, 119b, 120, 121b, 147–153, 177–179, 180a, 181a, 193–198, 199b; iStockphoto/Youding, Xie: 236–237; Krause, Johansen: 188–191; Liang, Yue: 307; Lv, Hengzhong: 167–175; MCA: 67; Meuser, Philipp: 10, 14, 24, 34; Ni, Weihua: 283–285; Qu, Yan: 293–299; Sdodo: 61–63; Shen, Zhonghai: 93–101; Shu, He: 51–55, 68–75, 155–165; Zhang, Siye: 105, 107.
*Other images courtesy of featured architects and artists.*

**Updating China**
*Updating China – Projects for a Sustainable Future* and *Urban Academy – das chinesisch-deutsche Forum für nachhaltige Stadtentwicklung* are projects of the Goethe-Institut Shanghai, the Tongji University and the Himalayas Art Museum with projects *Deutschland und China – Gemeinsam in Bewegung* and *Deutschland Land der Ideen.*

德国
灵感与创新
Deutschland
Land der Ideen

Mit Unterstützung des Bundesministeriurms für Verkehr, Bauen und Stadtentwicklung/Supported by Federal Ministry of Transport, Building and Urban Developemnt

## Authors / 作者

### Peter Ramsauer
German Federal Minister of Transport, Building and Urban Development.

### Li Xiangning
Professor at College of Architecture and Urban Planning of Tongji University in Shanghai. Assistant Dean.

### Wilfried Eckstein
Head of Department of Culture and Education of German Consulate General in Shanghai (Goethe-Institut Shanghai).

### Shen Qibin
Director of Shanghai Himalayas Art Museum.

### Christian Dubrau
Architect. Studied at Berlin University of Technology. Numerous publications focusing on contemporary architecture in China. Published by *DOM publishers*: *Contemporary Architecture in China* (2010) and *Sinotecture. New Architecture in China* (2008).

Christian Dubrau
*Contemporary Architecture in China*
Buildings and Projects 2000–2020.
400/312 pages, German and English, 2010
ISBN 978-3-86922-102-1 (German)
ISBN 978-3-86922-120-5 (English)

Simone Voigt
*Contemporary Architecture in Eurasia*
Buildings and Projects in Russia and Kazakhstan.
416 pages, German/English/Russian, 2009
ISBN 978-3-938666-35-7

## Special thanks to / 感谢

### Chinese Participants / 中方参与者
李翔宁、李丹锋、孙菘、周雯婷、
任少峰、张鹤、曹晓弘、周渐佳 来自同济大学
Li Xiangning, Li Danfeng, Sun Song, Zhou Wenting, Ren Shaofeng, Zhang He, Cao Xiaohong, Zhou Jianjia from Tongji University

### Chinese Experts / 评审专家
徐强，张宏儒，来自上海建筑科学研究院
Xu Qiang, Zhang Hongru from Shanghai Institute of Architectural Design and Research

王海松来自上海大学建筑系系主任
Wang Haisong from Architecture Department of Shanghai University

王林来自上海市规划和国土资源管理局
Wang Lin from Shanghai Municipal State-owned Assets Supervision and Administration Commission

沈忠海来自沈忠海建筑印象工作室
Shen Zhonghai from Shen Zhonghai Photography Studio

童明，王骏阳 来自同济大学
Tong Ming, Wang Junyang from Tongji University

### Participants from the Himalayas Museum / 喜玛拉雅美术馆
沈其斌、黄晖、冯若愚、邬晨云、叶舒佳、张爱东、顾耀峰、
黄汉娟、刘麟、朱敬一来自喜玛拉雅美术馆
Shen Qibin, Huang Hui, Eva Feng, Wu Chenyun, Ye Shujia, Zhang Aidong, Gu Yaofeng, Huang Hanjuan, Liu Lin and Zhu Jingyi from Himalayas Art Museum

### Goethe-Institut Shanghai / 歌德学院
石思平、董勤文、陈彦可、曾红萍、马格达阿斯曼、玛丽阿德勒
Wilfried Eckstein, Qinwen Dong, Yanke Chen, Hongping Zeng, Magdalena Assmann, Marie-Christine Adler

### Project Team Urban Academy / 《都市论坛》团队
赵超能、华丹丹、何香玲、宣晓春、
钱秋枫、杨硕、刘珏烨、陈励
Chaoneng Zhao, Dandan Hua, Xiangling He, Xiaochun Xuan, Qiufeng Qian, Shuo Yang, Yueye Liu, Li Chen